普通高等教育"十四五"系列教材（土木工程专业）

建设工程法规实务

主 编 余 滢

副主编 方志聪 余明东

中国水利水电出版社
www.waterpub.com.cn
·北京·

内 容 提 要

建设法规是工程类专业的必修课。通过学习本课程，学生可了解和掌握建设工程相关的法律知识，熟悉有关建设企业、建筑活动从业人员的法律法规。

本教材以实训操作为主线，将相关法学理论贯通于实践实训过程中，强调理实结合。全书按照建设工程各环节将内容分为8章，主要包括：绪论，建设工程许可法律制度，建设工程招标投标法律制度，建设工程合同法律制度，建设工程勘察、设计法律制度，建设工程监理法律制度，建设工程安全管理法律制度，建设工程质量管理法律制度。每个章节以案例导入，对相关法律法规进行详细讲解，再由学生进行实训操作和拓展训练，这既有助于强化学生的专业基础知识，又有利于强化学生对理论知识的应用能力。

本教材将思政元素与专业知识相结合，将课程思政的内容贯穿始终，在各个章节里选取典型案例，让学生一边运用专业知识分析案例，一边深入挖掘案例背后蕴含的精神内涵，从而不断强化学生的法治意识，培养和提升学生的职业素养、情感价值，教会学生责任与担当。

本书面向高等院校工程管理、土木工程、水利水电工程、给排水工程等专业的学生及建筑行业从业人员。

图书在版编目（CIP）数据

建设工程法规实务 / 余滢主编． -- 北京 ： 中国水利水电出版社，2023.9

普通高等教育"十四五"系列教材． 土木工程专业

ISBN 978-7-5226-1850-0

Ⅰ．①建… Ⅱ．①余… Ⅲ．①建筑法－中国－高等学校－教材 Ⅳ．①D922.297

中国国家版本馆CIP数据核字(2023)第186142号

策划编辑：寇文杰　　责任编辑：高辉　　加工编辑：刘瑜　　封面设计：苏敏

书　　名	普通高等教育"十四五"系列教材（土木工程专业） 建设工程法规实务 JIANSHE GONGCHENG FAGUI SHIWU
作　　者	主　编　余　滢 副主编　方志聪　余明东
出版发行	中国水利水电出版社 （北京市海淀区玉渊潭南路1号D座　100038） 网址：www.waterpub.com.cn E-mail：mchannel@263.net（答疑） 　　　　sales@mwr.gov.cn 电话：（010）68545888（营销中心）、82562819（组稿）
经　　售	北京科水图书销售有限公司 电话：（010）68545874、63202643 全国各地新华书店和相关出版物销售网点
排　　版	北京万水电子信息有限公司
印　　刷	三河市鑫金马印装有限公司
规　　格	184mm×260mm　16开本　12.75印张　310千字
版　　次	2023年9月第1版　2023年9月第1次印刷
印　　数	0001—1000册
定　　价	38.00元

凡购买我社图书，如有缺页、倒页、脱页的，本社营销中心负责调换

版权所有·侵权必究

前　言

从十八大以来，党和国家致力于全面推进依法治国，特别是《中共中央关于制定国民经济和社会发展第十四个五年规划和二〇三五年远景目标的建议》，明确将法治国家、法治政府、法治社会建设作为国家 2035 年的远景目标之一。习近平总书记在 2018 年 9 月召开的全国教育大会上强调，要提升教育服务经济社会发展能力，着重培养创新型、复合型、应用型人才。高等院校工程管理、土木工程、水利水电等专业所培养的符合时代需求的人才，不仅需要有过硬的专业知识，而且还需要了解和掌握建设工程相关的法律知识，熟悉有关建设企业、建筑活动从业人员的法律、法规。本教材着力培养学生法治理念，让学生学会运用法治思维思考问题，使学生具备运用法治方式解决实际工程建设中相关问题的能力。

本教材以实训操作为主线，将相关法学理论贯通于实践实训过程中，强调理实结合。根据建设工程的不同阶段，将内容划分为 8 章，主要包括：绪论，建设工程许可法律制度，建设工程招标投标法律制度，建设工程合同法律制度，建设工程勘察、设计法律制度，建设工程监理法律制度，建设工程安全管理法律制度，建设工程质量管理法律制度。本教材在注重对学生实践应用能力进行培养的同时，将课程思政的内容蕴含在知识点和案例分析等内容中，使学生通过课程学习，在熟练掌握建设工程法律法规的同时坚定作为现代工程人应具备的职业道德素养。

在本教材编写过程中，编者结合我国最新立法动态和司法实践，将最新的法律法规与建设工程实践相结合。旨在全面地介绍当前我国建设工程领域最新法律法规，以案说法、以真题实训，使读者边学边练，从而强化应用性和实践性。

本教材由余滢担任主编，方志聪、余明东担任副主编。具体分工为：余滢编写第 1 章、第 2 章、第 3 章、第 4 章、第 5 章、第 6 章、第 8 章；方志聪负责统稿；余明东编写第 7 章。

由于编者水平有限，在成书过程中虽经反复研究推敲，书中不完善之处仍在所难免，诚请读者批评指正。

编　者
2023 年 3 月

目　　录

前言
第1章　绪论 ··············· 1
1.1　建设法规概述 ············ 1
1.1.1　建设法规的概念 ········· 1
1.1.2　建设法规的调整对象 ······ 1
1.1.3　建设法律关系 ··········· 2
1.2　建设法规体系 ············ 4
1.2.1　建设法规体系的基本框架 ··· 4
1.2.2　法的效力位阶 ··········· 4
1.3　建设工程相关法律法规 ····· 7
1.3.1　民事法律概述 ··········· 7
1.3.2　建设工程物权制度 ······· 10
1.3.3　建设工程代理制度 ······· 11
1.3.4　建设工程债权制度 ······· 15
1.3.5　建设工程担保物权制度 ··· 16
1.3.6　建设工程保险制度 ······· 20
第2章　建设工程许可法律制度 ··· 26
2.1　建筑施工许可 ············ 26
2.1.1　案例导入 ··············· 26
2.1.2　理论引导 ··············· 27
2.1.3　实训操作 ··············· 31
2.1.4　拓展训练 ··············· 32
2.2　建筑从业资格许可 ········· 32
2.2.1　案例导入 ··············· 33
2.2.2　理论引导 ··············· 34
2.2.3　实训操作 ··············· 53
2.2.4　拓展训练 ··············· 54
第3章　建设工程招标投标法律制度 ··· 56
3.1　建设工程发包与承包 ······· 56
3.1.1　案例导入 ··············· 56
3.1.2　理论引导 ··············· 57
3.1.3　实训操作 ··············· 61
3.1.4　拓展训练 ··············· 62
3.2　建设工程招标 ············ 63
3.2.1　案例导入 ··············· 63
3.2.2　理论引导 ··············· 64
3.2.3　实训操作 ··············· 68
3.2.4　拓展训练 ··············· 68
3.3　建设工程投标 ············ 69
3.3.1　案例导入 ··············· 69
3.3.2　理论引导 ··············· 71
3.3.3　实训操作 ··············· 73
3.3.4　拓展训练 ··············· 74
3.4　建设工程开标、评标与中标 ··· 74
3.4.1　案例导入 ··············· 74
3.4.2　理论引导 ··············· 76
3.4.3　实训操作 ··············· 80
3.4.4　拓展训练 ··············· 81
第4章　建设工程合同法律制度 ··· 82
4.1　合同概述 ················ 82
4.1.1　案例导入 ··············· 82
4.1.2　理论引导 ··············· 83
4.1.3　实训操作 ··············· 93
4.1.4　拓展训练 ··············· 95
4.2　建设工程合同 ············ 95
4.2.1　案例导入 ··············· 95
4.2.2　理论引导 ··············· 96
4.2.3　实训操作 ·············· 103
4.2.4　拓展训练 ·············· 104
第5章　建设工程勘察、设计法律制度 ··· 106
5.1　建设工程勘察设计法律体系与市场管理 ·········· 106
5.1.1　案例导入 ·············· 106
5.1.2　理论引导 ·············· 107
5.1.3　实训操作 ·············· 110
5.1.4　拓展训练 ·············· 111
5.2　建设工程勘察设计发包与承包 ··· 112
5.2.1　案例导入 ·············· 112
5.2.2　理论引导 ·············· 113

5.2.3　实训操作 ……………………… 116
　　5.2.4　拓展训练 ……………………… 116
5.3　建设工程勘察质量管理 ……………… 118
　　5.3.1　案例导入 ……………………… 118
　　5.3.2　理论引导 ……………………… 118
　　5.3.3　实训操作 ……………………… 120
　　5.3.4　拓展训练 ……………………… 121
5.4　建设工程勘察设计文件的编制
　　　与审批 …………………………… 121
　　5.4.1　案例导入 ……………………… 122
　　5.4.2　理论引导 ……………………… 122
　　5.4.3　实训操作 ……………………… 125
　　5.4.4　拓展训练 ……………………… 126

第6章　建设工程监理法律制度 ………… 127
6.1　建设工程监理制度 …………………… 127
　　6.1.1　案例导入 ……………………… 127
　　6.1.2　理论引导 ……………………… 128
　　6.1.3　实训操作 ……………………… 132
　　6.1.4　拓展训练 ……………………… 132
6.2　监理单位与监理人员 ………………… 134
　　6.2.1　案例导入 ……………………… 134
　　6.2.2　理论引导 ……………………… 136
　　6.2.3　实训操作 ……………………… 141
　　6.2.4　拓展训练 ……………………… 142
6.3　建设工程各阶段的监理 ……………… 143
　　6.3.1　案例导入 ……………………… 143
　　6.3.2　理论引导 ……………………… 144
　　6.3.3　实训操作 ……………………… 148
　　6.3.4　拓展训练 ……………………… 149

第7章　建设工程安全管理法律制度 …… 151
7.1　建筑施工安全生产许可 ……………… 151
　　7.1.1　案例导入 ……………………… 151
　　7.1.2　理论引导 ……………………… 153
　　7.1.3　实训操作 ……………………… 156
　　7.1.4　拓展训练 ……………………… 157
7.2　建筑安全生产责任 …………………… 158
　　7.2.1　案例导入 ……………………… 158
　　7.2.2　理论引导 ……………………… 159
　　7.2.3　实训操作 ……………………… 165
　　7.2.4　拓展训练 ……………………… 165
7.3　建筑工程安全生产管理制度 ………… 166
　　7.3.1　案例导入 ……………………… 166
　　7.3.2　理论引导 ……………………… 166
　　7.3.3　实训操作 ……………………… 171
　　7.3.4　拓展训练 ……………………… 171

第8章　建设工程质量管理法律制度 …… 173
8.1　建设工程质量管理概述 ……………… 173
　　8.1.1　案例导入 ……………………… 173
　　8.1.2　理论引导 ……………………… 175
　　8.1.3　实训操作 ……………………… 181
　　8.1.4　拓展训练 ……………………… 181
8.2　工程建设标准 ………………………… 182
　　8.2.1　案例导入 ……………………… 182
　　8.2.2　理论引导 ……………………… 183
　　8.2.3　实训操作 ……………………… 186
　　8.2.4　拓展训练 ……………………… 187
8.3　工程建设质量管理相关制度 ………… 187
　　8.3.1　案例导入 ……………………… 187
　　8.3.2　理论引导 ……………………… 188
　　8.3.3　实训操作 ……………………… 196
　　8.3.4　拓展训练 ……………………… 197

参考文献 ……………………………………… 198

第 1 章 绪 论

本章导读

本章通过对建设法规的调整对象、建设法律关系、建设法律法规体系及建设工程相关法律法规等相关知识点予以梳理，使读者了解工程建设法律法规的基本知识、重点法律条例内容，能够清晰地理解建设法律体系，从而达到树立良好的建筑工程职业的专业法律意识的目的。

本章要点

- 建设法规的调整对象、建设法律关系。
- 建设法规体系（逻辑关系、法律条例内容）。
- 建设工程相关法律法规。

1.1 建设法规概述

1.1.1 建设法规的概念

在我国建设领域的各个行业中，存在着"建设工程""建筑工程""土木工程"等不统一的名称和含义。中华人民共和国国务院于 2000 年 1 月 30 日发布了《建设工程质量管理条例》，其中对建设工程的概念作了明确定义，即建设工程是指土木工程、建筑工程、线路管道和设备安装工程及装修工程。

建设法规，是指国家立法机关或其授权的行政机关制定的旨在调整国家及其有关机构、企事业单位、社会团体、公民之间在建设活动或建设行政管理活动中发生的各种社会关系的法律、法规的统称。

1.1.2 建设法规的调整对象

建设法规的调整对象是在建设活动中所发生的各种社会关系。它包括建设活动中所发生的行政管理关系、经济协作关系及其相关的民事关系。

1. **建设活动中的行政管理关系**

建设活动与国家经济发展、人民的生命财产安全、社会的文明进步息息相关，国家对之必须进行全面的严格管理。国家及其建设行政主管部门在对建设活动进行管理时，就会与建设单位（业主）、设计单位、施工单位、建筑材料和设备的生产供应单位及建设监理等中介服务单位产生管理与被管理关系。

2. **建设活动中的经济协作关系**

建设活动是非常复杂的过程，需要许多单位和人员参与，共同协作完成。因此，在建设活动中存在着大量的寻求合作伙伴和相互协作的问题，在这些协作过程中所产生的权利和义务关系，也应由建设法规来加以规范与调整。

3. 建设活动中的民事关系

在建设活动中，会涉及土地征用、房屋拆迁、从业人员及相关人员的人身与财产的伤害、财产及相关权利的转让等关系公民个人权利的问题，由之而产生的国家、单位和公民之间的民事权利与义务关系，应由建设法规中有关法律规定及民法等相关法律来予以规范与调整。

1.1.3 建设法律关系

建设法律关系是指建设法律规范所确定和调整的，在建设管理和建设协作过程中所产生的权利和义务关系。如在具体的建设活动中，其建设行政主管部门与建设项目的投资人或项目业主、承包人、勘察设计单位以及工程监理单位之间，依据相关建设法规，形成了管理与被管理的建设法律关系，这种关系受建设法律规范的约束和调整。

1. 建设法律关系主体

建设法律关系主体是建设法律关系的参加者，是指参加建设活动，受建设法律规范调整，在法律上享有权利、承担义务的人。在我国，建设法律关系的主体十分广泛。

（1）自然人或公民。自然人是指因出生而获得生命的人类个体，是权利主体或义务主体最基本的形态，一般包括本国公民、外国公民和无国籍人。公民是指取得一国国籍并根据该国宪法和法律规定享有权利和承担义务的人。自然人的概念比公民的概念更广泛。自然人在建设活动中可以成为建设法律关系的主体，例如，注册建筑师、注册结构工程师、注册监理工程师等与有关发包单位签订合同时即成为建设法律关系的主体。

（2）法人。法人是与自然人相对应的概念，是指具有民事权利能力和民事行为能力，依法独立享有民事权利和承担民事义务的组织。根据《中华人民共和国民法典》（以下简称《民法典》）第五十七条和第五十八条的规定，法人应当依法成立；应当有自己的名称、组织机构、住所、财产或者经费；能够独立承担民事责任。法人是建设活动中最主要的主体。

（3）其他组织。其他组织是指依法或依据有关政策成立，有一定的组织机构和财产，但不具备法人资格的各类组织。在现实生活中，这些组织也称为非法人组织，包括非法人企业，如一些不具备法人资格的合伙企业、私营企业、个体工商户、农村承包经营户等，以及非法人机关、事业单位和社会团体。

2. 建设法律关系客体

建设法律关系客体是指建设法律关系主体享有的权利和承担的义务所共同指向的对象。

（1）物。物是指可以为人们控制和支配，有一定经济价值并以物质形态表现出来的物体。它是我国应用最为广泛的法律关系客体。在建设法律关系客体的物主要表现为建设材料，如钢筋、水泥、矿石等及其构成的建筑产品等。

（2）行为。行为是指建设法律关系主体行使权利和履行义务的各种有意识的活动，包括作为和不作为。在建设法律关系中，行为多表现为完成一定的工作，如勘察设计、施工安装、检查验收等活动。

（3）财产。财产一般是指资金和有价证券。作为建设法律关系客体的财产主要表现为建设资金，如基本建设贷款合同的标的，即一定数量的货币。

（4）非物质财富。非物质财富也称精神产品，是指人们脑力劳动的成果或智力方面的创作成果，包括著作权、专利权、商标权等。作为建设法律关系客体的非物质财富主要表现为设计图纸等。

3. 建设法律关系内容

建设法律关系的内容即建设法律关系主体享有的权利和应承担的义务。这是建设法律关系的核心，直接体现了主体的要求和利益。

（1）建设权利。建设权利即建设法律关系的主体可以要求其他主体做出某种行为或不做某种行为，以实现自己的权利，也可以因其他主体的行为而导致自己的权利不能实现时要求国家机关予以保护、予以制裁。如施工合同中建设单位享有获得符合质量要求的建筑产品的权利，施工单位享有获得工程进度款的权利。

（2）建设义务。建设义务是指建设法律关系主体因为按照法律规定或约定而承担的责任。权利和义务是相互对应的，相应主体应自觉履行建设义务，义务主体如果不履行或不适当履行，就要承担相应的法律责任。如建筑材料供应合同法律关系中，材料供应商的义务就是按照合同约定的时间、地点、质量标准、规格和数量向建设单位或施工单位提供符合合同约定要求的建筑材料，而采购方（即建设单位或施工单位）的义务就是按照合同约定的方式向材料供应商支付材料款。只有双方都按照合同约定履行了各自的义务，才能实现其相应的权利。

4. 建设法律关系的产生、变更和终止

（1）建设法律关系的产生。法律关系的产生指法律关系的主体之间形成了一定的权利和义务关系。如某单位与其他单位签订了合同，主体双方就产生了相应的权利和义务。此时，受法律规范调整的法律关系即告产生。

（2）建设法律关系的变更。法律关系的变更是指法律关系的三个要素发生变化。一是主体变更，如法律关系主体数目增多或减少，也可以是主体改变。二是客体变更，法律关系中权利义务所指向的事物发生变化。客体变更可以是其范围变更，也可以是其性质变更。三是内容变更，法律关系主体与客体的变更，必然导致相应的权利和义务发生变更。

（3）建设法律关系的终止。法律关系的终止是指法律关系主体之间的权利义务不复存在，彼此丧失了约束力。这包括三种形式。第一种是自然终止，指某类法律关系所规范的权利义务顺利得到履行，取得了各自的利益，从而使该法律关系达到完结。第二种是协议终止，指法律关系主体之间协商解除某类法律关系规范的权利义务，致使该法律关系归于终止。第三种是违约终止，指法律关系主体一方违约，或发生不可抗力，致使某类法律关系规范的权利不能实现。

法律关系只有在一定的情况下才能产生，同样这种法律关系的变更和消灭也由一定的情况决定。这种引起法律关系产生、变更和消灭的情况，即是人们通常称之为的法律事实。法律事实即是法律关系产生、变更和消灭的原因。

法律事实按是否包含当事人的意志为依据分为事件和行为两类。事件是指不以当事人意志为转移而产生的法律事实，包括自然事件、社会事件、意外事件。行为是指人的有意识的活动。行为包括积极的作为和消极的不作为。

1.2 建设法规体系

建设法规体系是由很多不同层次的法规组成的,组成形式一般有宝塔形和梯形两种。根据《中华人民共和国立法法》(以下简称《立法法》)有关立法权限的规定和建设部(今住房和城乡建设部)《建设法律体系规划方案》的规定和要求,我国建设法规体系确定为梯形结构方式,由五个层次组成。

1.2.1 建设法规体系的基本框架

1. 建设法律

建设法律是指由全国人民代表大会及其常务委员会制定的隶属国务院建设行政主管部门业务范围的各种规范性文件。其效力仅次于宪法,在全国范围内具有普遍的约束力。如《中华人民共和国建筑法》(以下简称《建筑法》)、《中华人民共和国城乡规划法》(以下简称《城乡规划法》)、《中华人民共和国城市房地产管理法》(以下简称《房地产管理法》)、《中华人民共和国招标投标法》(以下简称《招标投标法》)等。

2. 建设行政法规

建设行政法规是国务院根据宪法和法律或全国人大常委会的授权决定,依照法定权限和程序,制定颁布的建设规范性条文。其效力低于宪法和法律,在全国范围内有效。如《建设工程勘察设计管理条例》《建设工程质量管理条例》《城市房地产开发经营管理条例》等。

3. 建设部门规章

建设部门规章是指国务院各部门根据法律和行政法规,在本部门权限范围内所制定的规范性文件的总称。其表现形式有规定、办法、实施办法、规则等,其效力低于宪法、法律和行政法规。如《建筑工程施工发包与承包计价管理办法》《工程监理企业资质管理规定》等。

4. 地方性建设法规

地方性建设法规指由省、自治区、直辖市人民代表大会及其常委会结合本地区实际情况制定颁行的或经其批准颁行的由下级人大或其常委会制定的,只能在本区域有效的建设方面的法规。地方性建设法规促进了本地区建设业的发展,同时也为国家建设立法提供成功的经验。

5. 地方建设规章

地方建设规章指由省、自治区、直辖市人民政府制定颁行的或经其批准颁行的由其所在城市人民政府制定的建设方面的规章。

1.2.2 法的效力位阶

法的效力位阶也称为法的效力等级或法的效力层次,是指在一国的法的体系中,具有不同形式的法律规范在效力方面的层级差别。影响法的效力位阶的因素主要有法的制定主体、制定时间、适用范围等。确定法的效力的位阶,主要是为了便于司法实践中正确认识和处理法的效力冲突问题。

1. **法的效力位阶应遵循的原则**

（1）宪法至上。宪法作为根本大法，在法的体系中具有至高无上的地位，一切法律、法规和规章都不得与其相冲突，不合乎宪法的任何法律、法规和规章，都不应具有法的效力。

（2）上位法优于下位法。法的效力位阶主要取决于立法主体在国家机构中的地位。一般来说，立法主体在国家机构中的地位越高，法的效力就越高。因此，当下位法和上位法的规定不一致时，应当适用上位阶的法。这是处理法的效力层次的一般原则。

（3）新法优于旧法。同一主体按照相同的程序先后就同一领域类的问题制定了两个以上的法律规定，当两个都具有法的效力的新旧规定不一致时，应当适用后来制定的规定，即"后法优于前法"或"新法优于旧法"。需要说明的是，新法优先于旧法的规定适用的前提是该新旧法律规定的制定主体是相同的，并且两者之间不存在一般法和特别法的关系。另外还应当指出的是，新法优于旧法和特别法优于一般法的规定，并无适用上的先后，应当根据具体情况具体做出决定。我国《立法法》第一百零六条规定，同一机关制定的新的一般规定与旧的特别规定不一致时，由制定机关裁决。

（4）特别法优于一般法。同一主体在同一领域既有一般性立法，又有不同于一般立法的特别立法时，特别立法的效力通常优于一般性立法，也即所谓的"特别法优于一般法"。但是"特别法优于一般法"的原则只限于同一主体制定的法律规范，对于不同主体就相同领域内的问题制定的法律规范，仍然依照制定机关的等级决定法的效力位阶的高低。而且，一般法和特别法应当属于同一性质的法，假如属于不同性质或不同部门的法，例如行政法和刑法之间，就不存在一般和特别的问题。

（5）国际法优于国内法。一般而言，国际法既不高于也不从属国内法，同时国内法也不从属于国际法。但是在特定情形下，凡主权国家签署或批准、认可的国际条约或国际惯例，对国内也有约束力，即使同一问题既有国际法规定又有国内法规定而两者相冲突时，国内法律规范不得与国际条约或国际惯例相抵触。当然，国际法优于国内法并不是绝对的，对于主权国家声明保留的条款，就不适用该原则。

（6）强制性规定优先于任意性规定。强制性规定是指法律、法规中的义务性或禁止性规定。该类规定，当事人没有自由选择的余地。任意性规定是指法为当事人的行为提供了可以选择的空间。当然，正因为是任意性规定，所以，当事人可以通过约定的方式排除该规定的适用。不过，任意性约定不得违背禁止性规定。对某一事项有强制性规定时，应优先适用强制性规定。

2. **法的效力分类**

（1）对象效力。法律对人的效力，是指法律对谁有效力，适用于哪些人。在世界各国的法律实践中先后采用过四种对人的效力的原则：属人主义；属地主义；保护主义；以属地的原则为主，与属人主义、保护主义相结合的原则。根据我国法律，对人的效力包括对中国公民的效力和对外国人、无国籍人的效力两个方面。

1）属人主义，即法律只适用于本国公民，不论其身在国内还是国外，非本国公民即使身在该国领域内也不适用。

2）属地主义，即法律适用于该国管辖地区内的所有人，不论是否是本国公民，都受法律约束和法律保护，本国公民不在本国，则不受本国法律的约束和保护。

3）保护主义，即以维护本国利益作为是否适用本国法律的依据，任何侵害了本国利益的人，不论其国籍和所在地域，都要受该国法律的追究。

4）以属地主义为主，与属人主义、保护主义相结合，即既要维护本国利益，坚持本国主权，又要尊重他国主权，照顾法律适用中的实际可能性。

我国采用的是第四种原则。根据我国法律，对象效力包括两个方面：

第一，对中国公民的效力。中国公民在中国领域内一律适用中国法律。在中国境外的中国公民，也应遵守中国法律并受中国法律保护。但是，这里存在着适用中国法律与适用所在国法律的关系问题。对此，应当根据法律区分情况，分别对待。

第二，对外国人和无国籍人的效力。外国人和无国籍人在中国领域内，除法律另有规定者外，适用中国法律，这是国家主权原则的必然要求。

（2）空间效力。法律的空间效力，也即法律发生效力的地域范围，是指法律在哪些地域有效力，适用于哪些地区。法的空间效力范围主要由国情和法的形式、效力等级、调整对象或内容等因素决定。通常有三种空间效力范围：

1）有的法在全国范围内有效，即在一国主权所及全部领域有效，包括属于主权范围的全部领陆、领空、领水，也包括该国驻外使馆和在境外航行的飞机或停泊在境外的船舶。这种法一般是一国最高立法机关制定的宪法和许多重要的法律，最高国家行政机关制定的行政法规一般也在全国范围内有效。中国宪法和全国人大及其常委会制定的法律，国务院制定的行政法规，除本身有特别规定外，都在全国范围内有效。

2）有的法在一定区域内有效。这有两种情况：一是地方性法律、法规仅在一定行政区域有效，如中国有关国家权力机关制定的地方性法规、自治法规；二是有的法律、法规虽然是由最高国家立法机关或最高国家行政机关制定的，但它们本身规定只在某一地区生效，因而也只在该地区发生法的效力。如全国人大常委会关于经济特区的立法就只适用于一定的经济特区。

3）有的法具有域外效力，如涉及民事、贸易和婚姻家庭的法律。一国法的域外效力范围，由国家之间的条约加以确定，或由法本身明文规定。

（3）时间效力。法律的时间效力，指法律何时生效、何时终止效力以及法律对其生效以前的事件和行为有无溯及力。

1）法律的生效时间。法律的生效时间主要有三种：

- 自法律公布之日起生效（在没有明确生效时间规定时，根据惯例，自法律公布之日起生效）。
- 法律条文中自行规定具体生效时间。
- 规定法律公布后符合一定条件时生效（立法机关另行发布专门文件规定法律的生效时间）。

2）法律终止生效的时间。法律终止生效，即法律被废止，指法律效力的消灭。它一般分为明示的废止和默示的废止两类。具体形式主要有：

- 法律法规本身规定了有效期，有效期届满，从而自动失效。

- 新法律法规明确规定自本法实施之日起，旧法律法规立即失效。
- 法律法规据以存在的时代背景或者条件消失，或者其所调整的对象不复存在，或者其使命完成，使法律法规失去了存在的意义，从而自动失效（比如当年社会主义改造时期的一些特殊法律规定）。
- 权力机关进行法律法规清理，对外公布某项法律法规作废。
- 随着新法律法规的颁布实施，相关内容与已生效的新法抵触的旧的法律法规自动失效。

3. 法的溯及力

法的溯及力，也称法律溯及既往的效力，是指法律对其生效以前的事件和行为是否适用。如果适用，就具有溯及力；如果不适用，就没有溯及力。法律是否具有溯及力，不同法律规范之间的情况是不同的。关于法律的溯及力问题，一般通行两个原则：首先，"法律不溯及既往"原则，即国家不能用现在制定的法律指导人们过去的行为，更不能由于人们过去从事某种当时是合法而现在看来是违法的行为，而依照现在的法律处罚他们；其次，作为"法律不溯及既往"原则的补充，法律规范的效力可以有条件地适用于既往的行为。从我国目前有关法律溯及既往的原则的规定，一般采用"不溯及既往"的原则。具体表现在，就有关侵权、违约的法律和刑事法律而言，一般适用法律不溯及既往的原则，而在某些有关民事权利的法律中，法律有溯及力。

1.3 建设工程相关法律法规

1.3.1 民事法律概述

民事法律是调整平等主体的自然人、法人和非法人组织之间的财产关系、人身关系的各种法律规范的总称。我国已于 2021 年 1 月 1 日正式施行《民法典》，婚姻法、继承法、民法通则、收养法、担保法、合同法、物权法、侵权责任法、民法总则同时废止。《民法典》共七编、一千二百六十条，各编依次为总则、物权、合同、人格权、婚姻家庭、继承、侵权责任，以及附则。

1. 民事法律的调整对象

民法调整平等主体的自然人、法人和非法人组织之间的人身关系和财产关系。

（1）人身关系。人身关系是指民事主体之间基于人格和身份形成的无直接物质利益因素的民事法律关系。人身关系有的与民事主体的人格利益相关，有的与民事主体的特定身份相关，如配偶之间的婚姻关系、父母与子女之间的抚养和赡养关系。

（2）财产关系。财产关系是指民事主体之间基于物质利益而形成的民事法律关系。财产关系包括静态的财产支配关系，如所有权关系；还包括动态的财产流转关系，如债权债务关系。从财产关系所涉及的权利内容而言，财产关系包括物权关系、债权关系等。

2. 民事法律关系的构成要素

民事法律关系是指当事人之间由民事法律规范调整而具有民事权利和民事义务的社会关

系。它是民法所调整的财产关系和人身关系在法律上的体现。所有权关系、债权关系、著作权关系、继承权关系等均是民事法律关系。

民事法律关系由主体、客体和内容三个要素组成。

（1）民事法律关系的主体。

1）自然人。自然人是指基于出生而依法成为民事法律关系主体的人。在我国的《民法典》中，公民与自然人在法律地位上是相同的。但实际上，自然人的范围要比公民的范围广。公民是指具有本国国籍，依法享有宪法和法律所赋予的权利并承担宪法和法律所规定的义务的人。在我国，公民是社会中具有我国国籍的一切成员，包括成年人、未成年人和儿童。自然人则既包括公民，又包括外国人和无国籍的人。各国的法律一般对自然人都没有条件限制。

2）法人。法人是指具有民事权利能力和民事行为能力，依法独立享有民事权利和承担民事义务的组织。法人应当依法成立。法人应当有自己的名称、组织机构、住所、财产或者经费。法人成立的具体条件和程序，依照法律、行政法规的规定。设立法人，法律、行政法规规定须经有关机关批准，依照其规定。《民法典》将法人分为三类。一是营利法人。以取得利润并分配给股东等出资人为目的成立的法人，为营利法人。营利法人区别于非营利法人的重要特征，不是"取得利润"，而是"利润分配给出资人"。是否从事经营活动并取得利润，与法人成立的目的没有直接关系，也不影响到营利法人与非营利法人的分类。如果利润归属于法人，用于实现法人目的，则不是营利法人；如果利润分配给出资人，则属于营利法人。营利法人包括有限责任公司、股份有限公司和其他法人企业。二是非营利法人。为公益目的或者其他非营利目的成立，不向出资人、设立人或者会员分配所取得利润的法人，为非营利法人。非营利法人包括事业单位、社会团体、基金会、社会服务机构等。三是特别法人。特别法人包括机关法人、农村集体经济组织法人、城镇农村的合作经济组织法人和基层群众性自治组织法人等。

3）非法人组织。非法人组织是指不具有法人资格，但是能够依法以自己的名义从事民事活动的组织。非法人组织包括个人独资企业、合伙企业、不具有法人资格的专业服务机构等。

（2）民事法律关系的客体。民事法律关系客体是指作为法律关系的主体享有的民事权利和承担的民事义务所共同指向的对象。在通常情况下，主体都是为了某客体，彼此才设立一定的权利、义务，从而产生法律关系。

1）财。财一般是指资金及各种有价证券。在工程建设法律关系中表现为财的客体主要是建设资金，如基本建设贷款合同的标的，即一定数量的货币。有价证券包括支票、汇票、期票、债券、股票、国库券、提单、抵押单等。

2）物。物是指可以为人们控制和支配，有一定经济价值并以物质形态表现出来的物体。物是我国应用最广泛的工程建设法律关系的客体，如建筑物、构筑物、建筑材料、工程设备等。

3）行为。行为是指法律关系主体为达到一定的目的所进行的活动。在工程建设法律关系中，行为多表现为完成一定的工作，如勘察设计、施工安装、检查验收等活动。

4）非物质财富。非物质财富是指人们脑力劳动的成果或智力方面的创作，也称智力成果，如商标、专利、专有技术、设计图等。

（3）民事法律关系的内容。民事法律关系的内容是指民事法律关系的主体享有的民事权利和承担的民事义务。这是民事法律关系的核心,直接体现了主体的要求和利益。

1)民事权利。民事权利是指民事法律关系主体在法定范围内有权进行各种民事活动。权利主体可要求其他主体做出一定的行为或抑制一定的行为,以实现自己的民事权利;因其他主体的行为而使民事权利不能实现时,权利主体有权要求国家机关加以保护并予以制裁。

根据民事权利的标的不同,民事权利可以分为财产权、人身权和知识产权。财产权是以财产利益为客体的权利,如物权、债权。人身权是以民事主体的人身要素为客体的权利,如名誉权、身体权、亲属权。知识产权是以受保护的智力劳动成果为客体的权利,它体现着人身权和财产权两方面的内容,如署名权、对作品的使用权等。

2)民事义务。民事义务是指民事法律关系主体必须按法律规定或约定承担应负的责任。民事义务和民事权利是相互对应的,相应主体应自觉履行民事义务,义务主体如果不履行或不适当履行,就要受到法律制裁。

3. 民事法律关系的产生、变更与终止

(1)法律事实。法律事实,是依法能够引起法律关系产生、变更、消灭的客观情况。它是法律关系产生、变更、消灭的前提。法律事实可以分为法律行为和法律事件两类。

1)法律行为。法律行为是指人有意识的活动。其构成法律行为应满足以下条件:首先,它必须是人的行为,包括语言与身体行动,但不包括人的内心活动;其次,它必须是人有意识的行为,无意识的举动、精神病患者的举动不应当视为法律行为;最后,它必须是具有社会意义的行动,即对他人或社会产生影响的行为。

2)法律事件。法律事件是指不以当事人意志为转移的法律事实。法律事件可以分为社会事件和自然事件,前者如社会革命、战争,后者如人的生老病死,以及地震、洪水等自然灾害。阿列克谢耶夫还把事件分为绝对事件和相对事件。绝对事件是指与人的意志没有任何关系的完全自然的现象,如人的出生、死亡、自然灾害等。相对事件是一种行为,但该行为的意志与其引起的法律后果之间没有关联。相对事件又可以称为事实性行为,如劳动者自己操作违规在所造成的事故中死亡,以此引起的劳动关系消灭与继承关系的产生就属于相对事件。

(2)民事法律关系的产生。民事法律关系的产生是指民事法律关系的主体之间形成了一定的权利和义务关系。如某施工单位与某建设单位签订了施工承包合同,主体双方之间就产生了相应的权利和义务。此时,受民事法律关系调整的民事法律关系即告产生。

(3)民事法律关系的变更。民事法律关系的变更是指构成民事法律关系的三个要素发生变化。一是主体变更。主体变更既可以表现为民事法律关系主体数目增多或减少,也可以表现为主体改变。在各种类型的合同当中,如果民事法律关系中的客体不变,则相应的权利和义务也不发生改变,此时主体的改变也称为合同的转让。二是客体变更。客体变更是指民事法律关系中权利和义务所指向的对象发生变化。客体的变更可以是数量、质量以及范围大小的变更,也可以是不同性质的变更,从而引起权利和义务,即民事法律关系内容的变更。三是内容变更。民事法律关系主体与客体的变更,将会导致相应的权利和义务,即内容的变更。民事法律关系的主体与客体不变,内容也可以变更,表现为双方权利或义务的增加或减少。

(4)民事法律关系的终止。民事法律关系的终止,是指民事法律关系主体之间的权利和义务关系不复存在,对民事法律主体双方当事人失去约束力。一是自然终止。民事法律关系自然终止是指某类民事法律关系所规范的权利义务顺利得到履行，各方实现了各自的利益，从而使该民事法律关系得以完结。二是协议终止。民事法律关系协议终止是指民事法律关系主体之间协商解除某类法律关系所规范的权利义务，致使该民事法律关系归于消灭。三是违约终止。民事法律关系违约终止是指民事法律关系主体一方违约或发生不可抗力，致使某类民事法律关系规范的权利不能实现，而使该民事法律关系得以终止。

1.3.2 建设工程物权制度

物权是一项基本民事权利，也是大多数经济活动的基础和目的。在建设工程活动中涉及的许多权利源于物权。

1. 物权的种类

物权包括所有权、用益物权和担保物权。

（1）所有权。所有权是所有人依法对自己财产（包括不动产和动产）所享有的占有、使用、收益和处分的权利。它是一种财产权，又称财产所有权。所有权是物权中最重要也最完全的一种权利。当然，所有权在法律上也受到一定的限制。最主要的限制是，为了公共利益的需要，依照法律规定的权限和程序可以征收集体所有的土地和组织、个人的房屋及其他不动产。财产所有权的权能，是指所有人对其所有的财产依法享有的权利，包括占有权、使用权、收益权、处分权。

1）占有权，是指对财产实际掌握、控制的权能。占有权是行使物的使用权的前提条件，是所有人行使财产所有权的一种方式。占有权可以根据所有人的意志和利益分离出去，由非所有人享有。例如，根据货物运输合同，承运人对托运人的财产享有占有权。

2）使用权，是指对财产的实际利用和运用的权能。通过对财产实际利用和运用满足所有人需要，是实现财产使用价值的基本渠道。使用权是所有人所享有的一项独立权能。所有人可以在法律规定的范围内，以自己的意志使用其所有物。

3）收益权，是指收取由原物产生出来的新增经济价值的权能。原物新增的经济价值，包括由原物直接派生出来的果实、由原物所产生出来的租金和利息、对原物直接利用而产生的利润等。收益往往是因为使用而产生的，因而收益权也往往与使用权联系在一起。但是，收益权本身是一项独立的权能，而使用权并不能包括收益权。有时，所有人并不行使对物的使用权，仍可以享有对物的收益权。

4）处分权，是指依法对财产进行处置，决定财产在事实上或法律上命运的权能。处分权的行使决定着物的归属。处分权是所有人的最基本的权利，是所有权内容的核心。

（2）用益物权。用益物权是权利人对他人所有的不动产或者动产，依法享有占有、使用和收益的权利。用益物权包括土地承包经营权、建设用地使用权、宅基地使用权、居住权和地役权。

国家所有或者国家所有由集体使用以及法律规定属于集体所有的自然资源，组织、个人依法可以占有、使用和收益。此时，组织或者个人就成为用益物权人。因不动产或者动产被征收、征用，致使用益物权消灭或者影响用益物权行使的，用益物权人有权获得相应补偿。

（3）担保物权。担保物权，是与用益物权相对应的他物权，指的是为确保债权的实现而设定的，以直接取得或者支配特定财产的交换价值为内容的权利。债权人在借贷、买卖等民事活动中，为保障实现其债权，需要担保的，可以依照《民法典》和其他法律的规定设立担保物权。

2. 不动产物权的设立、变更、转让、消灭

不动产物权的设立、变更、转让和消灭，经依法登记，发生效力；未经登记，不发生效力，但是法律另有规定的除外。不动产物权的设立、变更、转让和消灭，依照法律规定应当登记的，自记载于不动产登记簿时发生效力。依法属于国家所有的自然资源，所有权可以不登记。不动产登记，由不动产所在地的登记机构办理。

3. 动产物权的设立和转让

动产物权以占有和交付为公示手段。动产物权的设立和转让，自交付时发生效力，但法律另有规定的除外。船舶、航空器和机动车等的物权的设立、变更、转让和消灭，未经登记，不得对抗善意第三人。

4. 物权的保护

物权的保护，是指通过法律规定的方法和程序保障物权人在法律许可的范围内对其财产行使占有、使用、收益、处分权利的制度。物权受到侵害的，权利人可以通过和解、调解、仲裁、诉讼等途径解决。

因物权的归属、内容发生争议的，利害关系人可以请求确认权利。无权占有不动产或动产的，权利人可以请求返还原物。妨害物权或者可能妨害物权的，权利人可以请求排除妨害或者消除危险。造成不动产或者动产毁损的，权利人可以请求修理、重作、更换或恢复原状。侵害物权，造成权利人损害的，权利人可以依法请求损害赔偿，也可以依法请求承担其他民事责任。对于物权保护方式，可以单独适用，也可以根据权利被侵害的情形合并适用。

侵害物权，除承担民事责任外，违反行政管理规定的，依法承担行政责任；构成犯罪，依法追究刑事责任。

1.3.3 建设工程代理制度

代理是指代理人在被授权的代理权限范围内，以被代理人的名义与第三人实施法律行为，而行为后果由该被代理人承担的法律制度。代理涉及三方当事人，即被代理人、代理人和代理关系所涉及的第三人。

1. 代理的法律特征

（1）代理人必须在代理权限范围内实施代理行为。代理人实施代理活动的直接依据是代理权。因此，代理人必须在代理权限范围内与第三人或相对人实施代理行为。

代理人实施代理行为时有独立进行意思表示的权利。代理制度的存在，正是为了弥补一些民事主体没有资格、精力和能力去处理有关事务的缺陷。如果仅是代为传达当事人的意思表示或接受意思表示，而没有任何独立决定意思表示的权利，则不能视为代理。

（2）代理人应该以被代理人的名义实施代理行为。《民法典》规定，代理人应以被代理人的名义对外实施代理行为。代理人如果以自己的名义实施代理行为，则该代理行为产生的法律后果只能由代理人自行承担。那么，这种行为是代理人自己的行为而非代理行为。

(3) 代理行为必须是具有法律意义的行为。代理人为被代理人实施的是能够产生法律上的权利义务关系，产生法律后果的行为。如果是代理人请朋友吃饭、聚会等，这些不能产生权利义务关系的行为，就不是代理行为。

(4) 代理行为的法律后果归属于被代理人。代理人在代理权限内，以被代理人的名义同第三人进行的具有法律意义的行为，在法律上产生与被代理人自己的行为同样的后果。因此，被代理人对代理人的代理行为承担民事责任。

2. 代理的主要种类

(1) 委托代理。委托代理是指按照被代理人的委托行使代理权。因委托代理中，被代理人是以意思表示的方法将代理权授予代理人的，故又称"意定代理"或"任意代理"。建设工程代理行为多为民事法律行为的委托代理。民事法律行为的委托代理，可以用书面形式，也可以用口头形式。但是法律规定用书面形式的，应当用书面形式。书面委托代理的授权委托书应当载明代理人的姓名或者名称、代理事项、权限和期限，并由委托人签名或者盖章。委托人授权不明的，被代理人应当向第三人承担民事责任，代理人负连带责任。

(2) 法定代理。法定代理是指根据法律的规定而发生的代理。例如，《民法典》第二十三条规定，无民事行为能力人、限制民事行为能力人的监护人是其法定代理人。

3. 建设工程代理行为的设立和终止

(1) 建设工程代理行为的设立。建设工程活动不同于一般的经济活动，其代理行为不仅要依法实施，有些还要受到法律的限制。根据《民法典》第一百六十一条第二款规定，依照法律规定、当事人约定或者民事法律行为的性质，应当由本人亲自实施的民事法律行为，不得代理。《建筑法》第二十八条规定，禁止承包单位将其承包的全部建筑工程转包给他人，禁止承包单位将其承包的全部建筑工程肢解以后以分包的名义转包给他人。施工总承包的，建筑工程主体结构的施工必须由总承包单位自行完成。

一般的代理行为可以由自然人、法人担任代理人，对其资格并无法定的严格要求。即使是诉讼代理人，也不要求必须由具有律师资格的人担任。2021年12月经修改后颁布的《中华人民共和国民事诉讼法》（以下简称《民事诉讼法》）第六十一条规定，下列人员可以被委托为诉讼代理人：律师、基层法律服务工作者；当事人的近亲属或者工作人员；当事人所在社区、单位以及有关社会团体推荐的公民。但是，某些建设工程代理行为必须由具有法定资格的组织方可实施。《招标投标法》第十三条规定，招标代理机构是依法设立、从事招标代理业务并提供相关服务的社会中介组织。招标代理机构应当具备下列条件：有从事招标代理业务的营业场所和相应资金；有能够编制招标文件和组织评标的相应专业力量。《招标投标法》第十四条还规定，招标代理机构与行政机关和其他国家机关不得存在隶属关系或者其他利益关系。

(2) 建设工程代理行为的终止。《民法典》第一百七十三条规定，有下列情形之一的，委托代理终止：代理期限届满或者代理事务完成；被代理人取消委托或者代理人辞去委托；代理人丧失民事行为能力；代理人或者被代理人死亡；作为代理人或者被代理人的法人、非法人组织终止。

1) 代理期间届满或者代理事项完成。被代理人通常是授予代理人某一特定期间内的代理权,或者是某一项(也可能是某几项)特定事务的代理权,那么在这一期间届满或者被指定的代理事项全部完成,代理关系即告终止,代理行为也随之终止。

2)被代理人取消委托或者代理人辞去委托。委托代理是被代理人基于对代理人的信任而授权其进行代理事务的。如果被代理人由于某种原因失去了对代理人的信任,法律就不应当强制被代理人仍须以其为代理人;反之,如果代理人由于某种原因不愿再行代理,法律也不能强制要求代理人继续从事代理。因此,法律规定被代理人有权根据自己的意愿单方取消委托,也允许代理人单方辞去委托,均不必以对方同意为前提,且通知到对方时,代理权即行消灭。

但是,单方取消或辞去委托可能会承担相应的民事责任。《民法典》第九百三十三条规定,委托人或者受托人可以随时解除委托合同。因解除合同造成对方损失的,除不可归责于该当事人的事由以外,应当赔偿损失。

3)代理人丧失民事行为能力。民事行为能力是民事主体能以自己的行为取得民事权利、承担民事义务的资格。若丧失民事行为能力,行为人则会失去对事情的判断能力,继而失去自我保护能力,其行为会造成不可估量的后果。因此,在建设活动中,若承接建设工程的人丧失民事行为能力,则存在使建设活动产生风险的可能,因此代理人丧失民事行为能力会导致代理活动终止。

4)代理人或者被代理人死亡。代理是平等民事主体之间发生的一种民事法律关系。若其中一方主体不存在了,则该法律行为无法正常存续。所以,若代理人或被代理人死亡,则代理活动终止。

5)作为被代理人或者代理人的法人终止。在建设活动中,不管是被代理人还是代理人,任何一方的法人终止,代理关系均随之终止。因为对方的主体资格已消灭,代理行为将无法继续,其法律后果也将无从承担。

4. 无权代理与表见代理

没有代理权、超越代理权或者代理权终止后的行为,只有经过被代理人的追认,被代理人才承担民事责任。未经追认的行为,由行为人承担民事责任。本人知道他人以本人名义实施民事行为而不做否认的,视为同意。

(1)无权代理。无权代理是指行为人不具有代理权,但以他人的名义与第三人进行法律行为。无权代理一般存在三种表现形式:

1)自始未经授权。如果行为人自始至终没有被授予代理权,就以他人的名义进行民事行为,属于无权代理。

2)超越代理权。代理权限是有范围的,超越了代理权限,依然属于无权代理。

3)代理权已终止。行为人虽曾得到被代理人的授权,当该代理权已经终止的,行为人如果仍以被代理人的名义进行民事行为,则属无权代理。

被代理人对无权代理人实施后的行为如果予以追认,则无权代理可以转化为有权代理,产生与有权代理相同的法律效力,并不会发生代理人的赔偿责任。如果被代理人不予追认,对被代理人不发生效力,则无权代理人需承担因无权代理行为给被代理人和善意第三人造成的损失。

（2）表见代理。表见代理是指行为人虽无权代理，但由于行为人的某些行为，造成了足以使善意第三人相信其有代理权的表象，而与善意第三人进行的、由本人承担法律后果的代理行为。《民法典》第一百七十二条规定，行为人没有代理权、超越代理权或者代理权终止后，仍然实施代理行为，相对人有理由相信行为人有代理权的，代理行为有效。

表见代理除需符合代理的一般条件外，还需具备以下特别构成要件：

1）须存在足以使相对人相信行为人具有代理权的事实或理由。这是构成表见代理的客观要件。它要求行为人与本人之间应存在某些事实上或法律上的联系，如行为人持有本人发出的委任状、已加盖公章的空白合同或者有显示本人向行为人授予代理权的通知函告等证明文件。

2）须本人存在过失。其过失表现为本人表达了足以使第三人相信有授权意思的表示，或者实施了足以使第三人相信有授权意思的行为，发生了外表授权的事实。

3）须相对人为善意。这是构成表见代理的主观要件。如果相对人明知行为人无权代理而仍与之实施民事行为，则相对人为主观恶意，不构成表见代理。

表见代理对本人产生有权代理的效力，即在相对人与本人之间产生民事法律关系。本人受表见代理人与相对人之间实施的法律行为的约束，享有该行为设定的权利和履行该行为约定的义务。本人不能以无权代理为抗辩。本人在承担表见代理行为所产生的责任后，可以向无权代理人追偿因代理行为而遭受的损失。

本人知道他人以本人名义实施民事行为而不做否认表示的，视为同意。这是一种被称为默示方式的特殊授权。也就是说，即使本人没有授予他人代理权，但事后并未做否认的意思表示，应当视为授予了代理权。由此，他人以其名义实施法律行为的后果应由本人承担。

5. 法律责任

（1）代理人不履行或者不完全履行职责，造成被代理人损害的，应当承担民事责任。

（2）代理人和相对人恶意串通，损害被代理人合法权益的，代理人和相对人应当承担连带责任。

（3）代理人知道或者应当知道代理事项违法仍然实施代理行为，或者被代理人知道或者应当知道代理人的代理行为违法未作反对表示的，被代理人和代理人应当承担连带责任。

（4）代理人不得以被代理人的名义与自己实施民事法律行为，但是被代理人同意或者追认的除外。

（5）代理人不得以被代理人的名义与自己同时代理的其他人实施民事法律行为，但是被代理的双方同意或者追认的除外。

代理人需要转委托第三人代理的，应当取得被代理人的同意或者追认。转委托代理经被代理人同意或者追认的，被代理人可以就代理事务直接指示转委托的第三人，代理人仅就第三人的选任以及对第三人的指示承担责任。转委托代理未经被代理人同意或者追认的，代理人应当对转委托的第三人的行为承担责任；但是，在紧急情况下代理人为了维护被代理人的利益需要转委托第三人代理的除外。

1.3.4 建设工程债权制度

1. 债的概念

债是按合同的约定或者按照法律的规定,在当事人之间产生的特定的权利和义务关系,享有权利的人是债权人,负有义务的人是债务人。债权人有权要求债务人按照合同约定或者法律的规定履行义务。债是特定当事人之间的法律关系。债权人只能向特定的人主张自己的权利,债务人也只需向享有该权利的特定人履行义务,即债的相对性。

2. 债的内容

债的内容是指债的主体双方之间的权利与义务,即债权人享有的权利和债务人负担的义务,即债权与债务。债权为请求特定人为特定行为或不作为的权利。

债权与物权不同,物权是绝对权,而债权是相对权。债权相对性理论的内涵,可以归纳为以下三个方面:第一,债权主体的相对性;第二,债权内容的相对性;第三,债权责任的相对性。债务是根据当事人的约定或者法律规定,债务人所负担的应为特定行为的义务。

3. 建设工程债的产生根据

建设工程债的产生是指特定当事人之间债权债务关系的产生。引起债产生的一定法律事实,就是债产生的根据。建设工程债产生的根据有合同、侵权、无因管理和不当得利。

（1）合同。当事人之间因产生了合同法律关系,也就是产生了权利义务关系,便设立了债的关系。任何合同关系的设立,都会在当事人之间产生债权和债务关系。合同引起债的关系,是债产生的最主要、最普遍的依据。合同产生的债称为合同之债。

建设工程债的产生,最主要的也是合同。施工合同的订立,会在施工单位与建设单位之间产生债的关系;材料设备买卖合同的订立,会在施工单位与材料设备供应商之间产生债的关系。

（2）侵权。侵权是指公民或法人没有法律依据而侵害他人的财产权利或人身权利的行为。侵权行为一经发生,即在侵权行为人和被侵权人之间形成债的关系。侵权行为产生的债称为侵权之债。在建设活动中,也常会产生侵权之债。如施工现场的施工噪声,就有可能产生侵权之债。

《民法典》规定,建筑物、构筑物或者其他设施倒塌、塌陷造成他人损害的,由建设单位与施工单位承担连带责任,但是建设单位与施工单位能够证明不存在质量缺陷的除外。建设单位、施工单位赔偿后,有其他责任人的,有权向其他责任人追偿。因所有人、管理人、使用人或者第三人的原因,建筑物、构筑物或者其他设施倒塌、塌陷造成他人损害的,由所有人、管理人、使用人或者第三人承担侵权责任。

建筑物、构筑物或者其他设施及其搁置物、悬挂物发生脱落、坠落造成他人损害,所有人、管理人或者使用人不能证明自己没有过错的,应当承担侵权责任。所有人、管理人或者使用人赔偿后,有其他责任人的,有权向其他责任人追偿。

禁止从建筑物中抛掷物品。从建筑物中抛掷物品或者从建筑物上坠落的物品造成他人损害的,由侵权人依法承担侵权责任;经调查难以确定具体侵权人的,除能够证明自己不是侵权人的外,由可能加害的建筑物使用人给予补偿。可能加害的建筑物使用人补偿后,有权向侵权人追偿。物业服务企业等建筑物管理人应当采取必要的安全保障措施防止前款规定情形的发生；未采取必要的安全保障措施的，应当依法承担未履行安全保障义务的侵权责任。

（3）无因管理。无因管理是指既未受人之托，也不负有法律规定的义务，而是自觉为他人管理事务的行为。无因管理行为一经发生，便会在管理人和其事务被管理人之间产生债权债务关系，其事务被管理者负有赔偿管理者在管理过程中所支付的合理的费用及直接损失的义务。

《民法典》合同编将"无因管理"列为"准合同"的一种。

（4）不当得利。不当得利是指没有法律或合同依据，有损于他人而取得的利益。它可能表现为得利人财产的增加，致使他人不应减少的财产减少；也可能表现为得利人应支付的费用没有支付，致使他人应当增加的财产没有增加。不当得利的法律事实发生后，即在不当得利人与利益所有人之间产生债权债务关系，不当得利人负有返还的义务。例如，买货人多付了货款，出卖人多收的部分款项即是不当得利，应该返还给买受人。

《民法典》合同编将"不当得利"列为"准合同"的一种。

4. 建设工程债的常见种类

（1）施工合同之债。施工合同之债是发生在建设单位和施工单位之间的债。施工合同的义务主要是完成施工任务和支付工程款。对于完成施工任务，建设单位是债权人，施工单位是债务人；对于支付工程款，则相反。

（2）买卖合同之债。在建设活动中，会产生大量的买卖合同，主要是材料设备买卖合同。材料设备的买方有可能是建设单位，也可能是施工单位，它们会与材料设备供应商产生买卖合同之债。

（3）侵权之债。在侵权之债中，最常见的是施工单位的施工活动产生的侵权。如施工噪声或者废水废弃物排放等扰民，可能对工地附近的居民构成侵权。此时，居民是债权人，施工单位或者建设单位是债务人。

1.3.5 建设工程担保物权制度

1. 担保物权

担保物权是与用益物权相对应的他物权，指的是为确保债权的实现而设定的，以直接取得或者支配特定财产的交换价值为内容的权利。担保既有物的担保又有人的担保，债务人自己提供物的担保的，债权人应当先就该物的担保实现债权，也可以要求保证人承担保证责任。

担保物权具有以下特征：

（1）担保物权以确保债务的履行为目的。《民法典》第三百八十六、三百八十七、三百八十八、三百八十九条中分别规定，担保物权人在债务人不履行到期债务或者发生当事人约定的实现担保物权的情形，依法享有就担保财产优先受偿的权利。

债权人在借贷、买卖等民事活动中，为保障实现其债权，需要担保的，可以依照《民法典》和其他法律的规定设立担保物权。

第三人为债务人向债权人提供担保的，可以要求债务人提供反担保。反担保适用《民法典》和其他法律的规定。

设立担保物权，应当依照《民法典》和其他法律的规定订立担保合同。担保合同包括抵押合同、质押合同和其他具有担保功能的合同。担保合同是主债权债务合同的从合同。主债权债务合同无效的，担保合同无效，但是法律另有规定的除外。

担保物权的担保范围包括主债权及其利息、违约金、损害赔偿金、保管担保财产和实现担保物权的费用。当事人另有约定的，按照其约定。

（2）担保物权是在债务人或第三人的特定财产上设定的权利。担保物权的标的物，必须是特定物（抵押物可以为不动产，质权、留置权则为动产），否则就无从由其价值中优先受清偿。这里的特定，应解释为在担保物权的实行之时是特定的。所以，于将来实行之时为特定的标的物上设定担保物权仍然有效，如以流动仓库中的货物为质权标的物。

《民法典》第三百九十一条规定，第三人提供担保，未经其书面同意，债权人允许债务人转移全部或者部分债务的，担保人不再承担相应的担保责任。

（3）担保物权以支配担保物的价值为内容，属于物权的一种，与一般物权具有同一性质。所不同的是，一般物权以对标的物实体的占有、使用、收益、处分为目的；而担保物权则以标的物的价值确保债权的清偿为目的，以就标的物取得一定的价值为内容。

《民法典》第三百九十条规定，担保期间，担保财产毁损、灭失或者被征收等，担保物权人可以就获得的保险金、赔偿金或者补偿金等优先受偿。被担保债权的履行期限未届满的，也可以提存该保险金、赔偿金或者补偿金等。

有下列情形之一的，担保物权消灭：

1）主债权消灭。
2）担保物权实现。
3）债权人放弃担保物权。
4）法律规定担保物权消灭的其他情形。

2. 抵押权

抵押权是债权人对债务人或者第三人不转移占有的担保财产，在债务人届期不履行债务或者发生当事人约定的实现抵押权的情形时，依法享有的就该抵押财产的变价处分权和优先受偿权的总称。

抵押权有以下特征：

（1）从抵押权的性质和目的的角度来看，抵押权属于担保物权。其目的在于以担保财产的交换价值确保债权得以清偿。《民法典》第四百零一条规定，抵押权人在债务履行期限届满前，与抵押人约定债务人不履行到期债务时抵押财产归债权人所有的，只能依法就抵押财产优先受偿。

（2）抵押权是在债务人或第三人的特定财产上设定的担保物权。债权人无须为了自己债权的清偿而在自己的财产上设定抵押权，抵押权是为担保债权的清偿而设定的，它只能存在于债权人以外的债务人或者愿意提供财产为债务人履行债务作担保的第三人。

（3）抵押权是不转移标的物占有的物权，《民法典》第四百零二条规定，抵押权自登记时设立。即抵押权的成立与存续，只需登记即可，不必转移标的物的占有。

（4）抵押权的内容是变价处分权和优先受偿权。《民法典》第四百一十条规定，债务人不履行到期债务或者发生当事人约定的实现抵押权的情形，抵押权人可以与抵押人协议以抵押财产折价或者以拍卖、变卖该抵押财产所得的价款优先受偿。协议损害其他债权人利益的，其他债权人可以请求人民法院撤销该协议。

抵押权人与抵押人未就抵押权实现方式达成协议的，抵押权人可以请求人民法院拍卖、变卖抵押财产。抵押财产折价或者变卖的，应当参照市场价格。

设立抵押权，通常应当采用书面形式订立抵押合同。抵押合同一般包括下列条款：

- 被担保债权的种类和数额。
- 债务人履行债务的期限。
- 抵押财产的名称、数量等情况。
- 担保的范围。

《民法典》第三百九十五条规定，债务人或者第三人有权处分的下列财产可以抵押：

- 建筑物和其他土地附着物；
- 建设用地使用权；
- 海域使用权；
- 生产设备、原材料、半成品、产品；
- 正在建造的建筑物、船舶、航空器；
- 交通运输工具；
- 法律、行政法规未禁止抵押的其他财产。

以建筑物抵押的，该建筑物占用范围内的建设用地使用权一并抵押。以建设用地使用权抵押的，该土地上的建筑物一并抵押。《民法典》第四百一十七条规定，建设用地使用权抵押后，该土地上新增的建筑物不属于抵押财产。该建设用地使用权实现抵押权时，应当将该土地上新增的建筑物与建设用地使用权一并处分。但是，新增建筑物所得的价款，抵押权人无权优先受偿。

乡镇、村企业的建设用地使用权不得单独抵押。以乡镇、村企业的厂房等建筑物抵押的，其占用范围内的建设用地使用权一并抵押。《民法典》第四百一十八条规定，以集体所有土地的使用权依法抵押的，实现抵押权后，未经法定程序，不得改变土地所有权的性质和土地用途。

《民法典》第三百九十九条规定，下列财产能设立抵押：

- 土地所有权。
- 宅基地、自留地、自留山等集体所有土地的使用权，但是法律规定可以抵押的除外。
- 学校、幼儿园、医疗机构等为公益目的成立的非营利法人的教育设施、医疗卫生设施和其他公益设施。
- 所有权、使用权不明或者有争议的财产。
- 依法被查封、扣押、监管的财产。
- 法律、行政法规规定不得抵押的其他财产。

3. 质权

质权是指债权人占有债务人或第三人为担保债务履行而移交的财产，在债务人不履行债务时就该财产的变卖价金优先受偿的权利。在质权关系中，债务人或第三人须将质物交与质权人占有，从而不再享有对质物的占有、使用及收益。

（1）质权的标的物只能是动产和权利，而不能是不动产。《民法典》第四百二十五条规定，为担保债务的履行，债务人或者第三人将其动产出质给债权人占有的，债务人不履行到期债务或者发生当事人约定的实现质权的情形，债权人有权就该动产优先受偿。《民法典》第四百四十条规定债务人或者第三人有权处分的下列权利可以出质：汇票、本票、支票；债券、存款单；仓单、提单；可以转让的基金份额、股权；可以转让的注册商标专用权、专利权、著作权等知识产权中的财产权；现有的以及将有的应收账款；法律、行政法规规定可以出质的其他财产权利。

以汇票、本票、支票、债券、存款单、仓单、提单出质的，质权自权利凭证交付质权人时设立；没有权利凭证的，质权自办理出质登记时设立。

汇票、本票、支票、债券、存款单、仓单、提单的兑现日期或者提货日期先于主债权到期的，质权人可以兑现或者提货，并与出质人协议将兑现的价款或者提取的货物提前清偿债务或者提存。

以基金份额、股权出质的，质权自办理出质登记时设立。基金份额、股权出质后，不得转让，但是出质人与质权人协商同意的除外。出质人转让基金份额、股权所得的价款，应当向质权人提前清偿债务或者提存。

以注册商标专用权、专利权、著作权等知识产权中的财产权出质的，质权自办理出质登记时设立。知识产权中的财产权出质后，出质人不得转让或者许可他人使用，但是出质人与质权人协商同意的除外。出质人转让或者许可他人使用出质的知识产权中的财产权所得的价款，应当向质权人提前清偿债务或者提存。

以应收账款出质的，质权自办理出质登记时设立。应收账款出质后，不得转让，但是出质人与质权人协商同意的除外。出质人转让应收账款所得的价款，应当向质权人提前清偿债务或者提存。

（2）质权是以债权人占有质物为要件的担保物权。质权以出质人移交质押的财产占有为成立要件，也以债权人占有质押财产为存续要件，质权人将质物返还于出质人后，以其质权对抗第三人，人民法院不予支持。

4. 留置权

留置权是指债权人因合法手段占有债务人的财物，在由此产生的债权未得到清偿以前留置该项财物并在超过一定期限仍未得到清偿时依法变卖留置财物，从价款中优先受偿的权利。《民法典》第四百四十七条规定，债务人不履行到期债务，债权人可以留置已经合法占有的债务人的动产，并有权就该动产优先受偿。

（1）留置权适用范围。

第一，留置权可适用于加工承揽合同。按照加工承揽合同，承揽人应当用自己的设备、技术和劳力，为定作人加工、定作、修理、修缮或完成其他工作；定作方应当接受承揽人制作的物品或完成的工作成果，并给付报酬。如果定作方超过领取期限六个月不领取定作物，给付报酬的，承揽方有权将定作物折价或变卖，应得价款或所得价款在扣除报酬、保管费用后，剩余的返还给定作方。当然，有的承揽合同采取留置定作物方式仍不能弥补承揽人损失时，还可以适用违约责任，追索定作人的违约金和赔偿金。

第二，留置权可适用于基本建设合同中的建筑安装承包合同。按照建筑安装承包合同，建筑安装单位应按时、按质、按量完成与建设单位约定的建设项目；建设单位应按时提供必要的技术文件资料和其他工作条件，验收已完成的项目并给付报酬。如果建筑安装单位履行了自己的义务后，建设单位不给付报酬达一定期限，建筑安装单位可对建设项目实行留置，行使其留置权。当然，由于建筑安装承包合同具有极强的计划性，建筑安装单位在行使其留置权时，注意不能与国家计划相冲突，否则不能行使。

第三，留置权可适用于保管合同。根据保管合同，保管人为存货人保管财产，保管合同终止时，存货人应按合同规定支付报酬。如果存货人拒绝支付报酬达一定期限，保管人即可对其保管物行使留置权，将保管物折价或变卖，以应得价款或所得价款清偿其保管费。

第四，留置权可适用于运输合同中的货运合同。按照货物运输合同，承运人应将托运的货物运送到指定地点，并交给收货人，托运人应当给付规定的运输费用。如果承运人将托运的货物运到指定地点后，托运人在一定期限内始终不给付运输费用，那么承运人可将托运的货物留置，折价或变卖求偿。

第五，留置权可适用于财产租赁合同。按照租赁合同，出租人将租赁物交给承租人使用（收益），承租人给付报酬并于使用（收益）完毕后返还原物。如果承租人不按时交纳租赁费用，出租人可在解除租赁合同的同时留置承租人的相应财产。

第六，留置权可适用于委托合同和信托合同。按照委托合同和信托合同，受托人以委托人的名义或自己的名义为委托人办理一定的委托事务，委托人应补偿受托人因完成委托事务所支出的费用，并给付一定报酬。如果受托人完成委托事务后，委托人不履行其义务达一定期限，受托人可将其占有的委托人的物品或有价证券留置，从中求偿。

（2）留置权的效力。留置担保的范围包括主债权及利息、违约金、损害赔偿金、留置物保管费用和实现留置权的费用。《民法典》第四百五十、四百五十一、四百五十三、四百五十六条分别规定，留置财产为可分物的，留置财产的价值应当相当于债务的金额。

债务人逾期未履行债务的，留置权人可以与债务人协议以留置财产折价，也可以就拍卖、变卖留置财产所得的价款优先受偿。

留置权人有权收取留置财产的孳息。所收取的孳息应当先充抵收取孳息的费用。留置权人负有妥善保管留置财产的义务，因保管不善致使留置财产毁损、灭失的，应当承担赔偿责任。

留置权人与债务人应当约定留置财产后的债务履行期限；没有约定或者约定不明确的，留置权人应当给债务人六十日以上履行债务的期限，但是鲜活易腐等不易保管的动产除外。债务人逾期未履行的，留置权人可以与债务人协议以留置财产折价，也可以就拍卖、变卖留置财产所得的价款优先受偿。留置财产折价或者变卖的，应当参照市场价格。

同一动产上已设立抵押权或者质权，该动产又被留置的，留置权人优先受偿。

1.3.6 建设工程保险制度

1. 保险的法律概念

保险是一种受法律保护的分散危险、消化损失的法律制度。因此，危险的存在是保险产生的前提。但保险制度上的危险具有损失发生的不确定性，包括发生与否的不确定性、发生时间的不确定性和发生后果的不确定性。

2. 保险合同

保险合同是指投保人与保险人约定保险权利义务关系的协议。保险合同在履行中还会涉及被保险人和受益人。被保险人是指其财产或者人身受保险合同保障，享有保险金请求权的人，投保人可以为被保险人。受益人是指人身保险合同中由被保险人或者投保人指定的享有保险金请求权的人，投保人、被保险人可以为受益人。

保险合同一般是以保险单的形式订立的。保险合同分为财产保险合同、人身保险合同。

（1）财产保险合同。财产保险合同是以财产及其有关利益为保险标的的保险合同。在财产保险合同中，保险合同的转让应当通知保险人，经保险人同意继续承保后，依法转让合同。

在合同的有效期内，保险标的的危险程度显著增加的，被保险人应当按照合同约定及时通知保险人，保险人可以按照合同约定增加保险费或者解除合同。建筑工程一切险和安装工程一切险即为财产保险合同。

（2）人身保险合同。人身保险合同是以人的寿命和身体为保险标的的保险合同。投保人应向保险人如实申报被保险人的年龄、身体状况。投保人于合同成立后，可以向保险人一次支付全部保险费，也可以按照合同规定分期支付保险费。人身保险的受益人由被保险人或者投保人指定。保险人对人身保险的保险费，不得用诉讼方式要求投保人支付。

3. 建设工程保险的主要种类和投保权益

建设工程活动涉及的法律关系较为复杂，风险较为多样。因此，建设工程活动涉及的险种也较多，主要包括建筑工程一切险（及第三者责任险）、安装工程一切险（及第三者责任险）、机器损坏险、机动车辆险、建筑职工意外伤害险、勘察设计责任保险、工程监理责任保险等。

（1）建筑工程一切险（及第三者责任险）。建筑工程一切险是承保各类民用、工业和公用事业建筑工程项目，包括道路、桥梁、水坝、港口等，在建造过程中因自然灾害或意外事故而引起的一切损失的险种。

建筑工程一切险往往还加保第三者责任险。第三者责任险是指在保险有效期内因在施工工地上发生意外事故造成在施工工地及邻近地区的第三者人身伤亡或财产损失，依法应由被保险人承担的经济赔偿责任。

1）投保人与被保险人。《住房城乡建设部 工商总局关于印发建设工程施工合同（示范文本）的通知》中规定，除专用合同条款另有约定外，发包人应投保建筑工程一切险或安装工程一切险；发包人委托承包人投保的，因投保产生的保险费和其他费用由发包人承担。

2）保险责任范围。保险人对下列原因造成的损失和费用，负责赔偿：自然事件，指地震、海啸、雷电、飓风、台风、龙卷风、风暴、暴雨、洪水、水灾、冻灾、冰雹、地崩、山崩、雪崩、火山爆发、地面下陷下沉及其他人力不可抗拒的破坏力强大的自然现象；意外事故，指不可预料的以及被保险人无法控制并造成物质损失或人身伤亡的突发性事件，包括火灾和爆炸。

3）第三者责任险。建筑工程一切险如果加保第三者责任险，保险人对下列原因造成的损失和费用，负责赔偿：在保险期限内，因发生与所保工程直接相关的意外事故引起工地内及邻近区域的第三者人身伤亡、疾病或财产损失；被保险人因上述原因支付的诉讼费用以及事先经保险人书面同意而支付的其他费用。

4）保险期限。建筑工程一切险的保险责任自保险工程在工地动工或用于保险工程的材料、设备运抵工地之时起始，至工程所有人对部分或全部工程签发完工验收证书或验收合格，或工程所有人实际占用或使用或接收该部分或全部工程之时终止，以先发生者为准。但在任何情况下，保险期限的起始或终止不得超出保险单明细表中列明的保险生效日或终止日。

（2）安装工程一切险（及第三者责任险）。安装工程一切险是承保安装机器、设备、储油罐、钢结构工程、起重机、吊车以及包含机械工程因素的各种安装工程的险种。安装工程一切险往往还加保第三者责任险。

1）保险责任范围。保险人对因自然灾害、意外事故（具体内容与建筑工程一切险基本相同）造成的损失和费用，负责赔偿。

2）除外责任。

第一，因设计错误、铸造或原材料缺陷或工艺不善引起的保险财产本身的损失以及为换置、修理或矫正这些缺点错误所支付的费用；

第二，由于超负荷、超电压、碰线、电弧、漏电、短路、大气放电及其他电气原因造成电气设备或电气用具本身的损失；

第三，施工用机具、设备、机械装置失灵造成的本身损失；

第四，自然磨损、内在或潜在缺陷、物质本身变化、自燃、自热、氧化、锈蚀、渗漏、鼠咬、虫蛀、大气（气候或气温）变化、正常水位变化或其他渐变原因造成的保险财产自身的损失和费用；

第五，维修保养或正常检修的费用；

第六，档案、文件、账簿、票据、现金、各种有价证券、图表资料及包装物料的损失；

第七，盘点时发现的短缺；

第八，领有公共运输行驶执照的，或已由其他保险予以保障的车辆、船舶和飞机的损失；

第九，除非另有约定，在保险工程开始以前已经存在或形成的位于工地范围内或其周围的属于被保险人的财产的损失；

第十，除非另有约定，在本保险单保险期限终止以前，保险财产中已由工程所有人签发完工验收证书或验收合格或实际占有或使用或接收的部分。

3）保险期限。安装工程一切险的保险责任自保险工程在工地动工或用于保险工程的材料、设备运抵工地之时起始，至工程所有人对部分或全部工程签发完工验收证书或验收合格，或工程所有人实际占有或使用接收该部分或全部工程之时终止，以先发生者为准。但在任何情况下，安装期保险期限的起始或终止不得超出保险单明细表中列明的安装期保险生效日或终止日。

安装工程一切险的保险期内，一般应包括一个试车考核期。试车考核期的长短，一般根据安装工程合同中的约定进行确定，但不得超出安装工程保险单明细表中列明的试车和考核期限。安装工程一切险对考核期的保险责任一般不超过3个月；若超过3个月，应另行加收保险费。安装工程一切险对于旧机器设备不负考核期的保险责任，也不承担其维修期的保险责任。

（3）机器损坏险。机器损坏险专门承保各种工厂、矿山安装完毕并已转入运行且在国家规定使用期限内的原动机械设备、生产制造设备或工具机械设备及附属机械设备等，如发电机、变压器、冷冻空调设备、纺织机械等。机器损坏险属于企业财产保险的附加险种，被保险人投保财产综合险或者财产一切险，可附加投保机器损坏险。

在保险期内，若本保险单明细表中列明的被保险机器及附属设备因下列原因引起或构成突然的、不可预料的意外事故造成的物质损坏或灭失（以下简称"损失"），保险公司按本保险单的规定负责赔偿：

- 设计、制造或安装错误、铸造和原材料缺陷。
- 工人、技术人员操作错误、缺乏经验、技术不善、疏忽、过失、恶意行为。
- 离心力引起的断裂。
- 超负荷、超电压、碰线、电弧、漏电、短路、大气放电、感应电及其他电气原因。

前述原因造成的保险事故发生时，为抢救保险标的或防止灾害蔓延，采取必要的、合理的措施而造成保险标的的损失；及被保险人为防止或减少保险标的的损失所支付的必要的、合理的费用；以不超保险金额为限。

由于下列原因直接或间接引起的损失、费用和责任保险公司不承担赔偿责任：

- 机器设备运行必然引起的后果，如自然磨损、氧化、腐蚀、锈蚀、孔蚀、锅垢等物理性变化或化学反应。
- 各种传送带、缆绳、金属线、链条、轮胎、可调换或替代的钻头、钻杆、刀具、印刷滚筒、套筒、活动管道、玻璃、瓷、陶及钢筛、网筛、毛毡制品、一切操作中的媒介物（如润滑油、燃料、催化剂等）及其他各种易损、易耗品。
- 被保险人及其代表已经知道或应该知道的保险机器及其附属设备在本保险开始前已经存在的缺点或缺陷。
- 根据法律或契约应由供货方、制造人、安装人或修理人负责的损失或费用。
- 由于公共设施部门的限制性供应及故意行为或非意外事故引起的停电、停气、停水。
- 火灾、爆炸。
- 地震、海啸、雷电、飓风、台风、龙卷风、风暴、暴雨、洪水、冰雹、地崩、山崩、雪崩、火山爆发、地面下陷下沉及其他自然灾害。
- 飞机坠毁、飞机部件或飞行物体坠落。
- 机动车碰撞。
- 水箱、水管爆裂。
- 被保险人及其代表的故意行为或重大过失。
- 战争、类似战争行为、敌对行为、武装冲突、恐怖活动、谋反、政变、罢工、暴动、民众骚乱。
- 政府命令或任何公共当局没收、征用、销毁或毁坏。
- 核裂变、核聚变、核武器、核材料、核辐射及放射性污染。
- 保险事故发生后引起的各种间接损失或责任。
- 本保险单明细表或有关条款中规定的应由被保险人自行负担的免赔额。

如任何被保险锅炉、汽轮机、蒸汽机、发电机或柴油机连续停工超过三个月时（包括修理，但不包括由于发生保险责任范围内损失后的修理），停工期间保险费按下列办法退还给被保险人（但如该机器为季节性工厂所使用者除外）：①3～5 个月退费 15%；②6～8 个月退费 25%；③9～11 个月退费 35%；④12 个月退费 50%。

（4）机动车辆险。机动车辆险，简称车险，也称作汽车保险。它是指对机动车辆由于自然灾害或意外事故所造成的人身伤亡或财产损失负赔偿责任的一种商业保险。具体可分为机动车交通事故责任强制保险和商业险。

机动车交通事故责任强制保险简称"交强险"，是指由保险公司对被保险机动车发生道路交通事故造成本车人员、被保险人以外的受害人的人身伤亡、财产损失，在责任限额内予以赔偿的强制性责任保险。根据《机动车交通事故责任强制保险条例》（2019 修订）第二条规定，在中华人民共和国境内道路上行驶的机动车的所有人或者管理人，应当依照《中华人民共和国道路交通安全法》的规定投保机动车交通事故责任强制保险。

商业险又包括车辆主险和附加险两个部分。

商业险车辆主险包括车辆损失险、第三者责任险、车上人员责任险、全车盗抢险。

1）机动车辆损失险，被保险车辆遭受保险范围内的自然灾害或意外事故，造成保险车辆本身损失，保险人依照保险合同的规定给予赔偿的一种保险。

2）机动车辆第三者责任险，被保险人或其允许的合格驾驶人员在使用保险车辆过程中发生意外事故，致使第三者遭受人身伤亡或财产损坏，依法应由被保险人支付的金额，也由保险公司负责赔偿。

3）全车盗抢险是发生下列三种情况时，其损失可以获得赔偿：

一是在全车被盗窃、抢劫、抢夺的被保险机动车（含投保的挂车），需经县级以上公安刑侦部门立案侦查，证实满 60 天未查明下落；

二是被保险机动车全车被盗窃、抢劫、抢夺后，受到损坏或因此造成车上零部件、附属设备丢失需要修复的合理费用；

三是发生保险事故时，被保险人为防止或者减少被保险机动车的损失所支付的必要的、合理的施救费用，由保险人承担，最高不超过保险金额的数额。

4）车上人员责任险，保险车辆发生意外事故（不是行为人出于故意，而是行为人不可预见的以及不可抗拒的，造成了人员伤亡或财产损失的突发事件），导致车上的司机或乘客人员伤亡造成的费用损失，以及为减少损失而支付的必要合理的施救、保护费用，由保险公司承担赔偿责任。

机动车辆险的附加险包括玻璃单独破碎险，车辆停驶损失险，自燃损失险，新增设备损失险，发动机进水险、无过失责任险，代步车费用险，车身划痕损失险，不计免赔率特约条款，车上货物责任险等多种险种。

（5）勘察设计责任保险。房屋建筑和市政工程勘察设计责任保险，简称勘察设计责任保险，是指因勘察、设计疏忽或过失引发工程质量事故造成损失承担的赔偿责任为保险标的的商业保险。本保险的被保险人为勘察设计单位。

1）勘察设计责任保险对以下事项承担保险责任：

一是由于勘察、设计的疏忽或过失而引发的工程质量事故造成的建设工程本身的物质损失；

二是由于勘察、设计的疏忽或过失而引发的工程质量事故造成的第三者人身伤亡或财产损失；

三是事先经保险机构书面同意的鉴定费用、公估费、仲裁费用、诉讼费用和律师费用；

四是发生保险责任事故后，勘察设计单位为缩小或减少对建设单位的经济赔偿责任所支付的必要的合理费用；

五是其他由投保人和保险机构在保险合同中约定的事项。

2）勘察设计责任保险有以下两种购买方式：

一是年度型保险期限为 1 年，期满可续保，追溯期由被保险人和保险机构在保险合同中约定；

二是项目型保险期限为自保险单约定的起保日开始至投保工程竣工的验收合格期满 3 年之日终止。

投保人和保险机构对保险期限另有约定的，从其约定。

（6）工程监理责任保险。工程监理责任保险是指在保险单列明的保险期间或追溯期内，被保险人的注册监理工程师，根据被保险人的授权，在履行建设工程委托监理合同的过程中，因疏忽或过失行为，导致业主遭受直接财产损失，或者致使业主或其雇员发生人身伤害，应由被保险人承担经济赔偿责任，并由业主首次在保险期间内，向被保险人提出索赔要求，保险公司根据条款和保险单的规定，在约定的赔偿限额内负责赔偿。

工程监理责任保险的保险对象经国家建设行政主管部门批准，取得相应资质证书，并经工商行政管理部门注册登记，依法成立的工程建设监理企业，均可作为被保险人。

工程监理责任保险的承包范围是在保险期间或追溯期及中国境内，被保险人开展工程监理业务时，因过失未能履行委托监理合同中约定的监理义务，或发出错误指令，导致所监理的建设工程发生工程质量事故，对委托人造成的经济损失。

（7）建筑职工意外伤害险。建筑职工意外伤害险是指建筑施工企业应当为施工现场从事施工作业和管理的人员，在施工活动过程中发生的人身意外伤亡事故提供保障，办理建筑意外伤害保险、支付保险费。保险期限应涵盖工程项目开工之日到工程竣工验收合格日。提前竣工的，保险责任自行终止。因延长工期的，应当办理保险顺延手续。根据《建筑法》第四十八条规定，建筑施工企业应当依法为职工参加工伤保险缴纳工伤保险费。因此，建筑职工意外伤害险属于强制险。

第2章 建设工程许可法律制度

本章导读

建筑工程许可制度是国家建设行政主管机关（部门）或者其他行业行政主管机关（部门）经依法审查，准予公民、法人或其他组织从事特定建筑活动的制度。这既是衡量建设单位法定资质，又是行政主管部门全面掌握建筑工程基本情况的重要制度。本章主要介绍建筑施工许可法律制度、建筑活动从业资格许可法律制度、建筑施工安全生产许可法律制度等内容。读者应在理解建筑工程施工许可相关的法律法规的基础上，掌握如何在实践中灵活运用。

本章要点

- 建筑施工许可法律制度。
- 建筑活动从业资格许可法律制度。
- 建筑施工安全生产许可法律制度。

2.1 建筑施工许可

建筑施工许可制度是指由国家授权有关建设行政主管部门，在建筑工程施工前，依建设单位申请，对该项工程是否符合法定的开工条件进行审查，对符合条件的工程发给施工许可证，允许建设单位开工建设的制度。

我国实行建筑工程施工许可制度，一方面，有利于确保建筑工程在开工前符合法定条件，进而为其开工后顺利实施奠定基础；另一方面，也有利于有关行政主管部门全面掌握建筑工程的基本情况，依法及时地、有效地实施监督和指导，保证建筑活动依法进行。

2.1.1 案例导入

按照相关规定办理资质备案手续。A市建委近日根据《A市外进建筑业企业备案管理暂行办法》等法规，对未在规定期限内办理备案手续的27家外进建筑业企业作出了停止在A市地区参与投标活动的处罚，并将这些企业拒不办理企业资质备案的行为记入了该企业诚信档案。此外，由于A市铁路局房地产开发公司开发某住宅小区工程，擅自将部分专业承包工程分包给没有办理外进企业备案手续的外进企业，决定对A市铁路局房地产开发公司予以通报批评，不良行为记入该企业的诚信档案。

认真阅读此案例后，请回答：

建筑企业资质申办涉及哪些工作程序？

【案例评析】

根据《建筑业企业资质管理规定》第三条"企业应当按照其拥有的资产、主要人员、已完成的工程业绩和技术装备等条件申请建筑业企业资质，经审查合格，取得建筑业企业资质证书后，方可在资质许可的范围内从事建筑施工活动"，第十四条"企业申请建筑业企业资质，在资质许可机关的网站或审批平台提出申请事项，提交资金、专业技术人员、技术装备和已完成业绩等电子材料"，第十五条"企业申请建筑业企业资质，应当如实提交有关申请材料。资质许可机关收到申请材料后，应当按照《中华人民共和国行政许可法》的规定办理受理手续"的规定，建筑企业申请资质流程为：

（1）向资质许可机关的网站或审批平台提出申请。

（2）提交资金、专业技术人员、技术装备和已完成业绩等电子材料。

（3）资质许可机关对材料进行审查，符合规定的，颁发建筑业企业资质证书。

2.1.2 理论引导

1. 建筑施工许可制度概念

建设工程施工许可制度是指由国家授权国家建设主管机关（部门），在建设工程施工开始以前，对该项建设工程是否符合法定的开工必备条件进行审查，对符合条件的建设工程颁发施工许可证，准予该项建设工程开工建设的法律制度。

《建筑法》第七条规定，建筑工程开工前，建设单位应当按照国家有关规定向工程所在地县级以上人民政府建设行政主管部门申请领取施工许可证；但是，国务院建设行政主管部门确定的限额以下的小型工程除外。建设单位（业主或项目法人）是建设项目的投资者，如果建设项目是政府投资，则建设单位为该建设项目的管理单位或使用单位。为施工单位进场和开工做好各项前期准备工作，是建设单位应尽的义务。因此，施工许可证的申请领取，应该由建设单位而不是施工单位或其他单位负责。

2. 建筑施工许可制度的特点

（1）建设工程许可行为的主体是住房和城乡建设主管部门，而不是其他行政机关，也不是其他公民、法人或组织。

（2）建设工程许可以对建设工程的开工和从事建设活动的单位与个人资格实施行政监督管理为目的。

（3）许可的反面是禁止。建设工程开工和从事建筑活动，只有在符合特定条件的情况下才允许进行。

（4）建设工程许可是依据建设单位或从事建筑活动的单位和个人的申请而进行的行政行为，同时，也有助于建设行政主管部门对在建项目实施有效的监督管理。

（5）建设工程许可的有关事项与条件必须依据法律法规的规定进行，不能随意设定。

3. 实施建筑施工许可制度的意义

《建筑法》对建筑工程施工许可制度作出明确规定，体现了国家对作为一种特殊经济活动的建设活动，进行从严和事前控制的管理，具有非常重要的意义。

（1）实行建设工程许可制度有利于国家对基本建设活动进行宏观调控，既可以监督建设单位尽快建成拟建项目，防止闲置土地影响公众利益，又能保证建设项目开工后顺利进行，避免在不具备条件时盲目施工。

（2）建设工程许可制度实行从业资格许可，既有利于确保从事建设活动的单位和人员的素质，又有利于维护他们的合法权益。

（3）实行建设工程许可制度有利于规范建设市场，保证建设工程质量和建设安全生产，维护社会经济秩序，提高投资效益，保障公民生命财产和国家财产安全。

4. 建设单位申请领取施工许可证应具备的法定条件

《建筑法》规定建设单位申请领取施工许可证时，应当具备如下法定条件：

（1）已经办理该建筑工程用地批准手续。根据《中华人民共和国土地管理法》（以下简称《土地管理法》）的有关规定，任何单位和个人进行建设，需要使用土地的，必须依法申请使用土地。其中需要使用国有建设用地的，应当向有批准权的土地行政主管部门申请，经其审查，报本级人民政府批准。

（2）依法应当办理建设工程规划许可证的，已经取得建设工程规划许可证。《城乡规划法》第四十条规定，在城市、镇规划区内进行建筑物、构筑物、道路、管线和其他工程建设的，建设单位或者个人应当向城市、县人民政府城乡规划主管部门或者省、自治区、直辖市人民政府确定的镇人民政府申请办理建设工程规划许可证。申请办理建设工程规划许可证，应当提交使用土地的有关证明文件、建设工程设计方案等材料。需要建设单位编制修建性详细规划的建设项目，还应当提交修建性详细规划。对符合控制性详细规划和规划条件的，由城市、县人民政府城乡规划主管部门或者省、自治区、直辖市人民政府确定的镇人民政府核发建设工程规划许可证。

（3）需要拆迁的，其拆迁进度符合施工要求。需要先期进行拆迁的建筑工程，其拆迁工作状况直接影响到整个建筑工程的顺利进行。在建筑工程开始施工时，拆迁的进度必须符合工程开工的要求，这是保证该建筑工程正常施工的基本条件。拆迁工作必须依法进行。根据《城市房屋拆迁管理条例》的有关规定，拆迁房屋的单位取得房屋拆迁许可证后，方可实施拆迁。拆迁人应当在房屋拆迁许可证确定的拆迁范围和拆迁期限内，实施房屋拆迁。

（4）已经确定建筑施工企业。确定建筑施工企业是能够开始施工的前提条件。否则，将由于不具有开工的可能性而无法获得施工许可证。建设单位确定建筑施工企业，必须依据《建筑法》《招标投标法》及其相关规定进行。《建筑工程施工许可管理办法》第四条规定，发生以下几种情形，所确定的施工企业无效：

1）按照规定应该招标的工程没有招标。

2）应该公开招标的工程没有公开招标。

3）肢解发包工程。

4）将工程发包给不具备相应资质条件。

（5）有满足施工需要的资金安排、施工图纸及技术资料。由于建筑活动需要较多的资金投入，占用资金时间也比较长，因此，在建筑工程施工过程中必须拥有足够的建设资金，这是保证施工顺利进行的重要的物质保障。施工图纸是根据建筑技术设计文件而绘制的供施工使用的图纸。按照基建程序，施工图纸包括土建和设备安装两部分。技术资料包括工程说明书、结构计算书和施工图预算等。施工图纸和技术资料是进行工程施工作业的技术依据，是在施工过程中保证建筑工程质量的重要因素。因此，为了保证工程质量，在开工前必须有满足施工需要的施工图纸和技术资料。

（6）有保证工程质量和安全的具体措施。《建设工程质量管理条例》第十三条规定："建设单位在领取施工许可证或者在开工报告之前，应当按照国家有关规定办理工程质量监督手续。"《建设工程安全生产管理条例》第十条第一款也规定"建设单位在领取施工许可证时，应当提供建设工程有关安全施工措施的资料"；第四十二条第一款规定"建设行政主管部门在审核发放施工许可证时，应当对建设工程是否有安全措施进行审查，对没有安全施工措施的，不得颁发施工许可证"。

建设行政主管部门应当自收到申请之日起七日内，对符合条件的申请颁发施工许可证。

5. 无须申请建筑工程施工许可的建筑工程的范围

（1）国务院建设行政主管部门确定的限额以下的小型工程。根据《建筑法》和《建筑工程施工许可管理办法》的规定，所谓限额以下的小型工程指的是工程投资额在 30 万元以下或者建筑面积在 300 平方米以下的建筑工程。省、自治区、直辖市人民政府建设行政主管部门可以根据当地的实际情况，对限额进行调整，并报国务院建设主管部门备案。

（2）按照国务院规定的权限和程序批准开工报告的建筑工程。开工报告是建设单位依照国家有关规定向国家发展与计划主管部门申请准予开工的文件。为了避免出现同一项建筑工程的开工由不同的国家行政主管部门多头重复审批的现象，对实行开工报告审批制度的建筑工程，无须再行申请建筑工程施工许可。至于实行开工报告审批制度的建筑工程类型或者范围，政府有关行政主管部门对开工报告的审批权限和审批程序，则应当按照国务院的有关规定执行。

（3）抢险救灾工程。由于此类建筑工程的特殊性，《建筑法》明确规定此类工程开工前不需要申请施工许可证。

（4）临时性建筑。因各种情况需要建造的临时性建筑工程，例如建筑工程施工现场的管理人员和工人的宿舍、食堂、建筑材料的临时性仓储用房、其他辅助型建筑物等。这些临时性建筑工程由于不属于建设单位投资建设的永久性建筑工程的范畴且其生命期短，现行建筑工程施工许可制度不适用该类建筑工程。

（5）军用房屋建筑工程。由于军用房屋建筑工程涉及国家防务安全和军事机密，具有特殊性。根据《建筑法》的明确规定，军用房屋建筑工程建筑活动的具体管理办法，由国务院、中央军事委员会依据本法制定。

6. 建设单位申请建筑工程施工许可的程序

根据《建筑法》和《建筑工程施工许可管理办法》的规定，建设单位申请办理施工许可应按照下列程序进行。

（1）建设单位向发证机关领取建筑工程施工许可证申请表。

（2）建设单位持加盖单位及法定代表人印鉴的建筑工程施工许可证申请表，并附有关证明文件，向发证机关提出申请。

（3）发证机关在收到建设单位报送的建筑工程施工许可证申请表和所附证明文件后，对于符合条件的，应当自收到申请之日起 15 日内颁发施工许可证；对于证明文件不齐全或者失效的，应当当场或者 5 日内一次告知建设单位需要补正的全部内容，审批时间可以自证明文件补正齐全后作相应顺延；对于不符合条件的，应当自收到申请之日起15日内书面通知建设单位，并说明理由。

建筑工程在施工过程中，建设单位或者施工单位发生变更的，应当重新申请领取施工许可证。

从2021年1月1日起，为进一步贯彻落实《国务院关于加快推进全国一体化在线政务服务平台建设的指导意见》，深化"放管服"改革，提升建筑业政务服务质量，按照国务院办公厅电子政务办公室要求，决定在全国范围内的房屋建筑和市政基础设施工程项目全面实行施工许可电子证照。电子证照与纸质证照具有同等法律效力。

地方施工许可发证机关要按照国务院办公厅电子政务办公室发布的《全国一体化在线政务服务平台电子证照-建筑工程施工许可证》标准（C0217-2019）和中华人民共和国住房与城乡建设部制定的《建筑工程施工许可证电子证照业务规程》要求，依托地方政务服务平台、工程建设项目审批管理系统或施工许可审批系统，完善相关信息功能，建立施工许可电子证照的制作、签发和信息归集业务流程，规范数据信息内容和证书样式，完善证书编号、二维码等编码规则，形成全国统一的电子证照版式。

地方施工许可发证机关应在发证后5个工作日内，将电子证照文件（含电子印章）及业务信息上传至省级建筑市场监管一体化工作平台。省级建筑市场监管一体化工作平台每个工作日应对本行政区域内的信息进行汇总，并通过部省数据对接机制上传至全国建筑市场监管公共服务平台（以下简称公共服务平台）。公共服务平台进行归集和存档，并按要求向国家政务服务平台报送。

7. 申请建筑工程施工许可的法律后果

建筑工程施工许可证是建设单位依法定条件和程序申请建筑工程施工许可后取得建筑工程施工资格的法律凭证和法律依据，同时又是建设单位承担按期开始进行建筑工程施工的法定义务的法律依据。因此，建筑工程施工许可证对建设单位按期开始进行建筑工程施工活动具有法律约束力，主要包括：

（1）建筑工程施工许可证的时效性约束力。《建筑法》规定："建设单位应当自领取施工许可证之日起三个月内开工。因故不能按期开工的，应当向发证机关申请延期；延期以两次为限，每次不超过三个月。既不开工又不申请延期或者延期超过时限的，施工许可证自行废止。"

（2）建筑工程施工许可证的时效性约束力的终止和恢复。《建筑法》规定："在建的建筑工程因故中止施工的，建设单位应当自中止施工之日起一个月内，向发证机关报告，并按照规定做好建筑工程的维护管理工作。建筑工程恢复施工时，应当向发证机关报告；中止施工满一年的工程恢复施工前，建设单位应当报发证机关核验施工许可证。"

另外，对于按照国务院有关规定批准开工报告的建筑工程的开工和中止施工问题，《建筑法》规定："按照国务院有关规定批准开工报告的建筑工程，因故不能按期开工或者中止施工的，应当及时向批准机关报告情况。因故不能按期开工超过六个月的，应当重新办理开工报告的批准手续。"

8. 违反施工许可证管理规定的法律责任

（1）对于未取得施工许可证或者为规避办理施工许可证将工程项目分解后擅自施工的，

由有管辖权的发证机关责令改正，对于不符合开工条件的责令停止施工，并对建设单位和施工单位分别处以罚款。

（2）对于采用虚假证明文件骗取施工许可证的，由原发证机关收回施工许可证，责令停止施工，并对责任单位处以罚款；构成犯罪的，依法追究其刑事责任。

（3）对于伪造施工许可证的，该施工许可证无效，由发证机关责令停止施工，并对责任单位处以罚款；构成犯罪的，依法追究刑事责任。

（4）对于涂改施工许可证的，由原发证机关责令改正，并对责任单位处以罚款；构成犯罪的，依法追究刑事责任。

（5）发证机关及其工作人员对不符合施工条件的建筑工程颁发施工许可证的，由其上级机关责令改正，对责任人员给予行政处分；徇私舞弊、滥用职权的，不得继续从事施工许可管理工作；构成犯罪的，依法追究其刑事责任。

2.1.3 实训操作

【案例分析】

20×2年1月8日，A市规划局向京剧院核发了A规建基〔20×2〕15号建设工程（地下建筑部分）规划许可证，许可京剧院在A市东平路9号建造艺术家公寓的地下部分。规划许可证载明以下内容。

建设单位：京剧院；

建设地址：某区东路49号；

建设工程项目：艺术家公寓；

建筑物名称：艺术家公寓；

桩基结构：灌注桩，规格：+600毫米，根数：179；

地下室结构：剪力墙，深度为3.9米，面积为966平方米。

20×2年3月28日，刘某等48位居民向法院起诉，起诉理由为C村属A市近代优秀建筑，市规划局批准京剧院在该建设控制地带建造高层住宅，违反《A市城市规划条例》的有关规定。且该建筑物现已建至地面以上，严重影响居民的生活环境等，请求撤销该许可。

请问：

1．艺术家公寓项目建设是否存在违法之处？

2．A市规划局的行政行为是否合法？

3．刘某等48位居民的权利应如何保护？

【真题实测】

一、单项选择题（每题的备选项中，只有1个答案最符合题意）

1．建设单位申请施工许可证的法定审批条件中，对施工图设计文件的要求应满足（　　）。

　　A．施工需要并按规定通过审查　　B．施工进度的要求

　　C．主要设备材料订货的要求　　D．施工安全的要求

2．某建设单位欲新建一座大型综合市场，于20×6年3月20日领到工程施工许可证。开工后因故于20×6年10月15日中止施工。根据《建筑法》中关于施工许可制度的规定，

该建设单位向施工许可证发证机关报告的最迟期限应是20×6年（　　）。

　　A. 10月15日　　B. 10月22日　　C. 11月14日　　D. 12月14日

3. 对采取虚假证明文件骗取施工许可证尚未构成犯罪的，应由发证机关（　　）。

　　A. 责令停止施工，对建设单位和施工单位分别处以罚款

　　B. 收回施工许可证，责令停止施工，对责任单位处以罚款

　　C. 宣布施工许可证无效，责令停止施工，没收非法所得

　　D. 责令停止施工，有非法所得的，处以5000元以上10000元以下的罚款

二、多项选择题（每题的备选项中，有1个以上的答案符合题意）

1. 下列选项中，不符合法规规定颁发施工许可证条件的有（　　）。

　　A. 已经领取了拆迁许可证，准备开始拆迁

　　B. 没有建设工程规划许可证，但已经有了建设用地规划许可证

　　C. 有满足开工需要的施工图纸及技术资料

　　D. 已经依法确定了施工企业，但尚未按规定委托监理企业

　　E. 办理了建设工程质量、安全监督手续

2. 下列选项中，符合颁发施工许可证法定条件的有（　　）。

　　A. 已经办理了建设工程用地批准手续

　　B. 建设工期不满一年的，银行出具的到位资金证明达到工程合同价款的30%

　　C. 经公安机关消防机构依法审查工程消防设计合格

　　D. 施工单位编制的施工组织设计中有根据工程特点制定的保证工程质量、安全的措施

　　E. 需要拆迁的，其拆迁进度符合建设工程开工的要求

2.1.4 拓展训练

随着城镇化进程的加快，一些"城市病"逐渐暴露出来，如交通拥堵、污染严重以及近年来各地普遍出现的城市内涝等。城市建筑贪大、媚洋、求怪等乱象丛生，特色缺失，文化传承堪忧；城市建设盲目追求规模扩张，节约集约程度不高；依法治理城市力度不够，违法建设、大拆大建问题突出；公共产品和服务供给不足，环境污染、交通拥堵等"城市病"蔓延加重。中共中央、国务院于2016年2月21日下发了《关于进一步加强城市规划建设管理工作的若干意见》（以下简称《意见》），这是时隔37年重启的中央城市工作会议的配套文件，勾画了"十三五"乃至更长时间中国城市发展的"路线图"。《意见》强调，要依法制定城市规划，创新城市治理方式，改革城市管理体制，更好发挥法治的引领和规范作用。

问题：请对以上问题进行分析，谈谈你的建议。

2.2 建筑从业资格许可

我国《建筑法》在法律上确定了建筑从业资格许可制度。《建筑法》第十三条规定："从事建筑活动的建筑施工企业、勘察单位、设计单位和工程监理单位，按照其拥有的注册资本、专业技术人员、技术装备和已完成的建筑工程业绩等资质条件，划分不同的资质等级，经资

质审查合格，取得相应等级的资质证书后，方可在其资质等级许可的范围内从事建筑活动。"实践证明，从业资格制度是建立和维护建筑市场的正常秩序，保证建筑工程质量的一项有效措施。

2.2.1 案例导入

原告：A建筑公司

被告：朱某

原告A建筑公司诉称，20×8年5月6日，A建筑公司与朱某签订挂靠经营合同，约定由朱某向A建筑公司缴纳一定数额的管理费用后，由朱某以A建筑公司的名义对外承接工程，A建筑公司不参与朱某与工程有关的任何事宜，包括对工人的管理及工资发放。20×8年9月23日，朱某以A建筑公司名义承接的北京市某小区的总承包方B建设集团有限公司，向朱某发出停工通知并要求撤场，朱某接到此通知后态度消极，其后便携款销声匿迹。为了维护社会稳定，A建筑公司只得替朱某向农民工发放工资及经济补偿，在扣除B建设集团有限公司给付的金额以外，A建筑公司又替朱某发放工人工资及经济补偿总计86555元，为维护A建筑公司的合法权益，故诉至法院，诉讼请求：

1. 判令朱某立即给付A建筑公司为其垫付的农民工工资及经济补偿金86555元。

2. 本案诉讼费由朱某承担。

被告朱某辩称：

1. 签订的合同是违反我国法律禁止性规定的，属于无效合同。

2. 根据A建筑公司提供的证据，款项合计1104641元，均由A建筑公司从B建设集团有限公司领取，扣除相应管理费之后给付朱某，但A建筑公司没有给付朱某，故朱某不欠A建筑公司任何钱，且应退还朱某保证金50000元。

经审理查明，20×8年3月18日，A建筑公司与B建设集团有限公司签订《建筑工程劳务分包合同》，双方约定B建设集团有限公司将位于北京市某小区25号地1号办公楼工程分包给B建筑公司。开工日期为20×8年3月10日，结构封顶时间为20×8年7月10日，分包工程质量标准为合格，分包合同总价2608296元。包含承包方（指A建筑公司）完成合同范围内全部工作内容所发生的全部管理人员及生产人员工资、工资性津贴等，同时还约定承包人不得转包其分包工程。20×8年5月6日，A建筑公司与朱某签订《承包协议》，A建筑公司将B建设集团有限公司位于北京市某小区25号地1号办公楼工程分包给朱某。双方约定，A建筑公司与用人单位签订劳务合同，并协助朱某办理进京手续，A建筑公司代表朱某与朱某雇佣的工人签订劳务协议；A建筑公司有责任协助朱某与用工单位结算劳务费；朱某必须全面履行A建筑公司与用人单位签订的劳务合同和A建筑公司与本队工人签订的劳务合同。如有违反，由朱某负完全责任，发生的问题费用由朱某进行处理和承接。朱某有责任向A建筑公司报告工人的工作情况和收入分配情况，服从A建筑公司管理，有责任依法纳税和按规定缴纳管理费；有责任将全部劳务费以转账支票形式转移到A建筑公司账户上，不得外流，朱某必须按外流总金额缴纳管理费；朱某发放工资必须按工资表由工人亲自签字并直接发放到工人手里，不准发放到班组长手里，也不准由代办人转手发放，工资表要提前填报，款到后当日要全部发放给工人，不得在工地存放。承包协议签订后朱某以A建筑公司的名义招聘工人、组织现场施工，并由其聘用人员戴某具体负责现场管理、工资发放等事宜。

20×8年9月23日，B建设集团有限公司向A建筑公司发出停工通知并要求退场。20×8年9月29日，B建设集团有限公司与A建筑公司达成协议，双方约定该办公楼工程结算金额为966641元，经济补偿138000元，已支付761197元，尚欠343444元，B建设集团有限公司于20×8年9月30日支付给A建筑公司，朱某也在该协议上签字。20×8年9月30日，朱某在未对工人发放工资及经济补偿的情况下藏匿，导致工人滞留在工地。后经有关部门协调，A建筑公司发放工人工资434999元，替朱某垫付工人工资86555元。另外A建筑公司收取朱某管理费10965.86元，朱某未向A建筑公司缴纳履行合同保证金50000元。

上述事实有建筑工程劳务分包合同、承包协议、职工工资分配表、协议书、6张发票、6张菜金收据、戴××证言、姚××证言以及双方当事人当庭有关陈述在案佐证。

请问：原告A建筑公司与被告朱某于20×8年5月6日签订的承包协议是否有效？请说明理由。

【案例评析】

依据我国法律相应规定，从事建筑工程应取得主管部门颁发的相应资质，在未取得资质的情况下，不得从事建筑工程。朱某未取得从事建筑工程资质，故其与A建筑公司签订的《承包协议》无效，对此A建筑公司与朱某均有责任，A建筑公司违法所得10965.86元，法院予以收缴。朱某在建设工程中雇佣工人从事劳动，理应由其负责工资费用的发放，但其未实际全额发放；A建筑公司出于维护社会稳定，替朱某垫付工人工资，因此，朱某应予以返还。

2.2.2 理论引导

1. 建筑从业资格含义

建筑活动从业资格许可法律制度是指由国家授权国家建设主管部门，对从事建筑活动的单位（企业）和个人在进行建筑活动以前，对单位（企业）和个人从事建筑活动的能力、水平是否达到法定必备条件的要求与相关资格进行审查，对符合条件的单位（企业）颁发资质等级许可证书，对符合条件的个人颁发执业许可证书，准予其在该证书许可的范围内从事建筑活动的法律制度。

建筑活动作为一种综合性技术活动，具有其自身的规律性和特殊性，对于从事建筑活动的企业和个人在专业技术水平与能力、管理水平与能力方面具有特殊要求。建立并实施建筑活动从业资格许可法律制度，是国家对从事建筑活动的从业企业和从业人员个人进行监督管理的客观需要，同时也建立和确立了企业和个人进入我国建筑市场从事建筑活动的准入制度与规则。

目前，我国建筑活动从业资格许可法律制度，主要包括对从事建筑活动的单位（企业）实行单位（企业）资质等级许可制度，对从事建筑活动的个人实行专业（技术）人员注册执业许可制度。

2. 建立从业资格制度的意义

建筑工程种类很多，不同的建筑工程，其建设规模和技术要求的复杂程度可能有很大的差别。而从事建筑活动的施工企业、勘察单位、设计单位和工程监理单位的情况也各有不同，有的资本雄厚,专业技术人员较多,有关技术装备齐全,有较强的经济和技术实力,而有的经济和技术实力则比较薄弱。为此,我国在对建筑活动的监督管理中,将从事建筑活动的单位按其具有的不同经济、技术条件,划分为不同的资质等级,并对不同的资质等级的单位所能从事的建筑活动范围作出了明确的规定。《建筑法》第十三条明确规定:"从事建筑活动的建筑施工企业、勘察单位、设计单位和工程监理单位,按照其拥有的注册资本、专业技术人员、技术装备和已完成的建筑工程业绩等资质条件,划分为不同的资质等级,经资质审查合格,取得相应等级的资质证书后,方可在其资质等级许可的范围内从事建筑活动。"这在法律上确定了我国从业资格许可制度。实践证明,从业资格制度是建立和维护建筑市场的正常秩序,保证建筑工程质量的一项有效措施。

国家按照有利于经济发展、社会公认、国际可比、事关公共利益的原则,在涉及国家、人民生命财产安全的专业技术工作领域,实行专业技术人员职业资格制度。它包括注册建筑师、注册结构师、注册监理师、注册造价师、注册估价师和注册建造师等。

开展职业技能鉴定,推行职业资格证书制度,是落实党中央、国务院提出的"科教兴国"战略方针的重要举措,也是我国人力资源开发的一项战略措施。这对于提高劳动者素质,促进劳动力市场的建设以及深化国有企业改革,促进经济发展等都具有重要意义。

3. 建筑从业资格许可制度

从事建筑活动的单位(企业)是我国建筑业从事建筑活动的重要主体。目前,我国建筑市场上从事建筑活动的单位(企业)主要包括建筑施工企业、建筑(建设)工程勘察单位(企业)、建筑(建设)工程设计单位(企业)、建筑(建设)工程监理单位(企业)等类型。《建筑法》和相关法律、法规、部门规章和相关规范性文件共同建立的从事建筑活动的单位(企业)的资质等级许可制度主要包括从事建筑活动的单位(企业)应具备的基本条件、从事建筑活动的单位(企业)资质等级许可标准制度、从事建筑活动的单位(企业)资质申请和审查制度、从事建筑活动的单位(企业)资质监督管理制度等内容。

(1) 从事建筑活动的单位(企业)应具备的基本条件。根据《建筑法》的规定,在我国建筑市场上从事建筑活动的建筑施工单位(企业)、建筑(建设)工程勘察单位(企业)、建筑(建设)工程设计单位(企业)、建筑(建设)工程监理单位(企业),应当具备以下四个方面的基本条件:

1) 有符合国家规定的注册资本。注册资本反映的是企业法人的财产权,也是判断企业经济力量的依据之一。从事经营活动的企业组织,都必须具备基本的责任能力,能够承担与其经营活动相适应的财产义务。

这既是法律权利与义务相一致、利益与风险相一致的反映,也是保证债权人利益的需要。因此,建筑施工企业、勘察单位、设计单位和工程监理单位的注册资本必须适应从事建筑活动的需要,不得低于一定限额。注册资本由国家规定,既可以由全国人大及其常委会通过制定法律来规定,也可以由国务院或国务院建设行政主管部门来规定。

2) 有与其从事的建筑活动相适应的具有法定执业资格的专业技术人员。由于建筑活动是一种专业性、技术性很强的活动,所以从事建筑活动的建筑施工企业、勘察单位、设计单位和工程监理单位必须有足够的专业技术人员。如设计单位不仅要有建筑师,还需要有结构、水、暖、电等方面的工程师。建筑活动是一种涉及公民生命和财产安全的一种特殊活动，因而从事建筑活动的专业技术人员还必须有法定执业资格。这种法定执业资格必须依法通过考试和注册才能取得。建筑工程的规模和复杂程度各不相同，因此，建筑活动所要求的专业技术人员的级别和数量也不同，建筑施工企业、勘察单位、设计单位和工程监理单位必须有与其从事的建筑活动相适应的专业技术人员。

3）有从事相关建筑活动所应有的技术装备。建筑活动具有专业性强、技术性强的特点，没有相应的技术装备就无法进行。如从事建筑活动，必须有相应的施工机械设备与质量检验测试手段；从事勘察设计活动的建筑施工企业、勘察单位、设计单位和工程监理单位，必须有从事相关建筑活动所应有的技术装备。没有相应技术装备的单位，不得从事建筑活动。

4）法律、行政法规规定的其他条件。建筑施工企业、勘察单位、设计单位和工程监理单位，除了应具备以上三项条件外，还必须具备从事经营活动所应具备的其他条件。如按照《民法典》的规定，法人应当有自己的名称、组织机构住所、财产或者经费。按照《公司法》规定，设立从事建筑活动的有限责任公司和股份有限公司，股东或发起人必须符合法定人数；股东或发起人共同制定公司章程；有公司名称，建立符合要求的组织机构；有固定的生产经营场所和必要的生产条件等。

（2）从事建筑活动的单位（企业）的资质等级许可标准制度。《建筑法》第十三条规定，"从事建筑活动的建筑施工企业、勘察单位、设计单位和工程监理单位，按照其拥有的注册资本、专业技术人员、技术装备和已完成的建筑工程业绩等资质条件，划分为不同的资质等级，经资质审查合格，取得相应等级的资质证书后，方可在其资质等级许可的范围内从事建筑活动。"在我国建筑市场上从事建筑活动的建筑施工单位（企业）、建筑（建设）工程勘察单位（企业）、建筑（建设）工程设计单位（企业）、建筑（建设）工程监理单位（企业），按照其拥有的注册资本、专业技术人员、技术装备和已完成的建筑工程业绩等资质条件，划分为不同的资质等级，经资质审查合格，取得相应等级的资质证书后，方可在其资质等级许可的范围内从事建筑活动。

《建筑业企业资质管理规定》第三条规定："企业应当按照其拥有的资产、主要人员、已完成的工程业绩和技术装备等条件申请建筑业企业资质，经审查合格，取得建筑业企业资质证书后，方可在资质许可的范围内从事建筑施工活动。"

（3）从事建筑活动的单位（企业）资质审批。国务院常务会议于2020年11月11日审议通过了《建设工程企业资质管理制度改革方案》。建筑业企业资质修改为施工综合资质、施工总承包资质、专业承包资质和专业作业资质。其中施工综合资质不分类别与等级。施工总承包资质、专业承包资质按照工程性质和技术特点分别划分为若干资质类别。各资质类别按照规定的条件划分为甲、乙两个等级，部分专业承包资质不分等级。专业作业资质不分类别与等级。

工程勘察资质修改为工程勘察综合资质、工程勘察专业资质。其中工程勘察综合资质不分类别与等级。工程勘察专业资质分为岩土工程、工程测量和勘探测试三类，设有甲级、乙级。

工程设计资质修改为工程设计综合资质、工程设计行业资质、工程设计专业资质和工程设计事务所资质。其中工程设计综合资质不分等级；工程设计行业资质、工程设计专业资质设甲级、乙级；工程设计事务所资质不分等级。

工程监理企业资质修改为综合资质、专业资质。其中综合资质不分类别与等级。专业资质按照工程性质和技术特点划分为若干资质类别。各资质类别按照规定的条件分为甲级、乙级两个等级。

1）建筑业企业资质审批。施工综合资质，公路、水运、水利、通信、铁路、民航方面的施工总承包甲级资质及专业承包甲级资质，铁路、民航方面的施工总承包乙级资质及专业承包乙级资质由国务院住房和城乡建设主管部门许可。

除公路、水运、水利、通信、铁路、民航方面外的施工总承包甲级资质及专业承包甲级资质，公路、水运、水利、通信方面的施工总承包乙级资质及专业承包乙级资质由企业注册地省、自治区、直辖市人民政府住房和城乡建设主管部门许可。

除铁路、民航、公路、水运、水利、通信方面外的施工总承包乙级资质及专业承包乙级资质，燃气燃烧器具安装、维修企业资质由企业注册地设区的市人民政府住房和城乡建设主管部门许可。

企业在建筑业企业资质证书有效期内名称、地址、法定代表人等发生变更的，应当在办理营业执照变更手续后1个月内向资质许可机关申请办理资质证书变更手续，资质许可机关应当在2日内办理变更手续。办理变更手续不改变资质证书有效期。

企业不再符合相应建筑业企业资质标准要求条件的，县级以上地方人民政府住房和城乡建设主管部门、其他有关部门，应当责令其限期改正并向社会公告，整改期限最长不超过3个月；企业整改期间不得申请建筑业企业资质的升级、增项，不能承揽新的工程；企业应在整改期满前向资质许可机关提出重新核定资质的申请。

2）工程勘察、工程设计资质审批。工程勘察综合资质，工程设计综合资质，公路、铁路、港口与航道、民航、水利、电子通信广电等工程设计行业甲级和专业甲级资质由国务院住房和城乡建设主管部门许可。

工程勘察专业甲级资质，除公路、铁路、港口与航道、民航、水利、电子通信广电等以外的工程设计行业甲级和专业甲级资质，工程设计事务所资质，公路、铁路、港口与航道、民航、水利、电子通信广电等工程设计行业乙级和专业乙级资质由企业注册地省、自治区、直辖市人民政府住房和城乡建设主管部门许可。

工程勘察专业乙级资质，除公路、铁路、港口与航道、民航、水利、电子通信广电等以外的工程设计行业乙级和专业乙级资质由企业注册地设区的市人民政府住房和城乡建设主管部门许可。

企业取得工程勘察、设计资质后，不再符合相应资质条件的，住房和城乡建设主管部门、有关部门根据利害关系人的请求或者依据职权，可以责令其限期改正并向社会公告，整改期限最长不超过3个月；企业整改期间不得申请工程勘察、设计资质的升级、增项，不能承接新的工程勘察、工程设计业务；企业应在整改期满前向资质许可机关提出重新核定资质的申请。

3）工程监理企业资质审批。综合资质，铁路、通信、民航方面的专业甲级资质由国务院住房和城乡建设主管部门许可。

除铁路、通信、民航以外的专业甲级资质，铁路、通信、民航方面的专业乙级资质由企业注册地省、自治区、直辖市人民政府住房和城乡建设主管部门许可。

除铁路、通信、民航方面以外的专业乙级资质由企业注册地设区的市人民政府住房和城乡建设主管部门许可。

企业需增补工程监理企业资质证书的（含增加、更换、遗失补办），应当持资质证书增补申请及电子文档等材料向资质许可机关申请办理。资质许可机关应当自受理申请之日起 2 日内予以办理。

工程监理企业取得工程监理企业资质后不再符合相应资质条件的，资质许可机关根据利害关系人的请求或者依据职权，可以责令其限期改正并向社会公告，整改期限最长不超过 3 个月；企业整改期间不得申请工程监理企业资质的升级、增项，不能承揽新的监理业务；企业应在整改期满前向资质许可机关提出重新核定资质的申请。

（4）从事建筑活动的单位（企业）资质管理。为规范建筑市场秩序，加强建筑活动监管，保证建设工程质量安全，促进建筑业高质量发展，根据《中华人民共和国建筑法》《中华人民共和国行政许可法》《建设工程质量管理条例》《建设工程安全生产管理条例》等法律、法规，对从事建筑活动的单位（企业）资质进行管理。

1）建筑业企业资质管理。施工总承包工程应由取得施工综合资质或相应施工总承包资质的企业承担。取得施工综合资质和施工总承包资质的企业可以对所承接的施工总承包工程的各专业工程全部自行施工，也可以将专业工程依法进行分包。对设有资质的专业工程进行分包时，应分包给具有相应专业承包资质的企业。取得施工综合资质和施工总承包资质的企业将专业作业分包时，应分包给具有专业作业资质的企业。

设有专业承包资质的专业工程单独发包时，应由取得相应专业承包资质的企业承担。取得专业承包资质的企业可以承接具有施工综合资质和施工总承包资质的企业依法分包的专业工程或建设单位依法发包的专业工程。取得专业承包资质的企业应对所承接的专业工程全部自行组织施工，专业作业可以分包，但应分包给具有专业作业资质的企业。

取得专业作业资质的企业可以承接具有施工综合资质、施工总承包资质和专业承包资质的企业分包的专业作业。

取得施工综合资质和施工总承包资质的企业，可以从事资质证书许可范围内的相应工程总承包、工程项目管理等业务。

建筑企业资质标准具体见表 2-1。

表 2-1 建筑企业资质标准

资质名称	类别	等级	承包工程范围
施工综合资质	无	无	取得施工综合资质的企业可承担各类工程的施工总承包、项目管理业务
施工总承包资质（13 类）	建筑工程施工总承包	甲级	可承担各类建筑工程的施工总承包、工程项目管理
		乙级	（1）高度 100 米以下的工业、民用建筑工程； （2）高度 120 米以下的构筑物工程； （3）建筑面积 15 万平方米以下的建筑工程； （4）单项建安合同额 1.5 亿元以下的建筑工程

续表

资质名称	类别	等级	承包工程范围
施工总承包资质（13类）	公路工程施工总承包资质	甲级	可承担各级公路及其桥梁、隧道工程的施工
		乙级	可承担甲级以下公路，单座桥长1000米以下、单跨跨度150米以下的桥梁，长度1000米以下的隧道工程的施工
	铁路工程施工总承包资质	甲级	可承担各类铁路土建综合工程施工
		乙级	可承担除高速铁路以外的各类铁路土建综合工程施工
	港口与航道工程施工总承包资质	甲级	可承担各类港口与航道工程的施工，包括码头、防波堤、护岸、围堰、堆场道路和陆域构筑物、筒仓、船坞、船台、滑道、船闸、升船机、水下地基及基础、土石方、海上灯塔、航标、栈桥、人工岛及平台、海上风电、海岸与近海工程、港口装卸设备机电安装、通航建筑设备机电安装、河海航道整治与渠化工程、疏浚与吹填造地、水下开挖与清障、水下炸礁清礁等工程
		乙级	可承担下列港口与航道工程的施工，包括沿海5万吨级和内河5000吨级以下码头、水深小于7米的防波堤、5万吨级以下船坞船台和滑道工程、1000吨级以下船闸和300吨级以下升船机工程、沿海5万吨级和内河1000吨级以下航道工程、600万立方米以下疏浚工程或陆域吹填工程、沿海28万平方米或内河12万平方米以下堆场工程、1200米以下围堤护岸工程、6万立方米以下水下炸礁清礁工程，以及与其相对应的道路与陆域构筑物、筒仓、水下地基及基础、土石方、航标、栈桥、海岸与近海工程、港口装卸设备机电安装、通航建筑设备机电安装、水下开挖与清障等工程
	水利水电工程施工总承包资质	甲级	可承担各类水利水电工程的施工
		乙级	可承担工程规模中型以下水利水电工程和建筑物级别3级以下水工建筑物的施工，但下列工程规模限制在以下范围内：坝高70米以下、水电站总装机容量150兆瓦以下、水工隧洞洞径小于8米（或断面积相等的其他型式）且长度小于1000米、堤防级别2级以下
	电力工程施工总承包资质	甲级	可承担各类发电工程、各种电压等级送电线路和变电站工程的施工
		乙级	可承担单机容量20万千瓦以下发电工程、220千伏以下送电线路和相同电压等级变电站工程的施工
	矿山工程施工总承包资质	甲级	可承担各类矿山工程的施工
		乙级	（1）600万吨/年以下黑色金属矿矿山采、选工程； （2）240万吨/年以下有色金属矿矿山采、选工程； （3）150万吨/年以下煤炭矿井工程（不含高瓦斯及（煤）岩与瓦斯（二氧化碳）突出矿井、水文地质条件复杂以上的矿井、立井井深大于600米的工程项目）或360万吨/年以下选煤厂工程； （4）120万吨/年以下化工矿山工程或合同额1.2亿元以下的铀矿工程； （5）合同额1.2亿元以下的非金属矿及原料制备矿山工程

续表

资质名称	类别	等级	承包工程范围
施工总承包资质（13类）	冶金工程施工总承包资质	甲级	可承担各类冶金工程的施工
		乙级	（1）年产 120 万吨以下炼钢或连铸工程； （2）年产 100 万吨以下的轧钢工程； （3）年产 120 万吨以下炼铁工程或烧结机使用面积 240 平方米以下烧结工程； （4）年产 120 万吨以下炼焦工程； （5）小时制氧 12000 立方米以下制氧工程； （6）年产 35 万吨以下氧化铝加工工程； （7）年产 20 万吨以下铝或 12 万吨以下铜、铅、锌或 2.2 万吨以下镍等有色金属冶炼、电解工程； （8）年产 6 万吨以下有色金属加工工程或生产 6000 吨以下金属箔材工程； （9）日产 4000 吨以下新型干法水泥生产线工程； （10）日产 6000 吨以下新型干法水泥生产线预热器系统或水泥烧成系统工程； （11）日熔量 550 吨以下浮法玻璃工程或年产 150 万吨以下水泥粉磨工程
	石油化工工程施工总承包资质	甲级	可承担各类石油化工工程的施工和检维修
		乙级	可承担大型以外的石油化工工程的施工，各类型石油化工工程的检维修
	市政公用工程施工总承包资质	甲级	可承担各类市政公用工程的施工
		乙级	（1）各类城市道路；单跨 45 米以下的城市桥梁； （2）15 万吨/日以下的供水工程；10 万吨/日以下的污水处理工程；25 万吨/日以下的给水泵站、15 万吨/日以下的污水泵站、雨水泵站；各类给排水及中水管道工程； （3）中压以下燃气管道、调压站；供热面积 150 万平方米以下热力工程和各类热力管道工程； （4）各类城市生活垃圾处理工程； （5）断面 25 平方米以下隧道工程和地下交通工程； （6）各类城市广场、地面停车场硬质铺装
	通信工程施工总承包资质	甲级	可承担各类通信、信息网络工程的施工
		乙级	可承担工程投资额 2000 万元以下的各类通信、信息网络工程的施工
	机电工程施工总承包资质	甲级	可承担各类机电工程的施工总承包
		乙级	可承担单项合同额 1.5 亿元以下的机电工程的施工总承包
	民航工程施工总承包资质	甲级	可承担各类民航工程的施工
		乙级	可承担飞行区指标为 4E 以上，单项合同额在 4000 万以下的飞行区工程的施工；或飞行区指标为 4D，单项合同额在 6000 万以下的飞行区工程的施工；或飞行区指标为 4C 以下，单项合同额在 8000 万以下的飞行区工程的施工；各类飞行区维修工程；单项合同额 2500 万元以下的民航空管工程和单项合同额 3000 万元以下的机场弱电系统工程的施工

续表

资质名称	类别	等级	承包工程范围
专业承包资质（18类）	地基基础工程专业承包资质	甲级	可承担各类地基基础工程的施工
		乙级	（1）高度100米以下工业、民用建筑工程和高度120米以下构筑物的地基基础工程； （2）深度24米以下的刚性桩复合地基处理和深度10米以下的其他地基处理工程； （3）单桩承受设计荷载5000千牛以下的桩基础程； （4）开挖深度15米以下的基坑围护工程
	起重设备安装工程专业承包资质	甲级	可承担塔式起重机、各类施工升降机和门式起重机的安装与拆卸
		乙级	可承担3150千牛·米以下塔式起重机、各类施工升降机和门式起重机的安装与拆卸
	预拌混凝土专业承包资质	不分等级	可生产各种强度等级的混凝土和特种混凝土
	建筑机电工程专业承包资质	甲级	可承担各类建筑工程项目的设备、线路、管道的安装，35千伏以下变配电站工程，非标准钢结构件的制作、安装；各类城市与道路照明工程的施工；各类型电子工程、建筑智能化工程施工。
		乙级	可承担单项合同额2000万元以下的各类建筑工程项目的设备、线路、管道的安装，10千伏以下变配电站工程，非标准钢结构件的制作、安装；单项合同额1500万元以下的城市与道路照明工程的施工；单项合同额2500万元以下的电子工业制造设备安装工程和电子工业环境工程、单项合同额1500万元以下的电子系统工程和建筑智能化工程施工
	消防设施工程专业承包资质	甲级	可承担各类消防设施工程的施工
		乙级	（1）一类高层民用建筑以外的民用建筑； （2）火灾危险性丙类以下的厂房、仓库、储罐、堆场
	防水防腐保温工程专业承包资质	甲级	可承担各类建筑防水、防腐保温工程的施工
		乙级	可承担单项合同额300万元以下建筑防水工程的施工，单项合同额600万元以下的各类防腐保温工程的施工
	桥梁工程专业承包资质	甲级	可承担各类桥梁工程的施工
		乙级	可承担单跨150米以下、单座桥梁总长1000米以下桥梁工程的施工
	隧道工程专业承包资质	甲级	可承担各类隧道工程的施工
		乙级	可承担断面60平方米以下且单洞长度1000米以下的隧道工程施工
	模板脚手架专业承包资质	不分等级	可承担各类模板、脚手架工程的设计、制作、安装、施工
	建筑装修装饰工程专业承包资质	甲级	可承担各类建筑装修装饰工程，以及与装修工程直接配套的其他工程的施工；各类型的建筑幕墙工程的施工

续表

资质名称	类别	等级	承包工程范围
专业承包资质（18类）		乙级	可承担单项合同额3000万元以下的建筑装修装饰工程，以及与装修工程直接配套的其他工程的施工；单体建筑工程幕墙面积15000平方米以下建筑幕墙工程的施工
	古建筑工程专业承包资质	甲级	可承担各类仿古建筑、历史古建筑修缮工程的施工
		乙级	可承担建筑面积3000平方米以下的仿古建筑工程或历史建筑修缮工程的施工
	公路工程类专业承包资质	甲级	可承担各级公路路面、路基、安全设施、机电工程的施工
		乙级	可承担一级以下公路路面、路基、安全设施、机电工程的施工
	铁路电务电气化工程专业承包资质	甲级	可承担各类铁路通信、信号、电力及电气化工程施工
		乙级	可承担除高速铁路以外的铁路通信、信号、电力和电气化工程施工
	港口与航道工程类专业承包资质	甲级	可承担各类港口与海岸工程、航道工程、通航建筑物工程的施工，各类港口装卸设备安装及配套工程的施工，各类船闸、升船机、航电枢纽设备安装工程的施工，各类水上交通管制工程的施工。包括码头、防波堤、护岸、围堰、堆场道路及陆域构筑物、筒仓、船坞、船台、滑道、水下地基及基础、土石方、海上灯塔、航标与警戒标志、栈桥、人工岛及平台、海上风电、海岸与近海、河海湖航道整治（含堤、坝、护岸）、测量、航标与渠化工程，疏浚与吹填造地（含围堰），水下清障、开挖、清淤、炸礁清礁等工程
		乙级	可承担下列港口与海岸工程的施工，包括沿海5万吨级及内河5000吨级以下码头及航道工程、水深小于7米的防波堤、5万吨级以下船坞船台及滑道工程、1200米以下围堤护岸工程，以及相应的堆场道路及陆域构筑物、筒仓、水下地基及基础、土石方、海上灯塔、航标与警戒标志、栈桥、人工岛及平台、海岸与近海等工程，600万立方米以下疏浚工程或陆域吹填工程、6万立方米以下水下炸礁清礁工程，以及相应的测量、航标与渠化工程、水下清障、开挖、清淤等工程的施工。可承担1000吨级以下船闸或300吨级以下升船机等通航建筑物工程的施工。可承担沿海5万吨级和内河5000吨级以下散货（含油、气）、杂货和集装箱码头成套装卸设备安装工程，1000吨级以下船闸或300吨级以下升船机设备安装工程施工，单项合同额1000万元以下的各类水上交通管制工程的施工
	水利水电工程类专业承包资质	甲级	可承担各类压力钢管、闸门、拦污栅等水工金属结构工程的制作、安装及启闭机的安装。可承担各类水电站、泵站主机（各类水轮发电机组、水泵机组）及其附属设备和水电（泵）站电气设备的安装工程
		乙级	可承担大型以下压力钢管、闸门、拦污栅等水工金属结构工程的制作、安装及启闭机的安装。可承担单机容量100兆瓦以下的水电站、单机容量1000千瓦以下的泵站主机及其附属设备和水电（泵）站电气设备的安装工程

续表

资质名称	类别	等级	承包工程范围
专业承包资质（18类）	输变电工程专业承包资质	甲级	可承担各种电压等级的送电线路和变电站工程的施工
		乙级	可承担220千伏以下电压等级的送电线路和变电站工程的施工
	核工程专业承包资质	甲级	可承担各类核反应堆、放射性化工、核燃料元件、核同位素分离、铀冶金、核废料处理、核电站检修和维修以及铀矿山工程的施工
		乙级	可承担合同额6000万以下的放射性化工、核燃料元件、核同位素分离、铀冶金、核废料处理、核电站检修和维修以及铀矿山工程的施工
	通用专业承包资质	不分等级	可承担建筑工程中除建筑装修装饰工程、建筑机电工程、地基基础工程等专业承包工程外的其他专业承包工程的施工
专业作业资质	不分类	不分等级	实行备案制。具有公司法人《营业执照》且拟从事专业作业的企业在完成企业信息备案后，即可取得专业作业资质

2）工程勘察资质管理。工程勘察资质分为工程勘察综合资质和工程勘察专业资质。

工程勘察综合资质是指涵盖所有工程勘察专业的工程勘察资质，工程勘察综合资质不分类别和等级。具有工程勘察综合资质的企业，可承担各类建设工程项目的岩土工程、工程测量和勘探测试业务，其规模不受限制。

工程勘察专业资质可承担本专业建设工程项目的工程勘察业务，分为岩土工程、工程测量和勘探测试三类和甲乙两个等级，其中专业甲级资质业务规模不受限制，专业乙级资质可承担乙级、丙级规模项目。

具体的工程勘察项目规模划分情况见表2-2至表2-6。

表2-2 岩土工程勘察项目规模划分表

甲级	乙级	丙级
1．国家重点项目的岩土工程勘察。 2．按《岩土工程勘察规范》（GB 50021）等国家、行业标准规定的勘察等级为甲级的岩土工程勘察、水文地质勘察。 3．按《建筑地基基础设计规范》（GB 50007）等国家、行业标准规定的地基基础设计等级为甲级的建设工程岩土工程勘察、水文地质勘察。 4．按《建筑边坡工程技术规范》（GB 50330）、《建筑基坑支护技术规程》（JGJ 120）等国家、行业标准规定的安全等级为一级的边坡、基坑等建设工程岩土工程勘察、水文地质勘察。	1．按《岩土工程勘察规范》（GB 50021）等国家、行业标准规定的勘察等级为乙级的岩土工程勘察、水文地质勘察。 2．按《建筑地基基础设计规范》（GB 50007）等国家、行业标准规定的地基基础设计等级为乙级的建设工程岩土工程勘察、水文地质勘察。 3．按《建筑边坡工程技术规范》（GB 50330）、《建筑基坑支护技术规程》（JGJ 120）等国家、行业标准规定的安全等级为二级的边坡、基坑等建设工程岩土工程勘察、水文地质勘察。	1．按《岩土工程勘察规范》（GB 50021）等国家、行业标准规定的勘察等级为丙级的岩土工程勘察、水文地质勘察。 2．按《建筑地基基础设计规范》（GB 50007）等国家、行业标准规定的地基基础设计等级为丙级的建设工程岩土工程勘察、水文地质勘察。 3．按《建筑边坡工程技术规范》（GB 50330）、《建筑基坑支护技术规程》（JGJ 120）等国家、行业标准规定的安全等级为三级的边坡、基坑等建设工程岩土工程勘察、水文地质勘察。

续表

甲级	乙级	丙级
5．水文地质勘察：按《建筑与市政工程地下水控制技术规范》（JGJ 111）等国家、行业标准规定的复杂程度为复杂的降水工程或止水工程勘察。 6．海洋工程勘察：测线长度500千米以上的海洋岩土勘察。 7．其他项目按现行工程设计资质标准，其规模为特大型、大型项目的岩土工程勘察、水文地质勘察	4．水文地质勘察：按《建筑与市政工程地下水控制技术规范》（JGJ 111）等国家、行业标准规定的复杂程度为中等复杂的降水工程或止水工程勘察。 5．海洋工程勘察：测线长度500千米以下的海洋岩土勘察。 6．其他项目按现行工程设计资质标准，其规模为中型项目的岩土工程勘察、水文地质勘察	4．水文地质勘察：按《建筑与市政工程地下水控制技术规范》（JGJ 111）等国家、行业标准规定的复杂程度为简单的降水工程或止水工程勘察。 5．其他项目按现行工程设计资质标准，其规模为小型项目的岩土工程勘察、水文地质勘察

表 2-3 岩土工程设计项目规模划分表

甲级	乙级
1．国家重点项目的岩土工程设计。 2．按《建筑地基基础设计规范》（GB 50007）等国家、行业技术标准规定地基基础设计等级为甲级、乙级项目的岩土工程设计。 3．按《建筑边坡工程技术规范》（GB 50330）、《建筑基坑支护技术规程》（JGJ 120）等国家、行业技术标准规定安全等级为一级、二级的基坑工程设计，安全等级为一级、二级的边坡工程设计。 4．按《建筑与市政工程地下水控制技术规范》（JGJ 111）复杂程度为中等复杂及以上的降水工程或止水工程设计。 5．国家、行业技术标准规定勘察等级为甲、乙级工程的岩土工程设计。 6．不良地质作用和地质灾害的治理工程设计。 7．国家、行业技术标准规定复杂程度划分为中等以上工程项目的岩土工程设计。 8．建（构）筑物纠偏设计及基础托换设计，建（构）筑物沉降控制设计。 9．填海工程的岩土工程设计。 10．其他项目其工程重要性等级按国家、行业技术标准规定在二级及以上的岩土工程设计	1．按《建筑地基基础设计规范》（GB 50007）等国家、行业技术标准规定地基基础设计等级为丙级项目的岩土工程设计。 2．按《建筑边坡工程技术规范》（GB 50330）、《建筑基坑支护技术规程》（JGJ 120）等国家、行业技术标准规定安全等级为三级的基坑工程设计，安全等级为三级的边坡工程设计。 3．按《建筑与市政工程地下水控制技术规范》（JGJ 111）复杂程度为简单的降水工程或止水工程设计。 4．国家、行业技术标准规定勘察等级为丙级工程的岩土工程设计。 5．国家、行业技术标准规定复杂程度为简单工程项目的岩土工程设计。 6．其他项目其工程重要性等级按国家、行业技术标准规定在三级的岩土工程设计

表 2-4 岩土工程检测监测项目规模划分表

甲级	乙级
1．国家重点工程和有特殊要求的岩土工程检测、监测。 2．大型跨江、跨海桥梁桩基检测。 3．高铁、地铁、轻轨、隧道工程、水利水电工程、高速公路工程和飞行区指标为4C及以上机场场道的岩土工程检测、监测。 4．安全等级为一级的基坑工程、边坡工程的岩土工程监测。	1．无特殊要求的岩土工程检测、监测。 2．安全等级为二级、三级的基坑工程、边坡工程的岩土工程监测。 3．一般土层处理后，地基承载力300千帕以下的地基处理检测；单桩最大加载在10000千牛的桩基检测。

续表

甲级	乙级
5．建筑物纠偏、加固工程中的岩土工程监测，重、特大抢险工程的岩土工程监测。 6．地基承载力达到 300 千帕且提高幅度 50%及以上的地基处理检测，单桩最大加载在 10000 千牛及以上的桩基检测。 7．其他项目按现行工程设计资质标准，其设计规模为特大型、大型项目中的岩土工程检测、监测	4．其他项目按现行工程设计资质标准，其设计规模为中型、小型项目中的岩土工程检测、监测

表 2-5　工程测量项目规模划分表

甲级	乙级	丙级
1．国家重点工程的首级控制测量、地形测量、施工测量、变形与形变测量、精密工程测量、竣工测量、地下管线测量。 2．测量面积为 20 平方千米及以上的大比例尺（比例尺在 1:500～1:5000）地形图地形测量。 3．国家大型、重点、特殊项目精密工程测量。 4．长度 20 千米及以上的线路工程测量。 5．总长度 20 千米及以上综合地下管廊（线）测量。 6．地基基础设计等级为甲级的建筑物、重要古建筑、大型市政桥梁、重要管线、场地滑坡等工程的变形与形变测量。 7．大中型、重点、特殊水利水电工程测量。 8．高铁、地铁、轻轨工程测量，隧道工程测量，矿山测量。 9．海洋工程测量中测线长度 200 千米以上的大比例尺全覆盖海底地形测量、工程测线长度 500 千米以上旁侧声呐测量。 10．其他项目按现行工程设计资质标准，其设计规模为特大型、大型项目的工程测量	1．一般工程的控制测量、地形测量、施工测量、变形与形变测量、竣工测量、地下管线测量。 2．测量面积为 10～20 平方千米的大比例尺（比例尺在 1:500～1:5000）地形图地形测量。 3．一般工程的精密工程测量。 4．长度 5～20 千米的线路工程测量。 5．总长度 20 千米以下综合地下管廊（线）测量。 6．地基基础设计等级为乙级、丙级的建筑物变形与形变测量，地表、道路沉降测量，中小型市政桥梁变形测量，一般管线变形测量。 7．小型水利水电工程测量。 8．海洋工程测量中测线长度 200 千米以下的大比例尺全覆盖海底地形测量、工程测线长度 500 千米以下旁侧声呐测量。 9．其他项目按现行工程设计资质标准，其设计规模为中型项目的工程测量	1．测量面积为 10 平方千米及以下的大比例尺（比例尺在 1:500～1:5000）地形图地形测量。 2．长度 5 千米及以下的线路工程测量。 3．其他项目按现行工程设计资质标准，其设计规模为小型项目的工程测量

表 2-6　勘探测试项目规模划分表

甲级	乙级
1．国家重点工程的工程物探、测试、室内试验。 2．高铁、地铁、轻轨、隧道工程、水利水电工程和高速公路工程的工程物探、测试。 3．大型跨江、跨海、海洋工程的工程物探，岩溶地区、水域工程物探，复杂地质和地形条件下探查地下目的物的深度和精度要求较高的工程物探。	1．工程钻探。 2．一般工程的工程物探、测试、室内试验。 3．中等复杂地质和地形条件下探查地下目的物的深度和精度要求一般的工程物探。 4．按《岩土工程勘察规范》（GB 50021）岩土工程勘察等级为乙级、丙级的工程项目涉及的工程物探、测试、室内试验。

续表

甲级	乙级
4. 按《岩土工程勘察规范》（GB 50021）岩土工程勘察等级为甲级的工程项目涉及的工程物探、测试、室内试验。 5. 特殊性岩土的室内试验、工程物探中的地震勘探。 6. 块体基础振动设计参数测试。 7. 海洋工程环境调查中 10 个站位以上全潮水文泥沙同步观测、冬夏两季 6 个月波浪观测，半个月以上定点水文连续观测、测线长度 20 千米以上走航式海流剖面测量以及一年以上连续水位或气象观测。 8. 放射性、危险性或污染场地的工程物探、测试。 9. 其他项目按现行工程设计资质标准，其设计规模为特大型、大型项目的工程物探、测试、室内试验。	5. 海洋工程环境调查中 9 个站位以下全潮水文泥沙同步观测、冬夏两季小于 6 个月波浪观测，半个月以上定点水文连续观测、测线长度 20 千米以下走航式海流剖面测量以及小于一年的连续水位或气象观测。 6. 其他项目按现行工程设计资质标准，其设计规模为中型、小型项目的工程物探、测试、室内试验。

3）工程设计资质。工程设计资质分为工程设计综合资质、工程设计行业资质、工程设计专业资质、建筑工程设计事务所资质四类。

工程设计综合资质是涵盖所有行业、专业和事务所的工程设计资质。不分类别和等级。具有工程设计综合资质的企业，可承担各行业、专业建设工程项目的设计业务其规模不受限制。

工程设计行业资质是涵盖某个行业中的全部专业的工程设计资质。设有 14 个类别和甲乙两个等级（部分资质只设甲级）。具有工程设计行业资质的企业，可承担本行业建设工程项目的设计业务。行业甲级资质业务规模不受限制，行业乙级资质可承担本行业中、小型规模项目。具体业务范围包括本行业建设工程项目的主体工程和配套工程（含厂/矿区内的自备电站、变电、供配电、余热发电、道路、专用铁路、通信、各种管网管线和配套的建筑物等全部配套工程），以及与主体工程、配套工程相关的工艺、土木、建筑环境保护、水土保持、消防、安全、卫生、节能、防雷、抗震、照明工程等。

工程设计专业资质是某个行业资质标准中的某个专业的工程设计资质，其中包括可在各行业内通用，且可独立进行技术设计的通用专业工程设计资质。工程设计专业资质设有 67 个类别和甲乙两个等级（部分资质只设甲级）。具有工程设计专业资质的企业，可承担本专业建设工程项目的设计业务。专业甲级资质业务规模不受限制，专业乙级资质可承担本专业中、小型规模项目。

建筑工程设计事务所资质是由专业设计人员依法成立，从事建筑工程专业设计业务的工程设计资质。建筑工程设计事务所资质设有建筑设计事务所、结构设计事务所和机电设计事务所三个类别，不分等级。其中建筑设计事务所可以承接所有等级的各类建筑工程项目方案设计、初步设计及施工图设计中的建筑专业设计与技术服务。结构设计事务所可以承接所有等级的各类建筑工程项目方案设计、初步设计及施工图设计中的结构专业（包括轻钢结构、建筑幕墙）设计与技术服务。机电设计事务所可以承接所有等级的各类建筑工程方案设计、初步设计及施工图设计中的机电设备专业（包括建筑智能化设计、消防设施）的设计与技术服务取得事务所资质的企业可根据工程的类别和性质，以联合体方式承接建筑工程项目设计业务。

4）工程监理资质。工程监理资质分为综合资质、专业资质两个序列。其中综合资质不分类别和等级，综合资质可以承担所有专业工程类别建设工程项目的工程监理业务；专业资质设有十个类别，分为两个等级（甲级、乙级）。专业资质可承担相应专业工程类别建设工程项目的工程监理业务。

（5）相关法律责任。建筑法律责任是指从事建筑活动的单位违反建筑法规定后应当承担的法律后果。

1）建设单位法律责任。建设单位未取得施工许可证或者开工报告未经批准擅自施工的，责令改正。对不符合开工条件的责令停止施工，可以处以罚款。

发包单位将工程发包给不具有相应资质条件的承包单位的，或者违反《建筑法》规定将建筑工程肢解发包的，责令改正，处以罚款。

建设单位要求建筑设计单位或者建筑施工企业违反建筑工程质量、安全标准，降低工程质量的，责令改正，可以处以罚款；构成犯罪的，依法追究刑事责任。

2）勘察设计单位法律责任。建筑设计单位不按照建筑工程质量、安全标准进行设计的，责令改正，处以罚款，造成工程质量事故的，责令停业整顿，降低资质等级或者吊销资质证书，没收违法所得，并处罚款；造成损失的，承担赔偿责任；构成犯罪的，依法追究刑事责任。

3）施工单位法律责任。施工单位超越本单位资质等级承揽工程的，责令停止违法行为，处以罚款，可以责令停业整顿，降低资质等级；情节严重的，吊销资质证书；有违法所得的，予以没收。未取得资质证书承揽工程的，予以取缔，并处罚款；有违法所得的，予以没收。以欺骗手段取得资质证书的，吊销资质证书，处以罚款；构成犯罪的，依法追究刑事责任。

建筑施工企业转让、出借资质证书或者以其他方式允许他人以本企业的名义承揽工程的，责令改正，没收违法所得，并处罚款，可以责令停业整顿，降低资质等级；情节严重的，吊销资质证书。对因该项承揽工程不符合规定的质量标准造成的损失，建筑施工企业与使用本企业名义的单位或者个人承担连带赔偿责任。

承包单位将承包的工程转包的，或者违反《建筑法》规定进行分包的，责令改正，没收违法所得，并处罚款，可以责令停业整顿，降低资质等级，情节严重的，吊销资质证书。

建筑施工企业对建筑安全事故隐患不采取措施予以消除的，责令改正，可以处以罚款；情节严重的，责令停业整顿，降低资质等级或者吊销资质证书；构成犯罪的，依法追究刑事责任。

建筑施工企业的管理人员违章指挥、强令职工冒险作业，因而发生重大伤亡事故或者造成其他严重后果的，依法追究刑事责任。

建筑施工企业在施工中偷工减料的，使用不合格的建筑材料、建筑构配件和设备的，或者有其他不按照工程设计图纸或者施工技术标准施工的行为的，责令改正，处以罚款；情节严重的，责令停业整顿，降低资质等级或者吊销资质证书；造成建筑工程质量不符合规定的质量标准的，负责返工、修理，并赔偿因此造成的损失；构成犯罪的，依法追究刑事责任。

建筑施工企业不履行保修义务或者拖延履行保修义务的，责令改正，可以处以罚款，并对在保修期内因屋顶、墙面渗漏、开裂等质量缺陷造成的损失，承担赔偿责任。

4）工程监理单位法律责任。工程监理单位与建设单位或者建筑施工企业串通，弄虚作假、降低工程质量的，责令改正，处以罚款，降低资质等级或者吊销资质证书；有违法所得的，予以没收；造成损失的，承担连带赔偿责任；构成犯罪的，依法追究刑事责任；转让监理业务的，责令改正，没收违法所得，可以责令停业整顿，降低资质等级；情节严重的，吊销资质证书。

5）建设行政主管部门法律责任。责令停业整顿、降低资质等级和吊销资质证书的行政处罚，由颁发资质证书的机关决定；其他行政处罚，由建设行政主管部门或者有关部门依照法律和国务院规定的职权范围决定。依照规定被吊销资质证书的，由工商行政管理部门吊销其营业执照。

对不具备相应资质等级条件的单位颁发该等级资质证书的，由其上级机关责令收回所发的资质证书，对直接负责的主管人员和其他直接责任人员给予行政处分；构成犯罪的，依法追究刑事责任。

政府及其所属部门的工作人员违反《建筑法》规定，限定发包单位将招标发包的工程发包给指定的承包单位的，由上级机关责令改正，构成犯罪的，依法追究刑事责任。

负责颁发建筑工程施工许可证的部门及其工作人员对不符合施工条件的建筑工程颁发施工许可证的，负责工程质量监督检查或者竣工验收的部门及其工作人员对不合格的建筑工程出具质量合格文件或者按合格工程验收的，由上级机关责令改正，对责任人员给予行政处分；构成犯罪的，依法追究刑事责任；造成损失的，由该部门承担相应的赔偿责任。

6）其他建筑法律责任。在工程发包与承包中索贿、受贿、行贿，构成犯罪的，依法追究刑事责任；不构成犯罪的，分别处以罚款，没收贿赂的财物，对直接负责的主管人员和其他直接责任人员给予处分。对在工程承包中行贿的承包单位，除依照以上规定处罚外，可以责令停业整顿，降低资质等级或者吊销资质证书。

涉及建筑主体或者承重结构变动的装修工程擅自施工的，责令改正，处以罚款；造成损失的，承担赔偿责任；构成犯罪的，依法追究刑事责任

在建筑物的合理使用寿命内，因建筑工程质量不合格受到损害的，有权向责任者要求赔偿。另外，部门规章《工程造价咨询企业管理办法》对我国从事建筑活动的企业中的工程造价咨询企业的资质等级标准和相应的建筑（建设）工程造价咨询业务承包范围，工程造价咨询企业的资质的申请制度、审查审批制度、监督管理制度和法律责任等作出了明确具体的规定。

部门规章《外商投资建筑业企业管理规定》《外商投资建设工程设计企业管理规定》《外商投资建设工程服务企业管理规定》对在我国建筑市场上从事建筑（建设）工程施工、建筑（建设）工程设计、（建筑）建设工程服务的外商投资企业（包括外商独资企业、中外合资经营企业以及中外合作经营企业）的资质等级标准和相应的建筑（建设）工程施工承包范围、建筑（建设）工程设计业务承包范围、建筑（建设）工程服务承包范围，从事建筑（建设）工程施工、建筑（建设）工程设计、（建设）建筑工程服务的外商投资企业的资质的申请制度、许可或审查审批制度、监督管理制度和法律责任等作出了明确具体的规定。上述从事建筑活动的单位（企业）应具备的基本条件，从事建筑活动的单位（企业）的资质等级许可标准制

度，从事建筑活动的单位（企业）的资质的申请制度、许可或审查审批制度、监督管理制度、相关法律责任构成了我国现行法律制度体系和建筑市场环境下从事建筑活动的单位（企业）的资质等级许可制度的较为完整的体系。

4. 从事建筑活动的专业（技术）人员的注册执业许可制度

（1）注册执业许可制度概述。从事建筑活动的专业（技术）人员的注册执业许可制度，指从事建筑活动的专业（技术）人员个人在具备相关条件的前提下通过国家考核认定或参加国家组织的相关专业（注册）执业资格全国统一考试，获得从事建筑活动的相关专业（注册）执业资格证书，并按照相关规定注册，取得中华人民共和国相关专业注册执业证书和执业印章（即取得相关专业注册执业许可），在相关专业（注册）执业资格证书和注册执业证书许可的范围从事相关专业性建筑活动的制度，是一种国家注册执业许可制度。

执业资格是指国家对某些责任较大、社会通用性强、关系国家和公众利益的专业（工种）实行的准入控制，规定专业技术人员从事某一特定专业（工种）的学识、技术和能力的必备标准。

如前所述，建筑活动作为一种综合性技术活动，具有其自身的规律性和特殊性，对于从事建筑活动的专业（技术）人员在专业技术水平与能力、管理水平与能力方面具有特殊要求。从事建筑活动的专业（技术）人员是我国建筑业从事建筑活动的另一类重要主体，是从事建筑活动的企业的最基本、最核心的构成要素，其数量规模远大于企业，其从事建筑活动的专业能力、水平与质量实质上决定了企业从事建筑活动的专业能力、水平与质量。因此，对从事建筑活动的专业（技术）人员实行注册执业许可制度是我国建筑业发展的客观需要，是我国对从事建筑活动的专业（技术）人员进行监督管理的客观需要。从事建筑活动的专业（技术）人员的注册执业许可制度是我国建筑活动从业资格许可制度的重要组成部分，是我国建筑许可法律制度的重要构成要素，该项制度实质上建立和确立了专业（技术）人员进入我国建筑市场从事建筑活动的准入制度与规则。

（2）注册执业许可的种类。在我国，对从事建筑活动的专业（技术）人员实行的注册执业许可制度是一个较为复杂的体系，涉及注册执业资格种类、资格考核制度（包括特许、考核认定、考试、资格互认四种考核方式及相关制度）、注册制度、执业制度、执业范围、继续教育制度、监督管理、法律责任制度、信用档案管理制度等多方面。目前，在我国实行的从事建筑活动的专业（技术）人员的注册执业许可的种类包括注册建筑师、勘察设计注册工程师（13 个专业）、注册城市规划师、注册监理工程师、注册建造师、注册造价工程师、注册房地产估价师、注册物业管理师等。基于我国建设业健康、持续、高速发展的实际需要，从事建筑活动的专业（技术）人员的注册执业许可的种类还在不断增多。

1) 注册建筑师。注册建筑师是指经考试、特许、考核认定取得中华人民共和国注册建筑师执业资格证书，或者经资格互认方式取得建筑师互认资格证书，并按照《中华人民共和国注册建筑师条例实施细则》，取得中华人民共和国注册建筑师注册证书和中华人民共和国注册建筑师执业印章，从事建筑设计及相关业务活动的专业技术人员。注册建筑师的执业范围包括：建筑设计、建筑设计技术咨询（建筑工程技术咨询，建筑工程招标、采购咨询，建筑工程项目管理，建筑工程设计文件及施工图审查，工程质量评估，以及国务院建设主管部门规定的其他建筑技术咨询业务）、建筑物调查与鉴定、对本人主持设计的项目进行施工指导和监督、国务院建设主管部门规定的其他业务等。注册建筑师分一级注册建筑师、二级注册建筑师。

2）勘察设计注册工程师。勘察设计注册工程师是指经考试取得中华人民共和国勘察、设计注册工程师资格证书，并依法注册取得中华人民共和国勘察设计注册工程师注册执业证书和执业印章，从事各类房屋建筑工程及其他专业建筑工程勘察设计及相关业务的专业技术人员。

目前，我国已经建立了注册土木工程师（岩土）、注册公用设备工程师、注册电气工程师、注册化工工程师、注册土木工程师（港口与航道工程）、注册环保工程师、注册土木工程师（水利水电工程）、注册机械工程师、注册土木工程师（道路工程）、注册结构工程师（一级、二级）等从事建筑工程勘察设计活动的专业（技术）人员的注册执业许可种类。

勘察设计注册工程师的执业范围有专业工程勘察设计，专业工程技术咨询，专业工程招标、采购咨询，专业工程的项目管理，对专业勘察设计项目的施工进行指导和监督，国务院有关部门规定的其他业务。各专业勘察设计注册工程师的具体执业范围由国家相关行业主管机关（部门）颁布的相关部门规章具体规定。

3）注册监理工程师。注册监理工程师，是指取得中华人民共和国监理工程师资格证书，并按照《注册监理工程师管理规定》注册，取得中华人民共和国注册监理工程师注册执业证书和执业印章，从事工程监理及相关业务活动的专业技术人员。

注册监理工程师的执业范围包括工程监理、工程经济与技术咨询、工程招标与采购咨询、工程项目管理服务以及国务院有关部门规定的其他业务。

4）注册造价工程师。注册造价工程师，是指通过全国造价工程师执业资格统一考试或者资格认定、资格互认，取得中华人民共和国造价工程师执业资格，并按照《注册造价工程师管理办法》注册，取得中华人民共和国注册造价工程师注册执业证书和执业印章，从事工程造价活动的专业人员。

注册造价工程师的执业范围包括建设项目建议书、可行性研究投资估算的编制和审核，项目经济评价，工程概算、预算、结算、竣工结（决）算的编制和审核；工程量清单、标底（或者控制价）、投标报价的编制和审核，工程合同价款的签订及变更、调整，工程款支付与工程索赔费用的计算；建设项目管理过程中设计方案的优化、限额设计等工程造价分析与控制，工程保险理赔的核查；工程经济纠纷的鉴定。

5）注册建造师。注册建造师，是指通过考核认定或考试合格，取得中华人民共和国建造师资格证书，并按照《注册建造师管理规定》注册，取得中华人民共和国建造师注册证书和执业印章，担任施工单位项目负责人及从事相关活动的专业技术人员。

注册建造师分为一级注册建造师和二级注册建造师。

一级注册建造师可担任大中小型工程项目负责人，二级注册建造师可担任中小型工程项目负责人，大中型工程项目负责人必须由本专业的注册建造师担任。涉及注册建造师的执业范围的各类别建筑工程的规模划分标准按照原建设部颁布的《注册建造师执业工程规模标准》

（试行）的规定执行。

(3) 注册执业许可制度的基本内容。

1) 资格考核制度。资格考核制度包括特许、考核认定，统一考试，资格互认三种考核方式及相关制度。

第一，特许和考核认定制度。在专业（技术）人员的注册执业资格考试实施前，一般通过特许和考核认定的办法，少数具有一定资历和较高技术水平的专业技术人员会取得注册执业资格。通常按如下程序进行考核认定：

本人填报考核认定材料，单位核实并按隶属关系由各级建设、人事主管部门进行审核后，报省（自治区、直辖市）注册执业许可管理机构和国务院有关主管部门进行初审，初审合格后报全国注册执业许可管理机构审定，并参加由全国注册执业许可机构举办的考核认定培训班，经考核培训合格后，颁发注册执业资格证书。特许程序类似考核认定，特许人员不需要参加考核培训。

第二，统一考试制度。从事建筑活动的专业（技术）人员均需要参加国家组织的相关专业（注册）执业资格全国统一考试和地方考试（仅限于有二级注册执业资格的专业（技术）人员的注册执业许可种类），考试合格后方可取得相关专业的（注册）执业资格证书。满足一定学历和时间要求的人员均可报考。

第三，资格互认制度。资格互认制度是针对国外或我国港、澳、台地区从事建筑活动的专业（技术）人员的一种注册执业资格互认的制度安排。目前开展资格互认的对象主要是我国香港、台湾地区从事建筑活动的专业（技术）人员，涉及的注册执业许可种类有注册一级建筑师、注册一级结构工程师、注册城市规划师、注册建造师和注册房地产估价师。

2) 注册制度。从事建筑活动的专业（技术）人员取得相关专业执业资格证书后，还必须依法注册（向注册机关申请注册并经过审批），才能取得相关专业的注册执业证书和注册印章（即取得相关专业注册执业许可），才能在相关专业（注册）执业资格证书和注册执业证书许可的范围内按照国家相关规定从事相关的专业性建筑活动。

目前，我国注册建筑师、勘察设计注册工程师部分专业（注册结构工程师、注册岩土工程师、注册公用设备工程师、注册电气工程师、注册化工工程师等5个专业）、注册房地产估价师、注册建造工程师、注册城市规划师、注册监理工程师、注册建造师等从事建筑活动的专业（技术）人员的注册执业许可种类实施了注册制度。注册作为行政许可项目，属于行政审批环节。除注册建筑师明确审批机关（许可机关）为全国注册建筑师管理委员会负责外，其他从事建筑活动的专业（技术）人员的注册执业许可种类的注册审批机关（许可机关）为住房和城乡建设部（或会同有关行业主管部门）。

3) 执业范围和执业制度。国家对依法取得相关专业注册执业许可的从事建筑活动的专业（技术）人员的执业范围均有明确规定并建立了相关专业执业制度。依法取得相关专业注册执业许可的从事建筑活动的专业（技术）人员不得超越相关专业注册执业许可规定的专业范围执业，并必须执行相关专业执业制度的相关规定。

4) 继续教育制度。由于知识与技术在不断更新，每一位依法取得相关专业注册执业许可的从事建筑活动的专业（技术）人员都必须及时更新知识和掌握新技术，因此都必须接受相应专业的继续教育。依法取得相关专业注册执业许可的从事建筑活动的专业（技术）人员接受相应专业继续教育的频率和形式有相应的行政法规或者部门规章规定。

5）监督管理制度。国家对依法取得相关专业注册执业许可的从事建筑活动的专业（技术）人员的执业行为过程建立了相关的监督管理制度，每一位取得相关专业注册执业许可的从事建筑活动的专业（技术）人员在执业过程中都必须依法接受相关专业注册执业许可机关的监督管理。

（4）相关法律责任。《中华人民共和国安全生产法》（以下简称《安全生产法》）第九十条规定，负有安全生产监督管理职责的部门的工作人员，有下列行为之一的，给予降级或者撤职的处分；构成犯罪的，依照刑法有关规定追究刑事责任：

对不符合法定安全生产条件的涉及安全生产的事项予以批准或者验收通过的；

发现未依法取得批准、验收的单位擅自从事有关活动或者接到举报后不予取缔或者不依法予以处理的；

对已经依法取得批准的单位不履行监督管理职责，发现其不再具备安全生产条件而不撤销原批准或者发现安全生产违法行为不予查处的；

在监督检查中发现重大事故隐患，不依法及时处理的。

负有安全生产监督管理职责的部门的工作人员有前款规定以外的滥用职权、玩忽职守、徇私舞弊行为的，依法给予处分；构成犯罪的，依照刑法有关规定追究刑事责任。

《安全生产法》第九十二条规定，承担安全评价、认证、检测、检验职责的机构出具失实报告的，责令停业整顿，并处三万元以上十万元以下的罚款；给他人造成损害的，依法承担赔偿责任。

承担安全评价、认证、检测、检验职责的机构租借资质、挂靠、出具虚假报告的，没收违法所得；违法所得在十万元以上的，并处违法所得二倍以上五倍以下的罚款，没有违法所得或者违法所得不足十万元的，单处或者并处十万元以上二十万元以下的罚款；对其直接负责的主管人员和其他直接责任人员处五万元以上十万元以下的罚款；给他人造成损害的，与生产经营单位承担连带赔偿责任；构成犯罪的，依照刑法有关规定追究刑事责任。

对有前款违法行为的机构及其直接责任人员，吊销其相应资质和资格，五年内不得从事安全评价、认证、检测、检验等工作；情节严重的，实行终身行业和职业禁入。

《建设工程安全生产管理条例》第五十八条规定，注册执业人员未执行法律、法规和工程建设强制性标准的，责令停止执业3个月以上1年以下；情节严重的，吊销执业资格证书，5年内不予注册；造成重大安全事故的，终身不予注册；构成犯罪的，依照刑法有关规定追究刑事责任。

《建设工程安全生产管理条例》第六十二条规定，违反本条例的规定，施工单位有下列行为之一的，责令限期改正；逾期未改正的，责令停业整顿，依照《安全生产法》的有关规定处以罚款；造成重大安全事故，构成犯罪的，对直接责任人员，依照刑法有关规定追究刑事责任。

《建设工程安全生产管理条例》第六十六条规定，作业人员不服管理、违反规章制度和操作规程冒险作业造成重大伤亡事故或者其他严重后果，构成犯罪的，依照刑法有关规定追究刑事责任。

《中华人民共和国刑法》（以下简称《刑法》）第一百三十四条规定，在生产、作业中违反有关安全管理的规定，因而发生重大伤亡事故或者造成其他严重后果的，处三年以下有期徒刑或者拘役；情节特别恶劣的，处三年以上七年以下有期徒刑。强令他人违章冒险作业，或者明知存在重大事故隐患而不排除，仍冒险组织作业，因而发生重大伤亡事故或者造成其他严重后果的，处五年以下有期徒刑或者拘役；情节特别恶劣的，处五年以上有期徒刑。

《刑法》第一百三十五条规定，安全生产设施或者安全生产条件不符合国家规定，因而发生重大伤亡事故或者造成其他严重后果的，对直接负责的主管人员和其他直接责任人员，处三年以下有期徒刑或者拘役；情节特别恶劣的，处三年以上七年以下有期徒刑。

《刑法》第一百三十九条规定，违反消防管理法规，经消防监督机构通知采取改正措施而拒绝执行，造成严重后果的，对直接责任人员，处三年以下有期徒刑或者拘役；后果特别严重的，处三年以上七年以下有期徒刑。

（5）建筑业注册执业人员的资质监督制度。根据规范和整顿建筑市场的需要，从2002年起，住房和城乡建设领域开始研究建立获得从事建筑活动的注册执业许可的专业（技术）人员信用档案并实施信用档案制度。目前，已经实施信用档案管理的从事建筑活动的专业（技术）人员的注册执业许可种类有房地产估价师。其他种类，如注册建筑师、注册城市规划师、注册结构工程师等的信用档案管理制度正处于研究和探索中。

目前，我国涉及从事建筑活动的专业（技术）人员的注册执业许可制度的法律、行政法规、部门规章、规范性文件种类繁多、复杂，包括《建筑法》《中华人民共和国注册建筑师条例》《中华人民共和国注册建筑师实施条例细则》《注册结构工程师执业资格制度暂行规定》《注册监理工程师管理规定》《注册造价工程师管理办法》《注册建造师管理规定》《建设工程质量监督工程师资格管理暂行规定》《勘察设计注册工程师管理规定》以及涉及各专业勘察、设计注册工程师的制度的管理规定、暂行规定等。上述法律、行政法规、部门规章、规范性文件的相关规定共同确立了我国从事建筑活动的专业（技术）人员的注册执业许可制度。

2.2.3 实训操作

一、下列对注册建造师的执业表述哪些是错误的，请予以判断。

1．注册建造师的执业范围包括：从事建设工程项目总承包管理或施工管理，建设工程项目管理服务，建设工程技术经济咨询，以及法律、行政法规和国务院建设主管部门规定的其他业务。（　）

2．取得资格证书的人员受聘于一个具有建设工程勘察、设计、施工、监理、招标代理、造价咨询等一项或者多项资质的单位，就可从事相应的执业活动。（　）

3．担任施工单位项目负责人的，可受聘于任何一个建筑企业。（　）

4．注册建造师的具体执业范围可与受聘单位协商执行。注册建造师在得到受聘单位的同

意后，可同时在两个及两个以上的建设工程项目上担任施工单位项目负责人。（　　）

5. 建设工程施工活动中形成的有关工程施工管理文件，应当由注册建造师签字并加盖执业印章。施工单位签署质量合格的文件上，必须有注册建造师的签字盖章。（　　）

二、多项选择题（每题的备选项中，有1个以上的答案符合题意）

1. 从事建筑工程活动的企业或单位，由（　　）审查，颁发资格证书。
   A．工商行政管理部门　　　　B．建设行政主管部门
   C．县级以上人民政府　　　　D．市级以上人民政府

2. 下列人员中，（　　）不属于建筑工程的从业人员。
   A．注册建筑师　　　　　　　B．注册结构工程师
   C．注册资产评估师　　　　　D．注册建造师

3. 下列做法中，（　　）不符合建筑法关于建筑工程发承包的规定。
   A．发包单位将应当由一个承包单位完成的建筑工程肢解成若干部分发包给几个承包单位
   B．某建筑施工企业超越本企业资质等级许可的业务范围承揽工程
   C．某建筑施工企业将其承包的全部建筑工程肢解以后，以分包的名义分别转包给他人
   D．发包单位将建筑工程的勘察、设计、施工、设备采购一并发包给一个工程总承包单位
   E．某建筑施工企业将所承包工程主体结构的施工分包给其他单位

4. （　　）建筑工程，可以由两个以上的承包单位联合共同承包。
   A．大型　　　　B．大中型　　　　C．中小型　　　　D．结构复杂的
   E．结构特别的

2.2.4 拓展训练

一、将注册建造师的权利和义务填写在表2-7中。

表2-7　注册建造师的权利和义务

权利	义务

二、案例分析

A公司因建生产厂房与B公司签订了工程总承包合同。后经A公司同意，B将工程勘查

设计任务和施工任务分别发包给 C 设计单位和 D 建筑公司，并各自签订书面合同。合同约定由 D 根据 C 提供的设计图纸进行施工，工程竣工时依据国家有关规定、设计图纸进行质量验收。合同签订后，C 按时交付设计图纸，D 依照图纸进行施工。工程竣工后，A 会同有关质量监督部门对工程进行验收，发现工程存在严重质量问题，是由于 C 未对现场进行仔细勘查，设计不合规范所致。A 公司遭受重大损失，但 C 称与 A 不存在合同关系拒绝承担责任，B 以自己不是设计人为由也拒绝赔偿。

（1）A、B、C、D 各单位在承发包合同中各自的身份是什么？

（2）B 公司发包工程项目的做法是否符合法律规定？

（3）B 公司、C 公司拒绝承担责任的理由是否充分？为什么？

第3章 建设工程招标投标法律制度

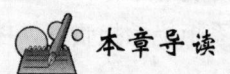

本章导读

建设工程招标投标是市场交易的一种重要方式，是最能体现"公平竞争、平等交易"原则的方式。自1982年起，我国建设领域逐步确立了建设工程发包与承包制度，这在鼓励竞争、提高工程质量、控制工程造价等方面都起到了良好的促进作用。本章对建设工程发包与承包、招标与投标的相关知识点予以阐述，旨在使读者掌握相关的专业基础知识。

本章要点

- 发包与承包制度。
- 招投标的实体与程序要求。
- 招投标文件的编制。

3.1 建设工程发包与承包

建设工程发包、承包制度，是建筑业适应市场经济的产物。建筑工程勘察、设计、施工、安装单位要通过参加市场竞争来承揽建设工程项目。这样，可以激发企业活力，改变计划经济体制下建筑活动僵化的体制，有利于建筑业健康发展，有利于建筑市场的活跃和繁荣。

3.1.1 案例导入

A公司将某工程发包给具有一级施工资质的B公司，并签订了《建设工程施工合同》，工程暂估价款为1亿，B公司承包后，又与具有三级施工资质的C公司签订了转包协议，将该工程全部转包给C公司，工程暂估价款为8000万。C公司完成部分工程的施工后被A公司通知停工，已经建设的部分工程均验收合格。A公司将B公司和C公司作为共同被告诉至法院，要求解除A公司与B公司签订的施工合同；确认B公司与C公司转包合同无效。

请问，法院应不应该支持A公司的诉讼请求？

【案例评析】

1. A公司与B公司签订的建设工程施工合同意思表示真实，不违反法律法规强制性规定，合同有效。

2. B公司将工程全部转包给C公司违反了《建筑法》第二十八条"禁止承包单位将其承包的全部建筑工程转包给他人"的规定，因此B公司与C公司的转包合同属于无效合同。但是，鉴于A公司提起的诉讼为建设工程合同之诉，而C公司并非A公司与B公司之间合同的当事人，C公司也未在本案中提出任何的诉讼请求，因此法院不宜直接认定B公司与C公司签订的合同无效。

3.1.2 理论引导

1. 建筑工程发包、承包、联合共同承包、分包与转包

(1) 建筑工程发包。建筑工程发包，是相对于建筑工程承包而言的，是指建设单位（或总承包单位）将建筑工程任务（勘察、设计、施工等）的全部或一部分通过招标或其他方式，交付给具有从事建筑活动的法定从业资格的单位完成，并按约定支付报酬的行为。

建筑工程发包单位，通常为建筑工程的建设单位，即投资建设该项建筑工程的单位（即业主）。按照国家有关规定，国有单位投资的经营性基本建设大中型建设项目，在建设阶段必须组建项目法人。项目法人可按《中华人民共和国公司法》（以下简称《公司法》）的规定设立有限责任公司（包括国有独资公司）和股份有限公司，由项目法人对项目的策划、资金筹措、建设实施、生产经营、债务偿还和资产保值增值，实行全过程负责。据此规定，由国有单位投资建设的经营性的房屋建筑工程（如用作生产经营设施的工商业用房、作为房地产开发项目的商品房等），由依法设立的项目法人作为建设单位，负责建筑工程的发包。国有单位投资建设的非经营性的房屋建筑工程，应由建设单位作为发包方负责建筑工程的发包。建筑工程实行总承包的，总承包单位经建设单位同意，在法律规定的范围内对部分建设工程项目进行分包，建筑工程的总承包单位即成为分包建筑工程的发包单位。

(2) 建筑工程承包。建筑工程承包，是相对于建筑工程发包而言的，是指具有从事建筑活动的法定从业资格的单位，通过投标或其他方式，承揽建筑工程任务，并按约定取得报酬的行为。

建筑工程承包单位，即承揽建筑工程的勘察、设计、施工等业务的单位，包括对建筑工程实行总承包的单位和承包分包建筑工程的单位。根据我国现行的从事建筑活动的企业的资质等级许可制度的规定，承包单位必须依法取得从事建筑活动的资质等级许可，并必须严格在本单位资质等级许可的业务范围内从事承揽工程的建筑活动，禁止建筑企业超越本企业资质等级许可的业务范围承揽工程。目前，我国建筑市场上，无资质或者低资质的建筑施工企业、包工队通过"挂靠"较高资质等级的建筑施工企业，或者采取与资质等级较高的建筑施工企业搞假"联营"等形式，以较高资质等级的建筑施工企业的名义承揽工程的现象还比较普遍；而有些建筑施工企业为谋取不正当利益（如收取挂靠管理费、资质证书和营业执照的有偿使用费等），允许其他企业、单位甚至个人使用本企业的名义承揽建筑工程。上述现象的存在，对建立正常的建筑市场秩序、保证工程质量危害极大，必须予以禁止。为此，《建筑法》明确规定，禁止建筑施工企业超越本企业资质等级许可的业务范围或者以任何形式用其他建筑施工企业的名义承揽工程；禁止建筑施工企业以任何形式允许其他单位或者个人使用本企业的资质证书、营业执照，以本企业的名义承揽工程。

(3) 建筑工程联合共同承包。建筑工程联合共同承包，是指由两个以上的单位共同组成非法人的联合体，以该联合体的名义承包某项建筑工程的承包形式。当参加联合体的具有相同专业的各承包单位资质等级不同时，联合体只能按资质等级较低的承包单位的从业许可业务范围承揽建筑工程。在建筑工程联合共同承包形式中，由参加联合的各承包单位共同组成的联合体作为一个单一的承包主体，与发包方签订承包合同（建设工程合同），共同履行合同

的全部义务，承担合同的全部责任。在联合体内部，则由参加联合体的各方以协议方式约定各自在联合共同承包建筑工程中的权利、义务，包括联合体的管理方式及共同管理机构的产生办法、各方负责承担的工程任务的范围、利益分享与风险分担的办法等等。

联合共同承包形式，适用于大中型建筑工程和结构复杂的建筑工程。大中型建筑工程和结构复杂的建筑工程，工程任务量大、技术要求复杂、建设周期较长，需要承包方有较强的经济、技术实力和抗风险的能力。由多家单位组成联合体共同承包，可以集中各方的经济、技术力量，发挥各自的优势，大大增强投标竞争的实力；对发包方来说，也有利于提高投资效益，保证工程建设质量。

在联合共同承包中，参加联合承包的各方应就承包合同的履行向发包方承担连带责任。所谓"连带责任"，是指在同一债权债务关系的两个以上的债务人中，任何一个债务人都负有向债权人履行全部债务的义务；债权人可以向其中任何一个或多个债务人请求履行债务，可以请求部分履行，也可以请求全部履行；负有连带责任的债务人不得以债务人之间对债务分担比例有约定而拒绝履行部分或全部债务。连带债务人中一人或多人履行了全部债务后，其他连带债务人对债权人的履行义务即行解除。而对连带债务人内部关系而言，清偿债务超过按照债务人之间的协议约定应由自己承担的份额的债务人，有权要求其他连带债务人偿还他们各自应当承担的份额。

（4）建筑工程分包与转包。

1）建筑工程分包。建筑工程分包是指建筑工程的承包单位经过发包单位的同意或根据建设工程合同的规定，将其承包的建筑工程范围内的非主要部分及专业性较强的工程内容另行发包给其他取得相应资质等级许可的承包单位承包的行为。

对一些大中型建筑工程和结构复杂的建筑工程而言，实行建筑工程总承包与建筑工程分包相结合的建筑工程承包模式，允许总承包单位在遵守一定条件的前提下，将自己总承包的建筑工程中的部分劳务或者自身不擅长的专业工程分包给其他承包单位，以便总承包单位和分包单位扬长避短，发挥各自的优势，这对于降低建设工程合同风险、降低建筑工程造价、保证建筑工程质量及缩短工期，均有益处。但是，为有效保护建筑工程发包单位的合法利益，制止违法建筑工程分包行为，建筑工程分包必须遵守一定的限制条件。《建筑法》对此做出了明确规定："建筑工程总承包单位可以将承包工程中的部分工程发包给具有相应资质条件的分包单位；但是，除总包合同中约定的分包外，必须经建设单位认可。施工总承包的，建筑工程主体结构的施工必须由总承包单位自行完成。"

在实行建筑工程总承包与建筑工程分包相结合的建筑工程承包模式中，存在总承包合同与分包合同两个不同的合同关系。总承包合同是建设单位与总承包单位之间订立的合同，总承包单位有义务就总承包合同的约定内容向建设单位承担全部责任，即使总承包单位根据总承包合同的约定或经建设单位认可，将总承包合同范围内的部分建筑工程内容分包给其他承包单位，总承包单位仍有义务对分包的建筑工程向建设单位负责。分包合同是总承包合同的承包单位（分包合同中的发包单位）与分包单位之间订立的合同、分包单位与建设单位（总承包合同的发包单位）之间并不存在直接的合同关系，分包单位仅就分包合同的约定内容向总承包单位负责，并不直接向建设单位承担合同责任。因此，《建筑法》明确规定："建筑工程总承包单位按照总承包合同的约定对建设单位负责；分包单位按照分包合同的约定对总承包单位负责。"为有效保护建筑工程发包单位的合法利益，《建筑法》适当加重了分包单位的责任："总承包单位与分包单位就分包工程对建设单位承担连带责任。"也就是说，若分包工程出现问题，建设单位既可要求总承包单位承担责任，也可以直接要求分包单位承担责任。

《建筑法》对两种违法建筑工程分包行为做出了禁止性规定："禁止总承包单位将工程分包给不具有相应资质条件的单位。禁止分包单位将其承包的工程再分包。"

《建设工程质量管理条例》对建筑（建设）工程的违法分包行为进行了界定：

第一，总承包单位将建设工程分包给不具备相应资质条件的单位的。

第二，建设工程总承包合同中未有约定，又未经建设单位认可，承包单位将其承包的部分建设工程交由其他单位完成的。

第三，施工总承包单位将建设工程主体结构的施工分包给其他单位的。

第四，分包单位将其承包的建设工程再分包的。

2）建筑工程转包。建筑工程转包是指建筑工程的承包单位与发包单位订立建设工程合同后，不履行合同约定的义务与责任，未获得发包单位的同意、以营利为目的，将与其承包范围、内容相一致的建筑工程倒手转让给其他承包单位（该承包单位成为实际承包该建筑工程的新承包单位），并且不对根据建设工程合同所承包的建筑工程承担技术、管理和经济责任的行为。

承包单位擅自将其承包的建筑工程转包，违反了合同法律制度的规定，破坏了合同关系应有的稳定性和严肃性。从合同法律关系上说，转包行为属于合同主体变更的行为，转包后，建筑工程承包合同的承包单位由原承包单位变更为接受转包的新承包单位，原承包单位名义上与建筑工程发包单位存在合同关系，但其实际上对合同的约定内容将不会再承担责任。根据合同法的基本原则，合同一经依法成立并生效后，即具有法律约束力，任何一方不得擅自变更合同，包括变更合同的内容和变更合同的主体。建筑工程承包合同的订立是承、发包双方的共同法律行为。承包单位将其承包的建筑工程转包给其他承包单位，属于擅自变更合同主体的行为，违背了发包单位的意志，损害了发包单位的合同利益，是法律所不允许的。《建筑法》对此做出了明确的禁止性规定："禁止承包单位将其承包的全部建筑工程转包给他人。"禁止建筑工程的承包单位将其承包的建筑工程转包，也是国际建设工程市场的通行惯例。

目前，国内建筑市场上大量存在承包单位利用法律允许建筑工程分包的规定，将其承包的全部工程分解为若干部分，再将各部分以分包的名义分别转包给其他承包单位，以从这种名为建筑工程分包实为建筑工程转包的行为中获利，而并不承担承包合同约定的义务与责任。对此，《建筑法》也做出了禁止性规定："禁止承包单位将其承包的全部建筑工程肢解以后以分包的名义分别转包给他人。"

《建筑工程施工发包与承包违法行为认定查处管理办法》第八条规定，存在下列情形之一的，应当认定为转包，但有证据证明属于挂靠或者其他违法行为的除外：

承包单位将其承包的全部工程转给其他单位（包括母公司承接建筑工程后将所承接工程交由具有独立法人资格的子公司施工的情形）或个人施工的；

承包单位将其承包的全部工程肢解以后，以分包的名义分别转给其他单位或个人施工的；

施工总承包单位或专业承包单位未派驻项目负责人、技术负责人、质量管理负责人、安全管理负责人等主要管理人员，或派驻的项目负责人、技术负责人、质量管理负责人、安全管理负责人中一人及以上与施工单位没有订立劳动合同且没有建立劳动工资和社会养老保险关系，或派驻的项目负责人未对该工程的施工活动进行组织管理，又不能进行合理解释并提供相应证明的；

合同约定由承包单位负责采购的主要建筑材料、构配件及工程设备或租赁的施工机械设备，由其他单位或个人采购、租赁，或施工单位不能提供有关采购、租赁合同及发票等证明，又不能进行合理解释并提供相应证明的；

专业作业承包人承包的范围是承包单位承包的全部工程，专业作业承包人计取的是除上缴给承包单位"管理费"之外的全部工程价款的；

承包单位通过采取合作、联营、个人承包等形式或名义，直接或变相将其承包的全部工程转给其他单位或个人施工的；

专业工程的发包单位不是该工程的施工总承包或专业承包单位的，但建设单位依约作为发包单位的除外；

专业作业的发包单位不是该工程承包单位的；

施工合同主体之间没有工程款收付关系，或者承包单位收到款项后又将款项转拨给其他单位和个人，又不能进行合理解释并提供材料证明的。

两个以上的单位组成联合体承包工程，在联合体分工协议中约定或者在项目实际实施过程中，联合体一方不进行施工也未对施工活动进行组织管理的，并且向联合体其他方收取管理费或者其他类似费用的，视为联合体一方将承包的工程转包给联合体其他方。

2. 建筑工程发包与承包的原则

建筑工程发包、承包活动是一项特殊的商品交易活动，同时又是一项重要的法律活动，建筑工程发包与承包应遵循以下原则。

（1）承发包双方依法订立书面合同和全面履行合同义务的原则。这是国际通行的原则。为便于明确各自的权利与义务，减少纷争，《建筑法》和《民法典》都明确规定，建筑工程承包合同的订立应当采用书面形式。包括建设工程合同的订立、合同条款的变更，均应采用书面形式。全部或者部分使用国有资金投资或者国家融资的建筑工程应当采用国家发布的建设工程示范合同文本。

订立建设工程合同应当以发包单位发出的招标文件和中标通知书规定的承包范围、工期、质量和价款等实质性内容为依据；非招标工程应当以当事人双方协商达成的一致意见为依据。

承发包双方应根据建筑工程承包合同约定的时间、地点、方式、内容及标准等要求，全面、准确地履行合同义务。一旦发生不按照合同约定履行义务的情况，违约方应依法承担违约责任。

（2）建筑工程发包。承包实行以招标、投标为主，以直接发包为辅的原则。

工程发包可分为招标发包与直接发包两种形式。招标发包是一种科学先进的发包方式，也是国际通用的形式。《建筑法》规定，建筑工程依法实行招标发包，对不适于招标发包的可以直接发包。《招标投标法》已于 2000 年 1 月 1 日起开始实施并于 2017 年修正。因此，对于符合该法要求招标范围的建筑工程，必须依照《招标投标法》实行招标发包。招标投标活动应该遵循公开、公正、公平的原则，择优选择承包单位。

（3）禁止发承包双方采取不正当竞争手段的原则。工程发包单位及其工作人员在建筑工程发包过程中不得收受贿赂、回扣或者索取其他好处。工程承包单位及其工作人员不得利用向发包单位与其工作人员行贿、提供回扣或者给予其他好处等不正当手段承揽工程。

（4）建筑工程确定合同价款的原则。建筑工程的合同价款应当按照国家有关规定，由发包单位与承包单位在合同中约定。全部或者部分使用国有资金投资或者国家融资的建设工程，应当按照国家发布的计价规则和标准编制招标文件，进行评标定标，确定工程承包合同价款。

2013 年 12 月 11 日住房和城乡建设部发布了《建筑工程施工发包与承包计价管理办法》。根据该办法，工程发承包计价包括编制工程量清单、最高投标限价、招标标底、投标报价，进行工程结算，以及签订和调整合同价款等活动，还对以上工程发承包计价的原则及具体方法作出了详细规定。

3. 建筑工程发包与承包的特征

建筑工程发包、承包同计划经济时期建筑工程生产管理及其他相关发包、承包活动相比，主要有以下特征。

（1）发包、承包主体的合法性。建筑工程发包人对建筑工程发包或分包时，要具有发包资格，符合法律规定的发包条件：发包主体为独立承担民事责任的法人实体或其他经济组织；按照国家有关规定已经履行工程项目审批手续；工程建设资金来源已经落实；发包方有与发包的建设项目相适应的技术、经济管理人员；实行招标的，发包方应当具有编制招标文件和组织开标、评标、定标的能力。不具备后两项条件的必须委托具有相应资格的建设管理咨询单位等代理。承包人必须是依法取得资质证书，具备法人资格的勘察、设计、施工等单位，并且在其资质等级许可的业务范围内承揽工程。

（2）发包、承包活动内容的特定性。建筑工程发包、承包的内容包括建设项目可行性研究的承发包、建筑工程勘察设计的承发包、建筑材料及设备采购的承发包、工程施工的承发包、工程劳务的承发包、工程项目监理的承发包等。但是在实践中，建筑工程承发包的内容较多的是建筑工程勘察设计、施工的承发包。

（3）发包、承包行政监控的严格性。建筑工程质量安全关系到国家利益、社会利益和广大人民群众的生命财产安全。因此对建筑工程发包和承包的管理、监督和控制，必须严格执法，保障建筑工程发包、承包依法进行；实行工程报建制度，招标、投标制度，建筑工程承包合同制度，并采取其他监督管理措施，以确保建筑工程质量，维护良好的建筑市场秩序。

3.1.3 实训操作

【案例分析】

案例一：20×8 年 7 月，荣兴食品加工厂打算兴建一栋厂房，单跨跨度达 32 米，总投资 500 万元。荣兴食品加工厂招标，有 5 家施工企业参与投标。经评标，该市华夏建筑有限公司中标,并与荣兴食品加工厂签订了建筑工程施工合同。但参与投标的另一家建筑公司对此提出疑义,认为华夏建筑有限责任公司为三级企业,不能承包单跨跨度超过24米的房屋建筑工程。该市建筑局接到投诉后,经核实认定华夏建筑有限责任公司不具备承包该建筑工程的资质,责令兴旺食品加工厂予以改正。

请回答:该市建设局的处理方式是否正确?请说明理由。

案例二:20×7年3月,四川泰越房地产开发公司欲修建一住宅小区,委托雅华建筑设计事务所(行业资质乙级)和精工建筑设计事务所(行业资质丙级)共同负责工程设计。20×7年9月,当泰越房地产开发公司将设计图文报到有关部门审查时,有关部门认为该设计为超越资质等级的违法设计,责令泰越房地产开发公司重新委托设计。

请问:

1. 联合共同承包中如何界定企业资质等级?
2. 本案应如何处理?

3.1.4 拓展训练

【真题实测】

多项选择题(每题的备选项中,有1个以上的答案符合题意)

1. 甲公司与没有建筑施工资质的某施工队签订合作施工协议,由甲公司投标乙公司的办公楼建筑工程,施工队承建并向甲公司交纳管理费。中标后,甲公司与乙公司签订建筑施工合同。工程由施工队负责施工。办公楼竣工验收合格交付给乙公司。乙公司尚有部分剩余工程款未支付。下列说法中正确的是(   )。

  A. 合作施工协议有效　　　　　　B. 建筑施工合同属于效力待定
  C. 施工队有权向甲公司主张工程款　D. 甲公司有权拒绝支付剩余工程款

2. 甲公司将建筑工程发包给乙公司,乙公司将其转包给丙公司,丙公司将部分工程包给由121人组成的施工队。施工期间,丙公司拖欠施工队工程款达500万元之多,施工队因此踏上维权之路。丙公司以乙公司拖欠其工程款800万元为由、乙公司以甲公司拖欠其工程款1000万元为由均拒付欠款。施工队将甲公司诉至法院,要求甲公司支付500万元。根据社会主义法治理念,关于本案的处理,下列说法中正确的是(   )。

  A. 法院应驳回施工队的诉讼请求,因甲公司与施工队无合同关系。法院不应以破坏合同相对性为代价,片面实现社会效果

  B. 法院应支持施工队的诉讼请求。法院不能简单以坚持合同的相对性为由否定甲公司的责任,从而造成农民工不断申诉,案结事不了

  C. 法院应当追加乙公司和丙公司为本案当事人。法院一并解决乙公司和丙公司的欠款纠纷,以避免机械执法,就案办案

  D. 法院可以追加乙公司和丙公司为本案当事人。法院加强保护施工队权益的力度,有利于推进法律效果和社会效果的有机统一

3. 下列属于转包的情形有(   )。

  A. 施工单位将其承包的全部工程转给其他单位或个人施工的

B. 承包单位将其承包的全部工程肢解以后，以分包的名义分别转给其他单位或个人施工的
C. 专业作业的发包单位不是该工程承包单位的
D. 施工合同中没有约定，又未经建设单位认可，施工单位将其承包的部分工程交由其他单位施工的
E. 有资质的施工单位相互借用资质承揽工程的

4. 下列关于联合共同承包工程的表述中，正确的有（　　）。
  A. 联合体只能按成员中资质等级低的单位的业务许可范围承包工程
  B. 联合体各方对承包合同的履行负连带责任
  C. 如果出现赔偿责任，建设单位只能向联合体索赔
  D. 联合共同承包工程不利于规避承包风险
  E. 联合体成员结成非法人联合体承包工程

5. 下列建设工程施工合同中，应当被认定为无效的有（　　）。
  A. 某劳务分包企业借用某建筑施工企业的施工总承包一级资质承工程订立的合同
  B. 某使用世界银行援助资金的项目，发包人未经招标与承包人订立的合同
  C. 某建筑施工企业，未取得施工总承包资质证书，承揽施工总承包工程订立的合同
  D. 某建设工程项目，发包人未取得建设工程规划许可证与承包人订立的合同，但发包人在一审法院辩论终结前取得了建设工程规划许可证
  E. 某建设工程项目，施工总承包单位将主体结构的劳务分包给具有劳务资质的企业订立的合同

3.2　建设工程招标

3.2.1　案例导入

某省一级公路××路段全长224千米。本工程采取公开招标的方式，共分20个标段，招标工作从20×8年7月2日开始，到8月30日结束，历时60天。招标工作的具体步骤如下：

（1）成立招标组织机构。

（2）发布招标公告和资格预审通告。

（3）进行资格预审。7月16—20日出售资格预审文件，47家省内外施工企业购买了资格预审文件，其中的46家于7月22日递交了资格预审文件。经招标工作委员会审定后，45家单位通过了资格预审，每家被允许投3个以下的标段。

（4）编制招标文件。

（5）编制标底。

（6）组织投标。7月28日，招标单位向上述45家单位发出资格预审合格通知书。7月30日，向各投标人发出招标文件。8月5日，召开标前会。8月8日组织投标人踏勘现场，解答投标人提出的问题。8月20日，各投标人递交投标书，每标段均有5家以上投标人参加竞

标。8月21日，在公证员出席的情况下，当众开标。

（7）组织评标。评标小组按事先确定的评标办法进行评标，对合格的投标人进行评分，推荐中标单位和后备单位，写出评标报告。8月22日，招标工作委员会听取评标小组汇报，决定了中标单位，发出中标通知书。

（8）8月30日招标人与中标单位签订合同。

请问：

1. 上述招标工作内容的顺序作为招标工作先后顺序是否妥当？如果不妥，请确定合理的顺序。

2. 简述编制投标文件的步骤。

【案例评析】

1. 不妥当。合理的顺序应该是：成立招标组织机构；编制招标文件；编制标底；发售招标公告和资格预审通告；进行资格预审；发售招标文件；组织现场踏勘；召开标前会；接收投标文件；开标；评标；确定中标单位；发出中标通知书；签订承发包合同。

2. （1）组织投标班子，确定投标文件编制的人员。

（2）仔细阅读投标须知、投标书附件等各个招标文件。

（3）结合现场踏勘和投标预备会的结果，进一步分析招标文件。

（4）校核招标文件中的工程量清单。

（5）根据工程类型编制施工规划或施工组织设计。

（6）根据工程价格构成进行工程预算造价，确定利润方针，计算和确定报价。

（7）形成投标文件，进行投标担保。

3.2.2 理论引导

1. 建设工程招标的概念

建设工程招标是在货物、工程或服务的采购行为中，招标人通过事先公布的采购条件和要求，邀请众多的投标人进行公平竞争，按照规定程序并组织技术、经济和法律等方面专家对众多的投标人进行综合评审，从中择优选定交易对象的一种市场交易行为。从采购交易过程来看，它必然包括招标和投标两个基本环节。没有招标就不会有供应商或承包商的投标；没有投标，采购人的招标就没有得到响应，也就没有开标、评标、定标和合同的签订。因此，招标与投标是一对相互对应的范畴。

2. 建设工程招标投标的使用范围和规模标准

《招标投标法》第二条规定："在中华人民共和国境内进行招标投标活动，适用本法。"

（1）建设工程必须进行招标的范围。《招标投标法》第三条规定："在中华人民共和国境内进行下列工程建设项目包括项目的勘察、设计、施工、监理以及与工程建设有关的重要设备、材料等的采购，必须进行招标：大型基础设施、公用事业等关系社会公共利益、公众安全的项目；全部或者部分使用国有资金投资或者国家融资的项目；使用国际组织或者外国政府贷款、援助资金的项目。"

上述项目的具体范围和规模标准，在国家发展和改革委员会颁布的《必须招标的工程项目规定》中作了详细的分类规定。

1）全部或者部分使用国有资金投资或者国家融资的项目包括：使用预算资金200万元人民币以上，并且该资金占投资额10%以上的项目；使用国有企业事业单位资金，并且该资金占控股或者主导地位的项目。

2）使用国际组织或者外国政府贷款、援助资金的项目包括：使用世界银行、亚洲开发银行等国际组织贷款、援助资金的项目；使用外国政府及其机构贷款、援助资金的项目。

必须进行招标范围内的各类工程建设项目，包括项目的勘察、设计、施工、监理以及与工程建设有关的重要设备、材料等的采购，达到下列标准之一的，必须进行招标：

- 施工单项合同估算价在400万元人民币以上。
- 重要设备、材料等货物的采购，单项合同估算价在200万元人民币以上。
- 勘察、设计、监理等服务的采购，单项合同估算价在100万元人民币以上。
- 同一项目中可以合并进行的勘察、设计、施工、监理以及与工程建设有关的重要设备、材料等的采购，合同估算价合计达到前款规定标准的，必须招标。

《中华人民共和国招标投标法实施条例》第八条规定，国有资金占控股或者主导地位的依法必须进行招标的项目，应当公开招标。但有下列情形之一的，可以邀请招标：技术复杂、有特殊要求或者受自然环境限制，只有少量潜在投标人可供选择；采用公开招标方式的费用占项目合同金额的比例过大。

（2）可以不进行招标的项目范围。

1）《招标投标法》第六十六条规定，涉及国家安全、国家秘密、抢险救灾或者属于利用扶贫资金实行以工代赈、需要使用农民工等特殊情况，不适宜进行招标的项目，按照国家有关规定可以不进行招标。

2）《中华人民共和国招标投标法实施条例》第九条规定，有下列情形之一的，可以不进行招标：需要采用不可替代的专利或者专有技术；采购人依法能够自行建设、生产或者提供；已通过招标方式选定的特许经营项目投资人依法能够自行建设、生产或者提供；需要向原中标人采购工程、货物或者服务，否则将影响施工或者功能配套要求；国家规定的其他特殊情形。

3. 建设工程招标投标原则

建设工程招标投标活动应该遵循公开、公平、公正和诚实信用的原则。

（1）公开原则，就是要求招标投标活动必须具有较高的透明度，招标信息、招标程序、开标过程、中标结果都必须公开，使每一个投标人获得同等的信息。

（2）公平原则，就是要求招标人本着平等互利的原则拟定招标文件，给予所有投标人平等的机会，使其享有平等的权利并履行相应的义务。

（3）公正原则，就是要求评标时按事先公布的标准进行评标，使所有投标人平等地享有同等权利，公正地对待每一个投标人。另外，设定的标准、招投标的过程要公平，不得以不合理的条件排斥或限制潜在的投标人。

（4）诚实信用原则，是所有民事活动都应遵循的基本原则之一。它要求当事人应以诚实、守信的态度行使权利、履行义务，保证彼此都能得到自己应得的利益，同时不得损害第三人和社会的利益，不得规避招标、串通投标、泄露标底、骗取中标、转包合同等诸多义务。

4. 建设工程招标组织

建设工程的招标单位可以自行招标，也可以委托建设工程招标代理机构进行招标。

（1）自行招标。招标人具有编制招标文件和组织评标能力的，可以自行办理招标事宜。任何单位和个人不得强制其委托招标代理机构办理招标事宜。依法必须进行招标的项目，招标人自行办理招标事宜的，应当向有关行政监督部门备案。

招标人自行办理施工招标事宜的，应当在发布招标公告或者发出投标邀请书的5日前，向工程所在地县级以上地方人民政府建设行政主管部门备案，并报送下列材料：

- 按照国家有关规定办理审批手续的各项批准文件。
- 《房屋建筑和市政基础设施工程施工招标投标管理办法》第十一条所列条件的证明材料，包括专业技术人员的名单、职称证书或者执业资格证书及其工作经历的证明材料。
- 法律、法规、规章规定的其他材料。

招标人不具备自行办理施工招标事宜条件的，建设行政主管部门应当自收到备案材料之日起5日内责令招标人停止自行办理施工招标事宜。

招标人自行办理招标事宜，应当具有编制招标文件和组织评标的能力，具体包括具有项目法人资格（或者法人资格）；具有与招标项目规模和复杂程度相适应的工程技术、概预算、财务和工程管理等方面专业技术力量；有从事同类工程建设项目招标的经验；拥有3名以上取得招标职业资格的专职招标业务人员；熟悉和掌握《招标投标法》及有关法规规章。

（2）委托招标。招标代理机构是依法设立、从事招标代理业务并提供相关服务的社会中介组织。招标代理机构应当具备下列条件：

- 有从事招标代理业务的营业场所和相应资金。
- 有能够编制招标文件和组织评标的相应专业力量。

招标人有权自行选择招标代理机构，委托其办理招标事宜。任何单位和个人不得以任何方式为招标人指定招标代理机构。

5. 建设工程招投标的方式

（1）公开招标与邀请招标。

公开招标是指招标人以招标公告的方式邀请不特定的法人或者其他组织投标。

邀请招标是指招标人以投标邀请书的方式邀请特定的法人或者其他组织投标。招标人采用邀请招标方式的，应当向三个以上具备承担招标项目的能力、资信良好的特定的法人或者其他组织发出投标邀请书。

国务院发展计划部门确定的国家重点项目和省、自治区、直辖市人民政府确定的地方重点项目不适宜公开招标的，经国务院发展计划部门或者省、自治区、直辖市人民政府批准，可以进行邀请招标。

国有资金占控股或者主导地位的依法必须进行招标的项目，应当公开招标；但有下列情形之一的，可以邀请招标：技术复杂、有特殊要求或者受自然环境限制，只有少量潜在投标人可供选择；采用公开招标方式的费用占项目合同金额的比例过大。

（2）其他招标方式。其他招标方式分为总承包招标和两阶段招标。

总承包招标是指建设实施阶段全过程的招标投标，包括勘察设计、材料设备供应、工程施工直至竣工交付使用，投标者必须是具有总承包能力的工程承包企业。

工程总承包招标一般应具有以下条件：
- 设计任务书已经审定。
- 建设资金已经全部落实。
- 单位工程造价、总造价（标底价格）已经主管部门审核。
- 工程建设地址、地界，已经确定。

工程总承包招标文件的主要内容包括：
- 招标须知。
- 工程综合情况，包括项目名称、建设规模、建设地点及外部条件、建设工期、投产交付使用时间、质量要求和验收标准等。
- 工程总平面初步规划及功能要求。
- 材料、设备的供应方式。
- 主要合同条款。

两阶段招标实质上是将公开招标和邀请招标结合起来的招标方式。招标单位首先采用公开招标的方式进行招标，经过开标和评标之后，再邀请最有资格的数家投标单位进行详细的投标报价，最后确定中标者。这种招标方式主要适用于技术复杂或者无法精确拟定技术规格的项目。对于这类项目，由于需要运用先进生产工艺技术、新型材料设备或采用复杂的技术实施方案等，招标人难以准确拟定和描述招标项目的性能特点、质量、规格等技术标准和实施要求。在此情况下，需要将招标分为两个阶段进行。

在第一个阶段，招标人需要向至少三家供应商或承包人征求技术方案建议，经过充分沟通商讨，研究确定招标项目技术标准和要求，编制招标文件。

在第二个阶段，投标人按照招标文件的要求编制投标文件，提出投标报价。两阶段招标既能够弥补现行制度下不能进行谈判的不足，满足技术复杂或者不能精确拟定技术规格项目招标需要，同时又能够确保一定程度的公开、公平和公正。

招标文件一旦确定下来，投标人就应当按照招标文件要求编制投标文件，不得就技术和商务内容进行谈判。

6. 招标人所应承担的法律责任

招标人终止招标的，应当及时发布公告，或者以书面形式通知被邀请的或者已经获取资格预审文件、招标文件的潜在投标人。已经发售资格预审文件、招标文件或者已经收取投标保证金的，招标人应当及时退还所收取的资格预审文件、招标文件的费用，以及所收取的投标保证金及银行同期存款利息。

招标人不得以不合理的条件限制、排斥潜在投标人或者投标人。招标人有下列行为之一的，属于以不合理条件限制、排斥潜在投标人或者投标人：

（1）就同一招标项目向潜在投标人或者投标人提供有差别的项目信息。

（2）设定的资格、技术、商务条件与招标项目的具体特点和实际需要不相适应或者与合同履行无关。

（3）依法必须进行招标的项目以特定行政区域或者特定行业的业绩、奖项作为加分条件或者中标条件。

（4）对潜在投标人或者投标人采取不同的资格审查或者评标标准。

（5）限定或者指定特定的专利、商标、品牌、原产地或者供应商。

（6）依法必须进行招标的项目非法限定潜在投标人或者投标人的所有制形式或者组织形式。

（7）以其他不合理条件限制、排斥潜在投标人或者投标人。

3.2.3 实训操作

【案例分析】

案例一：四川省某高校科教楼工程为该市重点教育工程，20×4年7月由市发展和改革委员会批准立项，建筑面积为7800平方米，投资780万元，项目20×5年2月28日开工。此项目施工单位由业主经市政府和主管部门批准不招标，奖励给某建设集团承建，双方签订了施工合同。

请问：

1．工程项目强制招标范围包括哪些？

2．可不招标的建设工程项目有哪些？

案例二：某市越江隧道工程全部由政府投资。该项目为该市建设规划的重要项目之一，且已列入地方年度固定资产投资计划，概算已经主管部门批准，征地工作尚未全部完成，施工图及有关技术资料齐全。现决定对该项目进行施工招标。因估计除本市施工企业参加投标外，还可能有外省市施工企业参加投标，故业主委托咨询单位编制了两个标底，准备分别用于对本市和外省市施工企业投标价的评定。业主对投标单位就招标文件所提出的所有问题统一作了书面答复，并以备忘录的形式分发给各投标单位。在书面答复投标单位的提问后，业主组织各投标单位进行了施工现场踏勘。在投标截止日期前10天，业主书面通知各投标单位，由于某种原因，决定将收费站工程从原招标范围内删除。开标会由市招投标办的工作人员主持，市公证处有关人员到会，各投标单位代表均到场。开标前，市公证处人员对各投标单位的资质进行审查，并对所有投标文件进行审查，确认所有投标文件均有效后，正式开标。主持人宣读投标单位名称、投标价格、投标工期和有关投标文件的重要说明。

请问：

1．工程项目招标应具备哪些条件？

2．业主对投标单位进行资格预审应包括哪些内容？

3.2.4 拓展训练

某办公楼的招标人于20×5年10月11日向具备承担该项目能力的A、B、C、D、E五家承包商发出投标邀请书，其中说明，10月17—18日9时至16时在该招标人总工程师室领取招标文件，11月8日14时为投标截止时间。该5家承包商均接受邀请，并按规定时间提交了投标文件。但承包商A在送出投标文件后发现报价估算有较严重的失误，遂赶在投标截止时间前10分钟递交了一份书面声明，撤回已提交的投标文件。

开标时，由招标人委托的市公证处人员检查投标文件的密封情况，确认无误后，由工作人员当众拆封。由于承包商 A 已撤回投标文件，故招标人宣布有 B、C、D、E 四家承包商投标，并宣读该 4 家承包商的投标价格、工期和其他主要内容。

评标委员会委员由招标人直接确定，共由 7 人组成，其中招标人代表 2 人，本系统技术专家 2 人、经济专家 1 人、外系统技术专家 1 人、经济专家 1 人。

在评标过程中，评标委员会要求 B、D 两投标人分别对施工方案作详细说明，并对若干技术要点和难点提出问题，要求其提出具体、可靠的实施措施。作为评标委员的招标人代表希望承包商 B 再行适当考虑一下降低报价的可能性。

按照招标文件中确定的综合评标标准，4 个投标人综合得分从高到低的依次顺序为 B、D、C、E，故评标委员会确定承包商 B 为中标人。由于承包商 B 为外地企业，招标人于 11 月 10 日将中标通知书以挂号方式寄出，承包商 B 于 11 月 14 日收到中标通知书。

由于从报价情况来看，4 个投标人的报价从低到高的依次顺序为 D、C、B、E，因此，从 11 月 16 日至 12 月 11 日招标人又与承包商 B 就合同价格进行了多次谈判，结果承包商 B 将价格降到略低于承包商 C 的报价水平，最终双方于 12 月 12 日签订了书面合同。

请问：

1. 什么是开标和评标，有哪些法律规定？
2. 从招投标的性质看，本案例中的要约邀请、要约和承诺的具体表现是什么？
3. 从所介绍的背景资料来看，在该项目的招标投标程序中在哪些方面不符合《招标投标法》的有关规定？请逐一说明。

3.3 建设工程投标

3.3.1 案例导入

某投标人通过资格预审后，对招标文件进行了仔细分析，发现招标人所提出的工期要求过于苛刻，且合同条款中规定每拖延 1 天逾期违约金为合同价的 10%，而若要保证实现该工期要求，必须采取特殊措施，从而大大增加成本；还发现原设计结构方案采用框架剪力墙体系，过于保守。因此，该投标人在投标文件中说明招标人的工期要求难以实现，因而按自己认为的合理工期（比招标人要求的工期增加 6 个月）编制施工进度计划并据此报价；还建议将框架剪力墙体系改为框架体系，并对这两种结构体系进行了技术经济分析和比较，证明框架体系不仅能保证工程结构的可靠性和安全性、增加使用面积、提高空间利用的灵活性，而且可降低造价约 3%。

该投标人将技术标和商务标分别封装，在封口处加盖本单位公章和项目经理签字后，在投标截止日期前 1 天上午将投标文件报送招标人。次日（即投标截止日当天）下午，在规定的开标时间前 1 小时，该投标人又递交了一份补充材料，其中声明将原报价降低 4%。但是，招标人的有关工作人员认为，根据国际上"一标一投"的惯例，一个投标人不得递交两份投标文件，因而拒收该投标人的补充材料。

开标会由市招投标办的工作人员主持，市公证处有关人员到会，各投标人代表均到场。开标前，市公证处人员对各投标人的资质进行审查，并对所有投标文件进行审查，确认所有投标文件均有效后，正式开标。主持人宣读投标人名称、投标价格、投标工期和有关投标文件的重要说明。

请问：

1．该投标人运用了哪几种报价技巧？其运用是否得当？请逐一加以说明。

2．招标人对投标人进行资格预审应包括哪些内容？

3．在该项目招标程序中存在哪些不妥之处？请分别作简单说明。

【案例评析】

1．该投标人运用了三种报价技巧，即多方案报价法、增加建议方案法和突然降价法。其中，多方案报价法运用不当，因为运用该报价技巧时，必须对原方案（本案例指招标人的工期要求）报价，而该投标人在投标时仅说明了该工期要求难以实现，却并未报出相应的投标价。

增加建议方案法运用得当，通过对两个结构体系方案的技术经济分析和比较（这意味着对两个方案均报了价），论证了建议方案（框架体系）的技术可行性和经济合理性，对招标人有很强的说服力。

突然降价法也运用得当，原投标文件的递交时间比规定的投标截止时间仅提前1天多，这既符合常理，又为竞争对手调整、确定最终报价留有一定的时间，起到了迷惑竞争对手的作用。若提前时间太多，会引起竞争对手的怀疑，而在开标前1小时突然递交一份补充文件，这时竞争对手已不可能再调整报价了。

2．招标人对投标人进行资格预审应包括以下内容：

（1）投标人签订合同的权利：营业执照和资质证书。

（2）投标人履行合同的能力：人员情况、技术装备情况、财务状况等。

（3）投标人目前的状况：投标资格是否被取消、账户是否被冻结等。

（4）近三年情况：是否发生过重大安全事故和质量事故。

（5）法律、行政法规规定的其他内容。

3．该项目招标程序中存在以下不妥之处：

（1）"招标单位的有关工作人员拒收投标人的补充材料"不妥，因为投标人在投标截止时间之前所递交的任何正式书面文件都是有效文件，都是投标文件的有效组成部分，也就是说，补充文件与原投标文件共同构成一份投标文件，而不是两份相互独立的投标文件。

（2）"开标会由市招投标办的工作人员主持"不妥，因为开标会应由招标人或招标代理人主持，并宣读投标人名称、投标价格、投标工期等内容。

（3）"开标前，市公证处人员对各投标人的资质进行了审查"不妥，因为公证处人员无权对投标人资格进行审查，其到场的作用在于确认开标的公正性和合法性（包括投标文件的合法性），资格审查应在投标之前进行（背景资料说明了该投标人已通过资格预审）。

（4）"公证处人员对所有投标文件进行审查"不妥，因为公证处人员在开标时只是检查各投标文件的密封情况，并对整个开标过程进行公证。

（5）"公证处人员确认所有投标文件均有效"不妥，因为该投标人的投标文件仅有投标单位的公章和项目经理的签字，而无法定代表人或其代理人的签字或盖章，应当作为废标处理。

3.3.2 理论引导

1. 建设工程投标的概念

投标是指投标人应招标人特定或不特定的邀请，按照招标文件规定的要求，在规定的时间和地点主动向招标人递交投标文件并以中标为目的的行为。与招标人存在利害关系可能影响招标公正性的法人、其他组织或者个人，不得参加投标。单位负责人为同一人或者存在控股、管理关系的不同单位，不得参加同一标段投标或者未划分标段的同一招标项目投标。投标人撤回已提交的投标文件，应当在投标截止时间前书面通知招标人。招标人已收取投标保证金的，应当自收到投标人书面撤回通知之日起 5 日内退还。投标截止后投标人撤销投标文件的，招标人可以不退还投标保证金。

2. 建设工程投标文件的内容

投标人首先取得招标文件，认真分析研究后（在现场实地考察），编制投标书。投标书实质上是一项有效期至规定开标日期为止的发盘或初步施组编写，内容必须十分明确，中标后与招标人签订合同所要包含的重要内容应全部列入，并在有效期内不得撤回标书、变更标书报价或对标书内容作实质性修改。为防止投标人在投标后撤标或在中标后拒不签订合同，招标人通常都要求投标人提供一定比例或金额的投标保证金。招标人决定中标人后，未中标的投标人已缴纳的保证金即予退还。

招标人或招标代理机构须在签订合同后两个工作日内向交易中心提交《退还中标人投标保证金的函》。交易中心在规定的五个工作日内办理退还手续。

投标书分为工程类投标书、服务类投标书、采购类投标书以及电子投标书。

建设工程施工项目投标文件内容包括：投标函及其附表；法定代表人资格证明书和法定代表人的授权委托书；各种资格证明材料；详细的预算书、投标报价汇总表、主要材料用量汇总表；计划投入的主要施工设备表、项目经理与主要施工人员表；钢材、木材、水泥、混凝土、特材和其他需要甲方供应的材料的用量，所需人工的总工日数等；施工规划，包括主要的施工方法、技术措施、工程投入的主要物质机具设备进场计划及劳动力安排计划、质量保证体系及措施、工期进度安排及保证措施、安全生产及文明施工措施、施工平面布置图等；项目管理班子配备，包括项目管理班子配备情况表、项目经理简历表、技术负责人简历表；近两年来的工作业绩、获得的各种荣誉（需要提供证书的复印件，必要时验证原件）；对招标文件中合同协议条款内容的确认和响应，该部分内容往往并入投标书或投标书附录；资格预审资料（如经过资格审查则不需要提供）；投标担保书和招标文件要求提交的其他文件等。

3. 投标无效的法定情形

投标无效一般指投标行为自始没有法律约束力。投标无效的主体为符合法律规定情形的特定主体，而非针对整个招标项目。投标无效可以发生在自投标开始后的任何阶段。投标无效的法定情形主要有如下几种：

（1）与招标人存在利害关系可能影响招标公正性的法人、其他组织或者个人参加投标的。

（2）单位负责人为同一人或者存在控股、管理关系的不同单位，参加同一标段投标或者未划分标段的同一招标项目投标的。

（3）招标人接受联合体投标并进行资格预审，资格预审后联合体增减、更换成员的。

（4）联合体各方在同一招标项目中以自己名义单独投标或者参加其他联合体投标的，相关投标均无效。

（5）投标人发生合并、分立、破产等重大变化的，应当及时书面告知招标人。投标人不再具备资格预审文件、招标文件规定的资格条件或者其投标影响招标公正性的，其投标无效。

4. 串通投标

有下列情形之一的，属于投标人相互串通投标：
- 投标人之间协商投标报价等投标文件的实质性内容。
- 投标人之间约定中标人。
- 投标人之间约定部分投标人放弃投标或者中标。
- 属于同一集团、协会、商会等组织成员的投标人按照该组织要求协同投标。
- 投标人之间为谋取中标或者排斥特定投标人而采取的其他联合行动。

有下列情形之一的，视为投标人相互串通投标：
- 不同投标人的投标文件由同一单位或者个人编制。
- 不同投标人委托同一单位或者个人办理投标事宜。
- 不同投标人的投标文件载明的项目管理成员为同一人。
- 不同投标人的投标文件异常一致或者投标报价呈规律性差异。
- 不同投标人的投标文件相互混装。
- 不同投标人的投标保证金从同一单位或者个人的账户转出。

有下列情形之一的，属于招标人与投标人串通投标：
- 招标人在开标前开启投标文件并将有关信息泄露给其他投标人。
- 招标人直接或者间接向投标人泄露标底、评标委员会成员等信息。
- 招标人明示或者暗示投标人压低或者抬高投标报价。
- 招标人授意投标人撤换、修改投标文件。
- 招标人明示或者暗示投标人为特定投标人中标提供方便。
- 招标人与投标人为谋求特定投标人中标而采取的其他串通行为。

5. 废标

废标是指政府采购中出现报名参加或实质性响应的供应商不足三家、存在影响采购公正的违法违规行为、投标报价均超过预算、因重大变故采购任务取消的情形时，招标采购单位作出来的全部投标无效的处理。

（1）废标与无效投标的区别。废标是指整个招标活动无效，当时的招标、开标、评标工作不得再继续，应予废标，即便确定了中标人，中标也无效；而无效投标则是指某一投标人的投标文件经评委初审认定为无效，将失去参加被评审的资格，在该次投标活动中，该投标人失去中标的可能。因此，无效投标针对的是某一投标供应商，涉及的对象是投标个体而并非整个投标活动。

(2) 废标的构成要件。

1) 有效投标人不足三家。有效投标人是指符合《招标投标法》规定条件的供应商或者符合投标文件规定并作出实质性响应的供应商。有效投标人不足三家，就没有达到采用招标采购方式的基本要求，表明竞争性不强，难以实现招标目标。

2) 采购的公正性受到影响。在采购活动中，有可能发生下列情形：采购人与供应商为排挤其他供应商而串通；供应商之间相互串通，哄抬价格或者排挤其他供应商；招标文件明显有歧视性条款；招标活动受到了外界强烈干扰等。上述这些情形破坏了招标要求的公正、公平的环境，如果继续下去，将严重损害有关当事人的利益。

3) 投标报价均超过了采购预算。政府采购应当严格按照批准的预算执行，其中就包括政府采购项目不得突破预算额度。换句话说，就是批准的政府采购项目预算是采购支付的最高限额。一旦各投标人的报价都超过了采购预算，表明投标人的要价超过了采购人的支付能力，采购人不能签订采购合同，为避免不必要的经济纠纷，应停止招标活动。

4) 采购任务取消。政府采购项目一经确立，原则上讲必须开展，不能取消。但在特定情况下，已经确立的采购项目或者已经开始招标的采购项目，必须取消。根据采购实践情况看，这些特定情况包括：因国家经济政策调整、压缩支出等政策因素，取消了原定的采购项目。

招标项目废标后，采购人应当将废标原因及时通知所有的投标人。

(3) 废标的六种情形。

- 招投标活动中应保密的情况与资料泄露的。
- 标底泄露的。
- 发生串通投标或行贿情况的。
- 投标人以他人名义投标或以其他方式弄虚作假，骗取中标的。
- 招标人与投标人就投标的实质性内容谈判，影响中标结果的。
- 招标人在中标候选人以外确定中标人的。

3.3.3 实训操作

【真题实测】
多项选择题（每题的备选项中，有1个以上的答案符合题意）

1. 在建筑工程投标过程中，下列应当作为废标处理的情形是（　　）。
   A. 联合体共同投标，投标文件中没有附共同投标协议
   B. 交纳投标保证金超过规定数额
   C. 投标人是响应招标、参加投标竞争的个人
   D. 投标人在开标后修改补充投标文件
   E. 投标人未对招标文件的实质内容和条件作出响应

2. 根据《中华人民共和国招标投标法实施条例》，招标人应当根据项目规模和技术复杂程度等因素合理确定评标时间。超过（　　）的评标委员会成员认为评标时间不够的，招标人应当适当延长。
   A. 三分之一　　B. 四分之一　　C. 三分之二　　D. 四分之三

3. 依法必须进行招标的项目，招标人应当自收到评标报告之日起（　）日内公示中标候选人，公示期不得少于（　）日。
   A. 3，5　　　　　B. 3，7　　　　　C. 3，3　　　　　D. 5，7
4. 下列情形中，不应当由评标委员会否决其投标的有（　）。
   A. 投标文件未按招标文件要求进行密封
   B. 投标联合体没有提交共同投标协议
   C. 投标报价低于成本或者高于招标文件设定的最高投标限价
   D. 投标人有串通投标、弄虚作假、行贿等违法行为
5. 投标文件中有含义不明确的内容、明显文字或者计算错误时，正确的做法是（　）。
   A. 投标人以口头形式进行澄清、说明，并由招标代理机构作出书面记录
   B. 评标委员会认为需要投标人作出必要澄清、说明的，应当书面通知该投标人
   C. 评标委员会接受投标人主动提出的澄清、说明
   D. 投标人提出的不改变投标文件实质性内容的澄清、说明，评标委员会应予接受

3.3.4 拓展训练

请将投标文件的编制步骤补充完整：
1. 熟悉招标文件、设计图、资料，对设计图、资料有不清楚、不理解的地方，可以用书面或口头方式向招标人询问、澄清。
2. 参加招标人施工现场情况介绍和答疑会。
3. 调查当地材料供应和价格情况。
4. _____。
5. 编制施工组织设计，复查、计算设计图工程量。
6. 编制或套用投标单价。
7. _____。
8. 计算投标造价。
9. _____。
10. 确定投标报价。

3.4 建设工程开标、评标与中标

3.4.1 案例导入

某大型工程，由于技术难度大，对施工单位的施工设备和同类工程施工经验要求高，而且对工期的要求也比较紧迫。业主在对有关单位和在建工程考察的基础上，仅邀请了3家国有一级施工企业参加投标，并预先与咨询单位和该3家施工单位共同研究确定了施工方案。业主要求投标单位将技术标和商务标分别装订报送。经招标领导小组研究确定的评标规定如下：

（1）技术标共30分，其中施工方案10分（因已确定施工方案，各投标单位均得10分）、

施工总工期10分、工程质量10分。满足业主总工期要求（36个月）者得4分，每提前1个月加1分，不满足者不得分；业主希望该工程今后能被评为省优工程，自报工程质量合格者得4分，承诺将该工程建成省优工程者得6分（若该工程未被评为省优工程将扣罚合同价的2%，该款项在竣工结算时暂不支付给承包商），近三年内获鲁班工程奖每项加2分，获省优工程奖每项加1分。

（2）商务标共70分。报价不超过标底（35500万元）的±5%者为有效标，超过者为废标。报价为标底的98%者得满分（70分），在此基础上，报价比标底每下降1%，扣1分，每上升1%，扣2分（计分按四舍五入取整）。

各投标单位的有关情况列于表3-1。

表3-1 各投标单位的有关情况

投标单位	报价/万元	总工期/月	自报工程质量	鲁班工程奖	省优工程奖
A	35642	33	优良	1	1
B	34364	31	优良	0	2
C	33867	32	合格	0	1

请问：
1. 该工程采用邀请招标方式且仅邀请3家施工单位投标，是否违反有关规定？为什么？
2. 请按综合得分最高者中标的原则确定中标单位。
3. 若改变该工程评标的有关规定，将技术标增加到40分，其中施工方案20分（各投标单位均得20分），商务标减少为60分，是否会影响评标结果？为什么？若影响，应由哪家施工单位中标？

【案例评析】
1. 不违反（或符合）有关规定。因为根据有关规定，对于技术复杂的工程，允许采用邀请招标方式，邀请参加投标的单位不得少于3家。
2. 计算各投标单位的技术标得分，见表3-2。

表3-2 各投标单位的技术标得分

投标单位	施工方案	总工期	工程质量	合计
A	10	4+（36-33）×1=7	6+2+1=9	26
B	10	4+（36-31）×1=9	6+1×2=8	27
C	10	4+（36-32）×1=8	4+1=5	23

计算各投标单位的商务标得分，见表3-3。

表3-3 各投标单位的商务标得分

投标单位	报价/万元	报价与标底的比例/%	扣分	得分
A	35.642	35642/35500=100.4	（100.4-98）×2≈5	70-5=65
B	34.364	34364/35500=96.8	（98-96.8）×1≈1	70-1=69
C	33.867	33867/35500=95.4	（98-95.4）×1≈3	70-3=67

计算各投标单位的综合得分，见表3-4。

表3-4　各投标单位的综合得分

投标单位	技术标得分	商务标得分	综合得分
A	26	65	91
B	27	69	96
C	23	67	90

根据上述计算结果，因为B公司综合得分最高，故应选择B公司为中标单位。

3．这样改变评标办法不会影响评标结果，因为各投标单位的技术标得分均增加10分（20-10），而商务标得分均减少10分（70-60），综合得分不变。

3.4.2　理论引导

1．开标

开标是招标人在招标文件规定的时间和地点，当众开启所有投标文件，公开宣布投标人名称、报价和其他内容的行为。一般按照以下程序进行：

（1）主持人宣布开标开始，宣布参加开标人员名单和开标后的程序安排。

（2）投标人或者其推选的代表检查投标文件的完整性和密封性，确定无误后由双方在登记表上签字。也可以由招标人委托的公证机构检查并公证。

（3）检查无误后，当众拆封，宣读投标人名称、投标价格和投标文件的其他主要内容。在招标文件要求提交投标文件的截止时间前收到的所有投标文件，都应当众予以拆封、宣读。

（4）记录开标过程，由主持人、唱标人、投标人等参与人签名，并存档备查。

（5）开标结束后，将所有投标文件交由评标委员会评标。

2．评标

评标是对各种标书优劣的比较，以便最终确定中标人，由评标委员会负责评标工作。

（1）影响评标的因素。影响评标的因素主要包括投标报价、施工方案、工期进度、企业信誉等四个方面。

投标报价的考察从总报价、主要项目单价、计日工单价三个方面进行。总报价是评标时需重点考虑的因素。对于招标时设计图尚未全部完成、以后可能会增加工程量的项目，或者采用单价合同的项目，除了考虑总报价以外，应重点考虑主要项目的单价报价；对于采用总价合同而且设计比较完善、工程量变化不大的项目，则可以较少考虑或不考虑单价指标。对于计日工单价，则可以根据以后计日工变化的情况，以及对总造价的影响给予相应的考虑。

施工方案方面的情况可以由以下指标反映：主要项目的施工方法及施工安排、质量保证体系及安全保证体系、施工机械设备的情况、人员配备、进度计划等。优秀的施工方案应紧紧围绕项目并具有针对性，既要采用先进的施工方法，安排合理的工期，又要充分有效地利用机械设备和劳动力，尽可能减少临时设施的建设和资金占用，同时又能降低成本。

考察工期指标不仅要考察投标人的施工进度计划是否符合招标文件的要求，进度计划是否合理，各里程碑工期是否切实可行，还要考察投标人的财务状况和现场人员的配备情况。

企业信誉反映了投标人的诚信情况，体现了投标人的综合竞争实力。该指标可以从以往业绩、合同履约率、诉讼情况三个方面体现。

（2）评标影响因素选择的原则。

1）目的性原则。简言之，评标的目的是选择最优的承包商来承建招标项目。因此，评标标准应根据招标项目的特点体现出最优。

2）系统性原则。评价指标体系应能全面反映评价对象的本质特征，从不同的层次和不同的角度衡量投标人的综合竞争实力。评价指标既要相互关联，又要相互独立。

3）针对性原则。评标标准中，要考虑到各项指标体系的全面性，也要注意重点突出。既要考虑各个投标人每一个方面的条件，又要突出影响招标决策的主要因素，做到层次分明、重点突出。

4）技术与商务统筹考虑原则。商务部分与技术部分的相对比重应视具体项目而定。对于通用技术项目、小项目、技术复杂程度不高的项目，商务部分占的比重可以大一些；对于专业性比较强、技术复杂、规模比较大的项目，其技术部分所占的比重应大一些。

5）定量定性结合原则。对投标人的评价包括定量和定性两个方面，两者不可偏废。评价指标尽量要量化，要评价各个投标人质和量两个方面。

（3）工程建设项目评标方法。根据《评标委员会和评标方法暂行规定》《工程建设项目施工招标投标办法》《工程建设项目货物招标投标办法》等规定，评标方法分为经评审的最低投标价法、综合评估法及法律法规允许的其他评标方法。

1）经评审的最低投标价法。根据经评审的最低投标价法，能够满足招标文件的实质性要求，并且经评审的最低投标价的投标，应当推荐为中标候选人。经评审的最低投标价法一般适用于具有通用技术、性能标准或者招标人对其技术、性能没有特殊要求的招标项目。对于工程建设项目货物招标项目，根据《工程建设项目货物招标投标办法》规定，技术简单或技术规格、性能、制作工艺要求统一的货物，一般采用经评审的最低投标价法进行评标。技术复杂或技术规格、性能、制作工艺要求难以统一的货物，一般采用综合评估法进行评标。

2）综合评估法。根据综合评估法，最大限度地满足招标文件中规定的各项综合评价标准的投标，应当推荐为中标候选人。需要注意，《房屋建筑和市政基础设施工程施工招标投标管理办法》规定，采用综合评估法的，应当对投标文件提出的工程质量、施工工期、投标价格、施工组织设计或者施工方案、投标人及项目经理业绩等，能否最大限度地满足招标文件中规定的各项要求和评价标准进行评审和比较。以评分方式进行评估的，对于各种评比奖项不得额外计分。

3）其他方法。《评标委员会和评标方法暂行规定》规定，评标方法还包括法律、行政法规允许的其他评标方法。

（4）建设工程评标的基本程序。

1）评标的准备。首先，评标委员会成员应当编制供评标使用的相应表格，认真研究招标文件，至少应了解和熟悉招标的目标，招标项目的范围和性质，招标文件中规定的主要技术要求、标准和商务条款，招标文件规定的评标标准、评标方法和在评标过程中应考虑的相关因素。其次，招标人或者其委托的招标代理机构应当向评标委员会提供评标所需的重要信息和数据。

2）初步评审。评标委员会应当按照投标报价的高低或者招标文件规定的其他方法对投标文件排序。以多种货币报价的，应当按照中国银行在开标日公布的汇率中间价换算成人民币。

评标委员会可以书面方式要求投标人对投标文件中含义不明确、对同类问题表述不一致或者有明显文字和计算错误的内容作必要的澄清、说明或者补正。澄清、说明或者补正应以书面方式进行，并不得超出投标文件的范围或者改变投标文件的实质性内容。投标文件中的大写金额和小写金额不一致的，以大写金额为准；总价金额与单价金额不一致的，以单价金额为准，但单价金额小数点有明显错误的除外；对不同文字文本投标文件的解释发生异议的，以中文文本为准。在评标过程中，评标委员会发现投标人的报价明显低于其他投标报价或者在设有标底时明显低于标底，使得其投标报价可能低于其个别成本的，应当要求该投标人作出书面说明并提供相关证明材料。

评标委员会应当根据招标文件，审查并逐项列出投标文件的全部投标偏差。投标偏差分为重大偏差和细微偏差。除非招标文件另有规定，对重大偏差应作废标处理。细微偏差是指投标文件在实质上响应招标文件要求，但在个别地方存在漏项或者提供了不完整的技术信息和数据等情况，并且补正这些遗漏或者不完整不会对其他投标人造成不公平的结果。细微偏差不影响投标文件的有效性，评标委员会应当书面要求存在细微偏差的投标人在评标结束前予以补正。

3）澄清。在评标过程中，评标委员会视投标文件情况，在需要时可以要求投标人作澄清、说明或补正，但是澄清、说明或补正不得超出投标文件的范围或者改变投标文件的实质性内容。对招标文件的相关内容作出澄清、说明或补正，其目的是有利于评标委员会对投标文件的审查、评审和比较。澄清、说明或补正包括投标文件中含义不明确、对同类问题表述不一致或者有明显文字和计算错误的内容。但评标委员会不得向投标人提出带有暗示性或诱导性的问题，或向其明确投标文件中的遗漏或错误。评标委员会对投标人提交的澄清、说明或补正有疑问的，可以要求投标人进一步澄清、说明或补正，直至满足评标委员会的要求。

4）详细评审。经初步评审合格的投标文件，评标委员会应当根据招标文件确定的评标标准和方法，对其技术部分和商务部分作进一步评审、比较。采用经评审的最低投标价法的，评标委员会应当根据招标文件中规定的评标价格调整方法，对所有投标人的投标报价以及投标文件的商务部分作必要的价格调整；中标人的投标应当符合招标文件规定的技术要求和标准，但评标委员会无须对投标文件的技术部分进行价格折算。根据经评审的最低投标价法完成详细评审后，评标委员会应当拟定一份"标价比较表"，连同书面评标报告提交招标人。"标价比较表"应当载明投标人的投标报价，对商务偏差的价格调整和说明以及经评审的最终投标价。

采用综合评估法评标的，评标委员会对各个评审因素进行量化时，应当将量化指标建立在同一基础或者同一标准上，使各投标文件具有可比性。对技术部分和商务部分进行量化后，评标委员会应当对这两部分的量化结果进行加权，计算出每一投标的综合评估价或者综合评估分。根据综合评估法完成评标后，评标委员会应当拟定一份"综合评估比较表"，连同书面评标报告提交招标人。"综合评估比较表"应当载明投标人的投标报价、所作的任何修正、对商务偏差的调整、对技术偏差的调整、对各评审因素的评估以及对每一投标的最终评审结果。

根据《评标委员会和评标方法暂行规定》第四十九条和《工程建设项目勘察设计招标投标办法》第四十六条的规定，中标人确定后，招标人应当向中标人发出中标通知书，同时通知未中标人，并与中标人在投标有效期内以及中标通知书发出之日起 30 日之内签订合同。

评标定标工作应当在投标有效期内完成，不能如期完成的，招标人应当通知所有投标人延长投标有效期。同意延长投标有效期的投标人应当相应延长其投标担保的有效期，但不得修改投标文件的实质性内容。拒绝延长投标有效期的投标人有权收回投标保证金。招标文件中规定给予未中标人补偿的，拒绝延长的投标人有权获得补偿。

5）提交评标报告和推荐中标候选人。每个招标项目评标程序的最后环节，都是由评标委员会签署并向招标人提交评标报告，推荐中标候选人。有的招标项目，评标委员会还可以根据招标人的授权，直接按照评标结果，确定中标人。

3．中标

中标是指招标人向经评选的投标人发出中标通知书，并在规定的时间内与之签订书面合同的行为。

（1）中标的法定条件。根据《招标投标法》第四十一条规定，中标人的投标应当符合下列条件之一：

● 能够最大限度地满足招标文件中规定的各项综合评价标准。

● 能够满足招标文件的实质性要求，并且经评审的投标价格最低；但是投标价格低于成本的除外。

（2）中标候选人的确定。除招标文件中特别规定了授权评标委员会直接确定中标人外，招标人应依据评标委员会推荐的中标候选人确定中标人，评标委员会推荐中标候选人的人数应符合招标文件的要求，一般应当限定在 1 人至 3 人，并标明排列顺序。

对使用国有资金投资或者国家融资的项目，招标人应当确定排名第一的中标候选人为中标人。排名第一的中标候选人放弃中标、因不可抗力提出不能履行合同，或者招标文件规定应当提交履约保证金而在规定的期限内未能提交的，招标人可以确定排名第二的中标候选人为中标人。排名第二的中标候选人因上述同样原因不能签订合同的，招标人可以确定排名第三的中标候选人为中标人。

招标人不得向中标人提出压低报价、增加工作量、缩短工期或其他违背中标人意愿的要求，以此作为发出中标通知书和签订合同的条件。

（3）中标通知书。依法必须进行招标的项目，招标人应当自收到评标报告之日起 3 日内公示中标候选人，公示期不得少于 3 日。中标人确定后，招标人应当向中标人发出中标通知书，并同时将中标结果通知所有未中标的投标人。中标通知书对招标人和中标人具有法律效力。中标通知书发出后，招标人改变中标结果的，或者中标人放弃中标项目的，应当依法承担法律责任。招标人和中标人应当自中标通知书发出之日起三十日内，按照招标文件和中标人的投标文件订立书面合同。招标人和中标人不得再行订立背离合同实质性内容的其他协议。招标文件要求中标人提交履约保证金的，中标人应当提交。

（4）合同的签订及履行。

1）履约担保。在签订合同前，中标人以及联营体的中标人应按招标文件有关规定的金额、担保形式和招标文件规定的履约担保格式,向招标人提交履约担保。一般采用银行保函和履约担保书。履约担保金额一般为中标价的 10%。中标人不能按要求提交履约担保的,视为放弃中标,其投标保证金不予退还,给招标人造成的损失超过投标保证金数额的,中标人还应当对超过部分予以赔偿。

2)签订合同。招标人和中标人应当自中标通知书发出之日起 30 天内,根据招标文件和中标人的投标文件订立书面合同。中标人无正当理由拒签合同的,招标人取消其中标资格,其投标保证金不予退还;给招标人造成的损失超过投标保证金数额的,中标人还应当对超过部分予以赔偿。发出中标通知书后,招标人无正当理由拒签合同的,招标人向中标人退还投标保证金;给中标人造成损失的,还应当赔偿损失。招标人与中标人签订合同后 5 个工作日内,应当向中标人和未中标的投标人退还投标保证金。

3)履行合同。中标人应当按照合同约定履行义务,完成中标项目。中标人不得向他人转让中标项目,也不得将中标项目肢解后分别向他人转让。中标人按照合同约定或者经招标人同意,可以将中标项目的部分非主体、非关键性工程分包给他人完成。接受分包的人应当具备相应的资格条件,并不能再次分包。中标人应当就分包项目向招标人负责,接受分包的人就分包项目承担连带责任。招标人发现中标人转包或违法分包的,应当要求中标人改正;拒不改正的,可终止合同,并报请有关行政监督部门查处。

3.4.3 实训操作

【真题实测】
单项选择题(每题的备选项中,只有 1 个答案最符合题意)

1.《招标投标法》依据国家惯例的普遍规定,招标投标活动应当遵循公开、(   )的原则。
　　A. 独立、自主和诚实信用　　　　B. 独立、公正和维护公共利益
　　C. 公平、公正和诚实信用　　　　D. 公平、公正和维护公共利益

2. 根据《招标投标法》的有关规定,下列项目不属于必须招标范围的是(   )。
　　A. 某高速公路工程
　　B. 国家博物馆的修葺工程
　　C. 2008 年奥运会的游泳馆建设项目
　　D. 王某给自己盖的别墅

3. 某批使用国有资金,单项采购金额 130 万元的工程货物应采用的采购方式为(   )。
　　A. 公开招标　　B. 邀请招标　　C. 单一来源采购　　D. 竞争性谈判

4. 对于国务院发展计划部门确定的国家重点项目和省、自治区、直辖市人民政府确定的地方重点项目不适宜公开招标的,招标人(   )。
　　A. 可选择邀请招标方式　　　　　B. 选择邀请招标方式应经批准
　　C. 可选择竞争性谈判方式　　　　D. 可选择单一来源采购方式

5. 公开招标是指招标人以(   )的方式邀请不特定的法人或者其他组织投标。
　　A. 不特定　　B. 特定　　C. 招标公告　　D. 招标邀请书

3.4.4 拓展训练

【案例分析】

20×0年11月15日下午,某市中心某某区一幢正在进行外部修缮、28层高的教师公寓发生特别重大火灾事故,造成58人死亡、71人受伤,直接经济损失1.58亿元。经调查,此次特别重大火灾事故的直接原因是:起火大楼在装修作业施工中,有2名无证电焊工违规实施作业,在短时间内形成密集火灾。事故的间接原因:一是建设单位、投标企业、招标代理机构相互串通、虚假招标和转包、违法分包;二是工程项目施工组织管理混乱;三是设计企业、监理机构工作失职;四是市、区两级建设主管部门对工程项目监督管理缺失;五是某某区公安消防机构对工程项目监督检查不到位;六是某某区政府对工程项目组织实施工作领导不力。无计划、无资金来源、无施工方案、无资质、无报建、无报监、无消防报备;交叉施工,违规动火个个熟视无睹,终致冲天大火。

请问:上述案例中违规之处有哪些?

第4章 建设工程合同法律制度

本章导读

合同是确立主体间权利义务关系的协议。掌握合同的订立程序、效力、履行及法律责任有助于保护合同当事人的合法权益，同时有助于维护社会公序良俗及保障社会公共利益。本章对《民法典》（合同编）的基本知识点及建设工程合同的相关知识点进行详细介绍，使读者对建设工程合同法律制度有较为深刻的了解。

本章要点

- 《民法典》（合同编）的基本知识点。
- 建设工程合同履行的担保方式。

4.1 合同概述

合同是当事人或当事双方之间设立、变更、终止民事关系的协议。广义合同指所有法律部门中确定权利、义务关系的协议。狭义合同指一切民事合同。还有最狭义合同仅指民事合同中的债权合同。《民法典》第四百六十四条规定："合同是民事主体之间设立、变更、终止民事法律关系的协议。"第四百六十五条规定："依法成立的合同，受法律保护。"

4.1.1 案例导入

20×1年3月，A文化用品公司与某国C贸易公司签订一份买卖合同，约定C贸易公司向A文化用品公司购买一批塑料文具。A文化用品公司委托某国B运通公司将这批塑料文具运往纽约，并根据承运人的要求在指定时间将货物运到指定的装运港口。6月，货物装船，船长代理承运人签发了一式三份正本记名提单。货到目的港后，C贸易公司始终未付款，A文化用品公司拟将货物运回。在与某国B运通公司的交涉过程中，A文化用品公司于同年12月得知货物已被C贸易公司凭某银行出具的保函提取。A文化用品公司遂要求某国B运通公司承担无单放货的责任，而某国B运通有限公司认为应由买方C贸易公司自己承担责任。双方协商不成，A文化用品公司遂提起诉讼。

请问：
1. A文化用品公司是否可以只凭运输合同对承运人某国B运通公司提起诉讼？
2. A文化用品公司是否可以起诉某国C贸易公司？

【案例评析】

A文化用品公司是涉案货物买卖合同的卖方和提单上的托运人，其将货物交给某国B运通公司承运，并取得某国 B 运通公司签发的记名提单，在收货人 C 贸易公司未付货款的情况下，A 文化用品公司仍然是合法的提单持有人，有权主张提单项下的物权。作为物权凭证，提单的主要意义就在于，合法的提单持有人有权控制和支配提单项下的货物，并可以据此担保债的实现。某国 B 运通公司在未征得托运人同意，又未收回正本提单的情况下将货物交给非提单持有人的行为，显然侵犯了 A 文化用品公司在提单项下的物权，造成 A 文化用品公司未收回货款而对提单项下的货物失控，依法应当对 A 文化用品公司因此遭受的经济损失承担赔偿责任。最后，法院判决某国 B 运通公司向原告 A 文化用品公司赔偿所有货款及利息损失。

本案例中，由于 A 文化用品公司只凭运输合同对承运人某国 B 运通公司提起了诉讼，所以法院最终判决承运人承担无单放货的责任。根据以上的分析，A 文化用品公司还可以某国 C 贸易公司未按合同约定付款为由向 C 贸易公司提起诉讼。同时，如果 C 贸易公司向承运人出具的是见索即付的保函，则 A 文化用品公司还可以直接向某银行要求承担付款义务。

4.1.2 理论引导

1. 合同的订立

合同的订立是指双方当事人经过协商，从而达成一致协议的过程。合同可以采用书面形式、口头形式或者其他形式。书面形式是合同书、信件、电报、电传、传真等可以有形地表现所载内容的形式。以电子数据交换、电子邮件等方式能够有形地表现所载内容，并可以随时调取查用的数据电文，视为书面形式。

合同的订立通常包括一方当事人发出要约；对方当事人接受要约之后发出承诺；当事人接受承诺，合同宣告成立三个步骤。

（1）要约。

1）要约的含义。要约是一方当事人以缔结合同为目的，向对方当事人提出合同条件，希望对方当事人接受的意思表示。发出要约的一方称要约人，接受要约的一方称受要约人。

要约不同于事实行为。要约作为一种缔约的意思表示，能够对要约人和受要约人产生一种拘束力。尤其是要约人在要约的有效期限内，必须受要约内容的拘束。要约发出后，非依法律规定或受要约人的同意，不得擅自撤回、撤销或者变更要约的内容。

要约不同于法律行为。一方面，要约是要约人一方的意思表示，必须经过受要约人的承诺，才能产生要约人预期的法律效果（即成立合同）；而法律行为既包括单方的意思表示，又包括双方和多方的意思表示一致的行为，均可直接产生当事人预期的法律效果。另一方面，要约作为意思表示的一种，其拘束力只体现在"不能反悔"即不能擅自撤回、撤销或者变更上，而不能直接产生设定权利义务的法律效果；而法律行为则是以意思表示为要素，旨在设立、变更、终止民事权利义务的行为。

2）要约的构成要件。

- 要约必须是特定人的意思表示。
- 要约必须具有订立合同的意图。
- 要约内容必须确定和完整。
- 经受要约人承诺，要约人即受该意思表示约束。

3）要约的法律效力。

a. 要约对要约人的约束力。此种约束力又称为要约的形式约束力，是指要约一经生效，要约人即受到要约的拘束，不得随意撤销或对受要约人随意加以限制、变更和扩张。这对于保护受要约人的利益，维护正常的交易安全是十分必要的。

b. 要约对受要约人的约束力。要约生效以后，只有受要约人才享有对要约人作出承诺的权利。当然，该项权利由于受要约人的特定性而具有人身性质，它不能转让。

（2）承诺。

1）承诺的含义。承诺是指受要约人同意要约的意思表示。

2）承诺的构成要件。

- 承诺只能由受要约人向要约人作出。
- 承诺必须在有效期限内作出。要约以对话方式作出的，应当及时作出承诺；要约以非对话方式作出的，承诺应当在合理期限内到达。
- 承诺的内容必须与要约的内容完全一致。这是承诺最实质性的要件。

3）承诺迟延和承诺撤回。

a. 承诺迟延。承诺迟延也称承诺迟到，是指受要约人未在承诺期限内发出承诺。承诺的期限通常是由要约规定的，如果要约中未规定承诺时间，则受要约人应在合理期限内作出承诺。超过承诺期限作出承诺，该承诺不产生效力。根据《民法典》第四百八十六条规定："受要约人超过承诺期限发出承诺，或者在承诺期限内发出承诺，按照通常情形不能及时到达要约人的，为新要约；但是，要约人及时通知受要约人该承诺有效的除外。"这就是说，对于迟到的承诺，要约人可承认其有效，但要约人应及时通知受要约人。如果要约人不愿承认其为承诺，则该迟到的承诺为新要约，要约人将处于承诺人的地位。

b. 承诺撤回。承诺撤回，是指受要约人在发出承诺通知以后，在承诺正式生效之前撤回其承诺。根据《民法典》第四百八十五条的规定，"承诺可以撤回。承诺的撤回适用本法第一百四十一条的规定"，即"行为人可以撤回意思表示。撤回意思表示的通知应当在意思表示到达相对人前或者与意思表示同时到达相对人"。因此撤回的通知必须在承诺生效之前到达要约人，或与承诺通知同时到达要约人，撤回才能生效。如果承诺通知已经到达要约人，合同已经成立，则受要约人不能再撤回承诺。

（3）要约邀请。

1）要约邀请的含义。要约邀请又称为"要约引诱"，它是指希望他人向自己发出要约的表示。要约邀请是当事人订立合同的预备行为，只是引诱他人发出要约，不能因相对人的承诺而成立合同。《民法典》第四百七十三条规定："要约邀请是希望他人向自己发出要约的表示。拍卖公告、招标公告、招股说明书、债券募集办法、基金招募说明书、商业广告和宣传、寄送的价目表等为要约邀请。"

2）要约邀请的构成要件。

- 要约必须是特定人的意思表示。
- 要约必须具有订立合同的意图。
- 要约必须向要约人希望与之缔结合同的受要约人发出。

- 要约内容必须确定和完整。
- 要约必须送达受要约人。

3) 要约与要约邀请的区别。

a. 要约是当事人希望和他人订立合同的意思表示,以订立合同为直接目的。要约邀请是希望对方向自己发出要约的意思表示。

b. 要约大多数是针对特定的相对人的,往往采用对话和信函的方式。要约邀请一般是针对不特定的相对人的,故往往通过电视、报刊等媒介手段。

c. 要约的内容必须具备足以使合同成立的主要条件,如明确的标的额、标的物数量、质量、价款报酬、履行期限等。要约邀请则不具备这些条件。

2. 合同的订立原则

根据《民法典》的规定,"民事主体在民事活动中的法律地位一律平等""民事主体从事民事活动,应当遵循自愿原则,按照自己的意思设立、变更、终止民事法律关系""民事主体从事民事活动,应当遵循公平原则,合理确定各方的权利和义务""民事主体从事民事活动,应当遵循诚信原则,秉持诚实,恪守承诺""民事主体从事民事活动,不得违反法律,不得违背公序良俗""民事主体从事民事活动,应当有利于节约资源、保护生态环境"。因此,民事主体在订立合同时应遵循平等原则、自愿原则、公平原则、诚信原则、权利滥用禁止和公序良俗原则。

(1) 平等原则。当事人的法律地位平等,一方不得将自己的意志强加给另一方。这一原则包括三方面的内容:合同当事人的法律地位一律平等,不论所有制性质、单位大小和经济实力强弱,其法律地位都是平等的;合同中的权利义务对等,即享有权利的同时就应当承担义务,而且彼此的权利、义务是对等的;合同当事人必须就合同条款充分协商,在互利互惠基础上取得一致,合同方能成立。任何一方都不得将自己的意志强加给另一方,更不得以强迫命令、胁迫等手段签订合同。

(2) 自愿原则。当事人依法享有自愿订立合同的权利,任何单位和个人不得非法干预。自愿原则体现了民事活动的基本特征,是民事活动区别于行政法律关系、刑事法律关系的特有原则。自愿原则贯穿于合同活动的全过程,包括订不订立合同自愿,与谁订立合同自愿,合同内容由当事人在不违法的情况下自愿约定,在合同履行过程当中当事人可以协议补充、协议变更有关内容,双方也可以协议解除合同,可以约定违约责任,以及自愿选择解决争议的方式。总之,只要不违背法律、行政法规强制性的规定,合同当事人有权自愿决定,任何单位和个人不得非法干预。

(3) 公平原则。当事人应当遵循公平原则确定各方的权利和义务。公平原则作为合同当事人的行为准则,可以防止当事人滥用权力,保护当事人的合法权益,维护和平衡当事人之间的利益。订立合同时,要根据公平原则确定双方的权利和义务,不得欺诈,不得假借合同恶意进行磋商;合同双方当事人要根据公平原则确定风险的合理分配和违约责任的承担方式。

(4) 诚信原则。当事人行使权力、履行义务应当遵循诚实信用原则。订立合同时,不得有欺诈或其他违背诚实信用的行为;履行合同义务时,当事人根据合同的性质、目的和交易习惯，履行及时通知、协助、提供必要条件、防止损失扩大、保密等义务；合同终止后，当事人应当根据交易习惯，履行通知、协助、保密等义务。

（5）权利滥用禁止和公序良俗原则。当事人订立、履行合同，应当遵守法律、行政法规，尊重社会公德，不得扰乱社会经济秩序，损害社会公共利益。一般来讲，合同的订立和履行，属于合同当事人之间的民事权利义务关系，只要当事人的意思不与法律法规、社会公共利益和社会公德相抵触，即承认合同的法律效力。但是，合同不仅仅是当事人之间的问题，有时可能会涉及社会公共利益、社会公德和经济秩序。为此，对于损害社会公共利益、扰乱社会经济秩序的行为，国家应当予以干预，但这种干预要依法进行，由法律、行政法规作出规定。

3. 合同的内容

合同的内容，即合同当事人的权利、义务，除法律规定的以外，主要由合同的条款确定。合同的内容由当事人约定，一般包括以下条款：

（1）当事人的姓名或者名称和住所。

（2）标的。如有形财产、无形财产、劳务、工作成果等。

（3）数量。应选择使用共同接受的计量单位、计量方法和计量工具。

（4）质量。可约定质量检验方法、质量责任期限与条件、对质量提出异议的条件与期限等。质量要求不明确的，按照强制性国家标准履行；没有强制性国家标准的，按照推荐性国家标准履行；没有推荐性国家标准的，按照行业标准履行；没有国家标准、行业标准的，按照通常标准或者符合合同目的的特定标准履行。

（5）价款或者报酬。应规定清楚计算价钱或者报酬的方法。

（6）履行期限、地点和方式。

（7）违约责任。可在合同中约定定金、违约金、赔偿金额以及赔偿金的计算方法等。

（8）解决争议的方法。

4. 合同的分类

合同的分类是指按照一定的标准，将合同划分成不同的类型。合同的分类，有利于当事人找到能达到自己交易目的的合同类型，订立符合自己愿望的合同条款，便于合同的履行，也有助于司法机关在处理合同纠纷时准确地适用法律，正确处理合同纠纷。

（1）有名合同与无名合同。根据法律是否明文规定了一定合同的名称，可以将合同分为有名合同与无名合同。有名合同又称典型合同，是指法律上已经确定了一定的名称及具体规则的合同。《民法典》中明确规定了19类有名合同，具体见表4-1。

表4-1 有名合同

序号	合同类型	《民法典》规定
1	买卖合同	出卖人转移标的物的所有权于买受人，买受人支付价款的合同
2	供用电、水、气、热力合同	供用电、水、气、热力合同是供电、水、气、热力人向用电、水、气、热力人供电、水、气、热力，用电、水、气、热力人支付电费的合同
3	赠与合同	赠与人将自己的财产无偿给予受赠人，受赠人表示接受赠与的合同
4	借款合同	借款人向贷款人借款，到期返还借款并支付利息的合同

续表

序号	合同类型	《民法典》规定
5	保证合同	为保障债权的实现,保证人和债权人约定,当债务人不履行到期债务或者发生当事人约定的情形时,保证人履行债务或者承担责任的合同
6	租赁合同	出租人将租赁物交付承租人使用、收益,承租人支付租金的合同
7	融资租赁合同	出租人根据承租人对出卖人、租赁物的选择,向出卖人购买租赁物,提供给承租人使用,承租人支付租金的合同
8	保理合同	应收账款债权人将现有的或者将有的应收账款转让给保理人,保理人提供资金融通、应收账款管理或者催收、应收账款债务人付款担保等服务的合同
9	承揽合同	承揽人按照定作人的要求完成工作,交付工作成果,定作人支付报酬的合同
10	建设工程合同	承包人进行工程建设,发包人支付价款的合同
11	运输合同	承运人将旅客或者货物从起运地点运输到约定地点,旅客、托运人或者收货人支付票款或者运输费用的合同
12	技术合同	当事人就技术开发、转让、许可、咨询或者服务订立的确立相互之间权利和义务的合同
13	保管合同	保管人保管寄存人交付的保管物,并返还该物的合同
14	仓储合同	保管人储存存货人交付的仓储物,存货人支付仓储费的合同
15	委托合同	委托人和受托人约定,由受托人处理委托人事务的合同
16	物业服务合同	物业服务人在物业服务区域内,为业主提供建筑物及其附属设施的维修养护、环境卫生和相关秩序的管理维护等物业服务,业主支付物业费的合同
17	行纪合同	行纪人以自己的名义为委托人从事贸易活动,委托人支付报酬的合同
18	中介合同	中介人向委托人报告订立合同的机会或者提供订立合同的媒介服务,委托人支付报酬的合同
19	合伙合同	两个以上合伙人为了共同的事业目的,订立的共享利益、共担风险的协议

无名合同又称非典型合同,是指法律上尚未确定一定的名称与规则的合同。合同当事人可以自由决定合同的内容,即使当事人订立的合同不属于有名合同的范围,只要不违背法律的禁止性规定和社会公共利益,仍然是有效的。

目前我国合同法已经废止,取而代之的是《民法典》。有名合同与无名合同区分的意义主要在于两者适用的法律规则不同。《民法典》第四百六十七条规定:"本法或者其他法律没有明文规定的合同,适用本编通则的规定,并可以参照适用本编或者其他法律最相类似合同的规定。"也就是说,《民法典》或者其他法律没有明文规定的合同,适用《民法典》合同编通则的规定。

(2)双务合同与单务合同。根据合同当事人是否互相负有给付义务,可以将合同分为双务合同和单务合同。双务合同,是指当事人双方互负对待给付义务的合同,即双方当事人互享债权,互负债务,一方的合同权利正好是对方的合同义务,彼此形成对价关系。例如,建设工程合同中,承包人有获得工程价款的权利,而发包人则有按约支付工程价款的义务。大部分的合同是双务合同。单务合同,是指合同当事人仅有一方负担义务,而另一方只享有合同权利的合同。例如,在赠与合同中,受赠人享有接受赠与物的权利,但不负担任何义务。

无偿委托合同、无偿保管合同等均属于单务合同。

（3）诺成合同与实践合同。根据合同的成立是否需要交付标的物，可以将合同分为诺成合同和实践合同。诺成合同又称不要物合同，是指当事人双方意思表示一致就可以成立的合同。大多数的合同都属于诺成合同，如建设工程合同、买卖合同、租赁合同等。实践合同又称要物合同，是指除当事人双方意思表示一致外，尚需交付标的物才能成立的合同，如保管合同。

（4）要式合同与不要式合同。根据法律对合同的形式是否有特定的要求，可以将合同分为要式合同与不要式合同。要式合同，是指根据法律规定必须采取特定形式的合同。如《民法典》规定，建设工程合同应当采用书面形式。不要式合同，是指当事人订立的合同依法并不需要采取特定的形式，当事人可以采取口头的方式，也可以采取书面形式或其他形式。

要式合同与不要式合同的区别，实际上是一个关于合同成立与生效的条件问题，如果法律规定某种合同必须经过批准或登记才能生效，则合同未经批准或登记便不能生效；如果法律规定某种合同必须采用书面形式才能成立，则当事人未采用书面形式时合同便不成立。

（5）主合同与从合同。根据合同相互间的主从关系，可以将合同分为主合同与从合同。主合同是指能够独立存在的合同；依附于主合同方能存在的合同为从合同。例如，发包人与承包人签订的建设工程施工合同为主合同；为确保该主合同的履行，发包人与承包人签订的履约保证合同为从合同。

（6）有偿合同与无偿合同。根据合同当事人之间的权利义务是否存在对价关系，可以将合同分为有偿合同与无偿合同。有偿合同，是指一方通过履行合同义务而给对方某种利益，对方要得到该利益必须支付相应代价的合同，如建设工程合同等。无偿合同，是指一方给付对方某种利益，对方取得该利益时并不支付任何代价的合同，如赠与合同等。

5. 合同的效力

合同的效力是法律赋予依法成立的合同所产生的约束力。狭义上合同的效力是指有效成立的合同，依法产生了当事人预期的法律效果。合同的订立是规范缔约当事人之间如何达成合意，只要当事人间的合意不违反国家法律的规定、当事人的意志即发生法律效力。一般而言，我们所讲的合同的效力，通常指的是狭义的效力概念。

广义上合同的效力，则是泛指合同所产生的所有私法效果。不仅有效成立的合同能产生一定的法律效果，无效的合同、效力待定的合同、可撤销的合同，也会产生一定的法律效果；附条件或附期限的合同在条件或期限成就前，也具有一定的法律效力。广义合同的效力，还可以包括有效的合同违反时所产生的法律效果。依法成立的合同对当事人具有法律拘束力，当事人应当履行其所承担的义务，如果当事人不履行其义务，应依法承担民事责任。此一责任的产生虽然不是当事人所预期的效果，但也是基于合同所产生的，应属于广义的合同的效力的范畴。

（1）有效合同。有效合同是指依照法律的规定成立并在当事人之间产生法律约束力的合同。有效合同需要具备下列法定要件：

1）行为人具有相应的民事行为能力。

a. 自然人的缔约能力。完全民事行为能力人具有完全的缔约能力，法律对其不予限制。

b. 法人的缔约能力。法人的缔约能力受其经营范围限制，但是法人超越其经营范围而订立的合同并非当然无效。当事人超越经营范围订立合同，人民法院不因此认定合同无效。但违反国家限制经营、特许经营以及法律、行政法规禁止经营规定的除外。

c. 非法人组织的缔约能力。尽管非法人组织不具备独立法律人格，但其仍具有缔约能力，不同之处在于非法人组织不能独立承担民事责任。

2）意思表示真实。意思表示真实是指订约者的意思表示与其真实的内在意思一致，并且其意思完全是基于自己的正确认识自愿形成的，未受到他人的不法干预或者不当的影响。关于判断意思表示是否真实的标准，我国采用客观主义标准，除当事人的意思表示是在他人欺诈或胁迫或存在重大误解的情况下作出的之外，其余均认定为意思表示真实。

3）不违反法律、行政法规的强制性规定，不损害社会公共利益。部分条款违反法律政法规只是导致部分条款无效，并不影响其他条款的效力。

（2）无效合同。无效合同是指合同虽然已经成立，但因其严重欠缺有效要件，在法律上不按当事人之间的合约赋予其法律效力。一方以欺诈、胁迫的手段订立合同，损害国家利益；恶意串通，损害国家、集体或者第三人利益；以合法形式掩盖非法目的；损害社会公共利益；违反法律、行政法规的强制性规定。

1）无效合同需要具备下列法定要件：

a. 具有违法性。即违反了法律和行政法规的强制性规定和社会公共利益。《民法典》第一百五十三条规定："违反法律、行政法规的强制性规定的民事法律行为无效。但是，该强制性规定不导致该民事法律行为无效的除外。"

b. 具有不履行性。《民法典》第一百四十四条规定："无民事行为能力人实施的民事法律行为无效。"第一百四十六条规定："行为人与相对人以虚假的意思表示实施的民事法律行为无效。"即当事人在订立无效合同后，不得依据合同实际履行，也不承担不履行合同的违约责任。

c. 无效合同自始无效。无效合同违反了法律的规定，国家不予承认和保护。一旦确认无效，将具有溯及力，使合同从订立之日起就不具有法律约束力，以后也不能转化为有效合同。

2）合同无效的法律后果。无效合同从订立时起，就没有法律约束力，不产生履行效力。合同被确认无效后，尚未履行的，不得履行；已经部分履行的，应当立即终止履行。

无效合同应承担的法律后果主要有以下几种情形：

a. 返还财产或折价补偿。返还财产或折价补偿以使当事人的财产关系恢复到建设工程合同签订前的状态，这是消除无效合同所造成财产后果的一种法律手段，而非惩罚措施。合同被确认无效后，当事人依据建设工程合同所实际取得的财产应返还给对方，不能返还的或者没有必要返还的，应按照所取得的财产减值进行折算，以金钱的方式补偿给对方当事人。

b. 赔偿损失。赔偿损失是指过错方给对方造成损失时，应赔偿对方因此而遭受的损失；双方都有过错的，应各自承担相应的责任。

c. 收归国有或返还集体、第三人。当事人恶意串通，损害国家利益的，因此取得的财产收归国家所有；损害集体或者第三人利益的，因此取得的财产返还集体、第三人。

（3）效力待定的合同。合同效力待定，是指合同成立以后，因存在不足以认定合同有效的瑕疵，致使合同不能产生法律效力，在一段合理的时间内合同效力暂不确定，由有追认权的当事人进行补正或有撤销权的当事人进行撤销，再视具体情况确定合同是否有效。处于此阶段中的合同，为效力待定的合同。

【典型案例】

14周岁的于某，是某中学初中一年级的学生。一天路过一家网吧，于某见里边正在处理电脑，每台只卖1700元，于某想将电脑买下来。他算了算自己手头的压岁钱，共有1000元，便和网吧老板商量，先交1000元把电脑取走，其余700元老板和他一道回家去取，两人还签订了一份合同书。将电脑运回家后，网吧老板和于某的父母说明情况，要求于某的父母支付剩下的700元钱。于某的父母认为自己并不想买电脑，小孩子不懂事不能算数，要求网吧老板将电脑拉回，并返还已交的1000元。网吧老板认为，买电脑属于某自愿，且已经签了合同书，如果不买就属违约。这1000元属定金，买卖不成，定金就不能退。双方争执不下，于某的父母起诉到了法院。

【案例分析】

于某与网吧老板签订的合同属于效力待定合同。所谓效力待定合同，即合同某些方面不符合生效的要件，但并不属于无效合同或者可撤销合同，是通过当事人采取必要的补救办法，可以发生法律效力的合同。

本案中于某的法定代理人即他的父母对于其购买电脑一事持反对态度，即于某父母对这一效力待定的合同是拒绝追认的。那么于某与网吧老板所签订买卖电脑的合同为无效合同，网吧老板不能以定金形式扣押这1000元钱。

1）限制行为能力人缔结的合同。《民法典》第十九条规定："八周岁以上的未成年人为限制民事行为能力人，实施民事法律行为由其法定代理人代理或者经其法定代理人同意、追认；但是，可以独立实施纯获利益的民事法律行为或者与其年龄、智力相适应的民事法律行为。"第二十二条规定："不能完全辨认自己行为的成年人为限制民事行为能力人，实施民事法律行为由其法定代理人代理或者经其法定代理人同意、追认；但是，可以独立实施纯获利益的民事法律行为或者与其智力、精神健康状况相适应的民事法律行为。"

上述两类人因为年龄、智力、精神健康状况不符合完全民事行为能力人的标准而不能完全履行缔约自由。限制民事行为能力人可以成为订立合同的主体，但只能订立与其年龄、智力、精神健康状况相适应的合同或者纯获利益的合同。而订立其他合同，须由法定代理人代理或者征得法定代理人的同意。无民事行为能力的人不具备缔约行为能力，因此其订立的合同一般应属无效。实践中，无民事行为能力人可以订立纯获利益的合同，而与其年龄、智力、精神健康状况相适应的合同，也不应当认定为无效。

2）无代理权人以被代理人名义缔结的合同。《民法典》第一百六十一条规定："民事主体可以通过代理人实施民事法律行为。"所谓代理是指代理人在被授权的代理权限范围内，以被代理人的名义与第三人实施法律行为，而行为后果由该被代理人承担的法律制度。代理涉及三方当事人，即被代理人、代理人和代理关系所涉及的第三人。因此，代理具有四个法律特征：代理人必须在代理权限范围内实施代理行为；代理人应该以被代理人的名义实施代理行为；代理行为必须是具有法律意义的行为；代理行为的法律后果归属于被代理人。

所谓无权代理的合同就是无代理权的人代理他人从事民事行为，而与相对人签订的合同。因无权代理而签订的合同有以下三种情形：

a．根本没有代理权而签订的合同，是指签订合同的人根本没有经过被代理人的授权，就以被代理人的名义签订的合同。

b．超越代理权而签订的合同，是指代理人与被代理人之间有代理关系存在，但是代理人超越了被代理人的授权，与他人签订的合同。

c．代理关系中止后签订的合同，这是指行为人与被代理人之原有代理关系，但是由于代理期限届满、代理事务完成或者被代理人取消委托关系等原因，被代理人与代理人之间的代理关系已不复存在，但原代理人仍以被代理人名义与他人签订的合同。

无权代理人以本人名义与他人签订的合同是一种效力待定的合同。《民法典》第一百七十一条规定："行为人没有代理权、超越代理权或者代理权终止后，仍然实施代理行为，未经被代理人追认的，对被代理人不发生效力。相对人可以催告被代理人自收到通知之日起三十日内予以追认。被代理人未作表示的，视为拒绝追认。行为人实施的行为被追认前，善意相对人有撤销的权利。撤销应当以通知的方式作出。行为人实施的行为未被追认的，善意相对人有权请求行为人履行债务或者就其受到的损害请求行为人赔偿。但是，赔偿的范围不得超过被代理人追认时相对人所能获得的利益。相对人知道或者应当知道行为人无权代理的，相对人和行为人按照各自的过错承担责任。"

所谓追认是指被代理人对无权代理行为事后予以承认的单方意思表示，向相对人作出。如果仅向无权代理人作出意思表示，也必须使相对人知道后才能产生法律效果。一旦被代理人作出追认，因无权代理所订立的合同就从成立时产生法律效力。追认权是被代理人的一项权利，即被代理人有权作出追认，也可以拒绝追认，如果被代理人明确地表示拒绝追认，那么因无权代理而签订的合同就不能对被代理人产生法律效力。

3）法人或者其他组织的法定代表人、负责人超越权限订立的合同的效力。在日常的经济生活中，法人或者其他经济组织的经济活动都是经过其法定代表人、负责人进行的。法定代表人、负责人代表法人或者其他组织进行谈判、签订合同等。法定代表人、其他组织的负责人的权限不是无限制的，他们必须在法律的规定或者法人的章程规定的范围内行使职责。但是在现实经济活动中，却大量存在着法定代表人、负责人超越权限订立合同的情形。《民法典》第一百七十二条规定："行为人没有代理权、超越代理权或者代理权终止后，仍然实施代理行为，相对人有理由相信行为人有代理权的，代理行为有效。"

（4）可撤销的合同。可撤销合同是指当事人在订立合同的过程中，由于意思表示不真实，或者是出于重大误解从而作出错误的意思表示，依照法律的规定可予以撤销的合同。

1）重大误解的合同。重大误解的合同是指行为人因对合同的重要内容产生错误认识而使意思与表示不一致的合同。因重大误解而订立的合同，应当符合以下条件：当事人对合同的内容发生了重大误解；当事人因误解作出了意思表示；误解是由于误解方自己的过失造成的。

2）显失公平的合同。显失公平合同是指一方当事人在订立合同时利用优势或者对方缺乏经验，致使双方当事人的合同权利义务明显不对等，另一方遭受重大不利的合同。显失公平的合同应当符合以下条件：双方当事人在合同中的权利义务明显不公平；造成显失公平的原因是受害人在订立合同时处于显著不利的地位。是否显失公平应当根据订立合同之时的情况判断；合同订立后，市场发生变化，致使合同当事人的权利义务不公平的，不属于可撤销的显失公平合同。

3）乘人之危的合同。乘人之危的合同指一方当事人故意利用他人的危难处境，迫使他方订立于其极为不利的合同。乘人之危的特点在于，一方利用他方的危难处境，而非主动实施胁迫的行为。乘人之危的合同应当符合以下条件：乘人之危者主观上是故意的；对方当事人处于危难或者急迫需要的境地；一方当事人利用对方的危难处境或急迫需要向对方提出了苛刻条件；对方当事人迫于自己的危难或者急迫处境订立了合同。

4）以欺诈、胁迫手段订立的合同。《民法典》第一百四十八条规定："一方以欺诈手段，使对方在违背真实意思的情况下实施的民事法律行为，受欺诈方有权请求人民法院或者仲裁机构予以撤销。"第一百五十条规定："一方或者第三人以胁迫手段，使对方在违背真实意思的情况下实施的民事法律行为，受胁迫方有权请求人民法院或者仲裁机构予以撤销。"

根据这两条法条的规定，我们可以得知，若一方以欺诈、胁迫的手段订立合同的，另一方当事人可以向法院主张撤销，法院经审理确认其申请有效后，该合同无效。

6. 合同履行中的抗辩权

抗辩权是指在双务合同中，当事人一方有依法对抗对方要求或否认对方权力主张的权利。

《民法典》规定了同时履行抗辩权、不安抗辩权和先履行抗辩权。双务合同的当事人互为债权人和债务人。

（1）同时履行抗辩权。《民法典》第五百二十五条规定："当事人互负债务，没有先后履行顺序的，应当同时履行。一方在对方履行之前有权拒绝其履行请求。一方在对方履行债务不符合约定时，有权拒绝其相应的履行请求。"

（2）先履行抗辩权。《民法典》第五百二十六条规定："当事人互负债务，有先后履行顺序，应当先履行债务一方未履行的，后履行一方有权拒绝其履行请求。先履行一方履行债务不符合约定的，后履行一方有权拒绝其相应的履行请求。"

（3）不安抗辩权。《民法典》第五百二十七条规定："应当先履行债务的当事人，有确切证据证明对方有下列情形之一的，可以中止履行：经营状况严重恶化；转移财产、抽逃资金，以逃避债务；丧失商业信誉；有丧失或者可能丧失履行债务能力的其他情形。当事人没有确切证据中止履行的，应当承担违约责任。"

第五百二十八条规定："当事人依据前条规定中止履行的，应当及时通知对方。对方提供适当担保的，应当恢复履行。中止履行后，对方在合理期限内未恢复履行能力且未提供适当担保的，视为以自己的行为表明不履行主要债务，中止履行的一方可以解除合同并可以请求对方承担违约责任。"

7. 债权保全

法律为了防止债务人的财产不当减少故设立债的保全制度。

（1）代位权。代位权是指债务人怠于行使其对第三人（次债务人）享有的到期债权，使债权人的债权有不能实现的危险时，债权人为了保障自己的债权而以自己的名义行使债务人对次债务人的权利。

关于债权，债权人只能向债务人请求履行，原则上是不涉及第三人的。但是，当债务人与第三人的行为危害到债权人的利益时，法律规定允许债权人对债务人与第三人的行为行使一定权利，以排除对其债权的危害。

代位权的行使范围以债权人的债权为限。债权人行使代位权的必要费用由债人负担。债权人行使代位权是以自己为原告，以次债务人为被告，要求次债务人将其对债务人履行的债权向自己履行。

（2）撤销权。撤销权是指债权人对于债务人减少财产以至危害债权的行为，请求法院撤销的权利。

在合同履行过程中，当债权人发现债务人的行为将会危害自身的债权实现时，可以行使法定的撤销权，以保障合同中约定的合法权益。债权人行使撤销权应当具备以下要件。一是客观要件。在客观方面，必须是债务人实施了一定的危害债权人的行为，由此，债权人才能行使撤销权。二是主观要件。在主观方面，债权人行使撤销权一般要求债务人在实施危害债权的行为时其主观上具有恶意。

因债务人放弃其到期债权或者无偿转让财产，对债权人造成损害的，债权人可以请求人民法院撤销债务人的行为。债务人以明显不合理的低价转让财产，对债权人造成损害，并且受让人知道该情形的，债权人也可以请求人民法院撤销债务人的行为。撤销权的行使范围以债权人的债权为限。债权人行使撤销权的必要费用由债务人负担。

代位权是针对债务人的消极行为，撤销权是针对债务人的积极行为。两者都是为了排除对债权的危害，实现债务人的财产权利或者恢复债务人的财产，使之能够以财产保障对债权人的清偿。

4.1.3 实训操作

【真题实测】
多项选择题（每题的备选项中，有1个以上的答案符合题意）

1. 装修公司甲在完成一项工程后，将剩余的木地板、厨卫用具等卖给了物业管理公司乙。但甲营业执照上的核准经营范围并无销售木地板、厨卫用具等业务。甲、乙的买卖行为法律效力如何？（　　）

　　A. 属于有效法律行为　　　　B. 属于无效民事行为
　　C. 属于可撤销民事行为　　　D. 属于效力待定民事行为

2. 甲打算卖房，问乙是否愿买，乙一向迷信，就跟甲说："如果明天早上7点你家屋顶上来了喜鹊，我就出10万块钱买你的房子。"甲同意。乙回家后非常后悔。第二天早上7点差几分时，恰有一群喜鹊停在甲家的屋顶上，乙正要将喜鹊赶走，甲不知情的儿子拿起弹弓把喜鹊打跑了，至7点再无喜鹊飞来。关于甲、乙之间的房屋买卖合同，下列选项中正确的是（　　）。

　　A. 合同尚未成立　　　　　　B. 合同无效
　　C. 乙有权拒绝履行该合同　　D. 乙应当履行该合同

3. 小刚现年 10 岁，某日逛商场时看到某品牌彩电正举行优惠展销，想起父母曾提起过要买彩电的事，就赶回家告诉父母，但家中无人，父母都没联系上。但优惠的彩电数量有限，他便拿出自己的积蓄，以 3900 元的价格买了一台，因购彩电还附赠奖券，小刚随便就抽了一张，其父母得知此事后夸奖了他。三天后，奖券中奖结果揭晓，小刚获一等奖。商场遂主张小刚中奖无效，则（ ）。

   A. 小刚中奖合法有效

   B. 小刚中奖无效

   C. 商场有权撤销小刚购买彩电的行为，从而收回奖券

   D. 商场有权催告小刚父母追认，若小刚父母未作表示，则小刚购买彩电的行为无效，商场有权收回奖券

4. 甲委托乙前往丙厂采购男装，乙觉得丙生产的女装市场看好，便自作主张以甲的名义向丙订购。丙未问乙的代理权限，便与之订立了买卖合同。对此，下列说法中正确的是（ ）。

   A. 甲有追认权   B. 丙有催告权

   C. 丙有撤销权   D. 构成表见代理

5. 甲公司业务经理乙长期在丙餐厅签单招待客户，餐费由公司按月结清。后乙因故辞职，月底餐厅前去结账时，甲公司认为，乙当月的几次用餐都是招待私人朋友，因而拒付乙所签单的餐费。下列选项中正确的是（ ）。

   A. 甲公司应当付款   B. 甲公司应当付款，乙承担连带责任

   C. 甲公司有权拒绝付款   D. 甲公司应当承担补充责任

6. A 公司经销健身器材，规定每台售价为 2000 元，业务员按合同价 5%提取奖金。业务员王某在与 B 公司洽谈时提出，合同定价按公司规定办，但自己按每台 50 元补贴 B 公司。B 公司表示同意，遂与王某签订了订货合同，并将获得的补贴款入账。对王某的行为应如何定性？（ ）

   A. 属于无权代理   B. 属于滥用代理权

   C. 属于不正当竞争   D. 属于合法行为

7. 甲因出国留学，将自家一幅名人字画委托好友乙保管。在此期间，乙一直将该字画挂在自己家中欣赏，来他家的人也以为这幅字画是乙的，后来乙因做生意破产急需钱，便将该幅字画以 3 万元价格卖给丙。甲回国后，发现自己的字画在丙家中，询问情况后，向法院起诉。下列有关该纠纷的表述中正确的是（ ）。

   A. 乙与丙之间的买卖合同属于无效合同

   B. 乙与丙之间的买卖合同属于效力未定的合同

   C. 甲对该幅字画享有所有权

   D. 丙对该幅字画享有所有权

8. 黄某将其结婚礼服借给乔某使用，乔某却以自己的名义将该礼服卖给摄影楼。摄影楼老板知道该礼服是黄某的，就找到黄某要求其承认，黄某大怒，多次向乔某索要，依据我国《民法典》的规定，下列关于摄影楼与乔某之间买卖礼服的合同效力的表述中正确的是（ ）。

   A. 无效   B. 有效   C. 效力待定   D. 可变更或撤销

9. 农民甲去外地经商，将自家的打谷机留给自己的兄弟乙使用。乙后来也决定到外地打工，觉得打谷机没有什么用处，如果长期闲置，容易贬值，遂将打谷机以公道价格卖给丙。关于此买卖合同，下列说法正确的是（　　）。

　　A．由于乙没有处分权，因此买卖合同无效
　　B．如合同签订后，甲将机器赠与乙，则合同确定有效
　　C．如丙订立合同之后知道乙没有处分权，则合同无效
　　D．如果机器已经交付给丙，则丙取得机器的所有权

10. 甲被乙打成重伤，支付医药费 5 万元。甲与乙达成如下协议："乙向甲赔偿医药费 5 万元，甲不得告发乙。"甲获得 5 万元赔偿后，向公安机关报案，后乙被判刑。下列选项中正确的是（　　）。

　　A．甲、乙之间的协议有效　　　　B．因甲乘人之危，乙有权撤销该协议
　　C．甲、乙之间的协议无效　　　　D．乙无权要求甲返还该 5 万元赔偿费

4.1.4　拓展训练

某物流有限公司（甲方）与吴某（乙方）于 20×0 年签订《货物运输合同》，约定该公司的郑州运输业务由吴某承接。合同还约定调运车辆、雇佣运输司机的费用由吴某结算，与某物流有限公司无关。某物流有限公司与吴某之间已结清大部分运费，但因吴某未及时向承运司机结清运费，20×0 年 11 月某日，承运司机在承运货物时对货物进行扣留。基于运输货物的时效性，某物流有限公司向承运司机垫付了吴某欠付的 46 万元，并通知吴某，吴某当时对此无异议。后吴某仅向某物流有限公司支付了 6 万元。某物流有限公司向吴某追偿余款未果，遂提起诉讼。

请问：某物流有限公司是否可以请求吴某支付剩余运费？

4.2　建设工程合同

4.2.1　案例导入

S 省某建筑工程公司因施工期紧迫，而事先未能与有关厂家订好供货合同，造成施工过程中水泥短缺，急需 100 吨水泥。该建筑工程公司同时向 A 市海天水泥厂和 B 市的丰华水泥厂发函，函件中称："如贵厂有 300 号矿渍水泥现货（袋装），吨价不超过 1500 元，请求接到信 10 天内发货 100 吨。货到付款，运费由供货方自行承担。"

A 市海天水泥厂接信当天回信，表示愿以吨价 1600 元发货 100 吨，并于第 3 天发货 100 吨至 S 省建筑工程公司，建筑工程公司于当天验收并接收了货物。

B 市丰华水泥厂接到要货的信件后，积极准备货源，于接信后第 7 天，将 100 吨袋装 300 号矿渍水泥装车，直接送至某建筑工程公司，结果遭到某建筑工程公司的拒收。理由是：本建筑工程似需要 100 吨水泥，至于给丰华水泥厂发函，只是进行询问协商，不具有法律约束力。

丰华水泥厂不服，于是向人民法院提起了诉讼，要求依法处理，并要求某建筑工程公司支付违约金。

【案例评析】

本案例涉及合同订立中的要约、承诺规则，本案中，某建筑工程公司发给丰华水泥厂的函电中，对标的、数量、规格、价款、履行期、履行地点等有明确规定，应认为内容确定。而从其内容中可以看出，一经丰华水泥厂承诺，某建筑工程公司即受该意思表示约束，所以构成有效的要约。在其要约有效期内，某建筑工程公司应受其要约的约束。由于某建筑工程公司在其函电中要求受要约人在10天内直接发货，所以丰华水泥厂在接到信件7天后发货的行为是以实际履行行为而对要约的承诺，因此可以认定在双方当事人之间存在生效的合同关系。由于某建筑工程公司与丰华水泥厂的要约、承诺成立，两者之间存在有效的合同，因此某建筑工程公司拒收货物的行为构成违约，应承担违约责任。

双方当事人没有约定违约金或损失赔偿额的计算方法，所以人民法院应根据实际情况确定损失赔偿额，其数额应相当于因某建筑工程公司违约给丰华公司所造成的损失，包括合同履行后可以获得的利益，但不得超过某建筑工程公司在订立合同时应当预见到的因违反合同可能造成的损失。这里应注意的是，只有当事人双方明确约定有违约金条款的，才有违约金责任的适用。否则，一方不能要求另一方承担违约金责任。

4.2.2 理论引导

1. 建设工程施工合同的法定形式和内容

建设工程施工合同是建设工程合同中的重要部分，是指施工人（承包人）根据发包人的委托，完成建设工程项目的施工工作，发包人接受工作成果并支付报酬的合同。

（1）建设工程施工合同的法定形式。《民法典》规定，当事人订立合同，可以采用书面形式、口头形式或者其他形式。书面形式是合同书、信件、报、电传、传真等可以有形地表现所载内容的形式。以电子数据交换、电子邮件等方式能够有形地表现所载内容，并可以随时调取查用的数据电文，视为书面形式。

书面形式合同的内容明确，有据可查，对于防止和解决争议有积极意义。口头形式合同具有直接、简便、快速的特点，但缺乏凭证，一旦发生争议，不仅难以取证而且不易分清责任。其他形式合同，可以根据当事人的行为或者特定情形推定合同的成立，也可以称之为默示合同。

《民法典》明确规定，建设工程合同应当采用书面形式。

（2）建设工程施工合同的内容。《民法典》规定，施工合同的内容一般包括工程范围、建设工期、中间交工工程的开工和竣工时间、工程质量、工程造价、技术资料交付时间、材料和设备供应责任、拨款和结算、竣工验收、质量保修范围和质量保证期、相互协作等条款。

1）工程范围。工程范围是指施工的界区，是施工人进行施工的工作范围。

2）建设工期。建设工期是指施工人完成施工任务的期限。在实践中，有的发包人常常要求缩短工期，施工人为了赶进度，往往导致严重的工程质量问题。因此，为了保证工程质量，双方当事人应当在施工合同中确定合理的建设工期。

3）中间交工工程的开工和竣工时间。中间交工工程是指施工过程中的阶段性工程。为了保证工程各阶段的交接，顺利完成工程建设，当事人应当明确中间交工工程的开工和竣工时间。

4）工程质量。工程质量条款是明确施工人施工要求，确定施工人责任的依据。施工人必须按照工程设计图纸和施工技术标准施工，不得擅自修改工程设计，不得偷工减料。发包人也不得明示或者暗示施工人违反工程建设强制性标准，降低建设工程质量。

5）工程造价。工程造价是指进行工程建设所需的全部费用，包括人工费、材料费、施工机械使用费、措施费等。在实践中，有的发包人为了获得更多的利益，往往压低工程造价，而施工人为了盈利或不亏本，不得不偷工减料、以次充好，结果导致工程质量不合格，甚至造成严重的工程质量事故。因此，为了保证工程质量，双方当事人应当合理确定工程造价。

6）技术资料交付时间。技术资料主要是指勘察、设计文件以及其他施工人据以施工所必需的基础资料。当事人应当在施工合同中明确技术资料的交付时间。

7）材料和设备供应责任。材料和设备供应责任，是指由哪一方当事人提供工程所需材料设备及其应承担的责任。材料和设备可以由发包人负责提供，也可以由施工人负责采购。如果按照合同约定由发包人负责采购建筑材料、构配件和设备的，发包人应当保证建筑材料、构配件和设备符合设计文件和合同要求。施工人则须按照工程设计要求、施工技术标准和合同约定，对建筑材料、构配件和设备进行检验。

8）拨款和结算。拨款是指工程款的拨付。结算是指施工人按照合同约定和已完工程量向发包人办理工程款的清算。拨款和结算条款是施工人请求发包人支付工程款和报酬的依据。

9）竣工验收。竣工验收条款一般应当包括验收范围与内容、验收标准与依据、验收人员组成、验收方式和日期等内容。

10）质量保修范围和质量保证期。建设工程质量保修范围和质量保证期，应当按照2019年4月经修改后公布的《建设工程质量管理条例》的规定执行。

11）相互协作条款。相互协作条款一般包括当事人在施工前的准备工作，施工人及时向发包人提出开工通知书、施工进度报告书，对发包人的监督检查提供必要协助等。

2. 建设工程施工合同发承包双方的主要义务

（1）发包人的主要义务。

1）不得违法发包。《民法典》规定，发包人不得将应当由一个承包人完成的建设工程分解成若干部分发包给数个承包人。

2）提供必要施工条件。发包人未按照约定的时间和要求提供原材料、设备、场地、资金、技术资料的，承包人可以顺延工程日期，并有权请求赔偿停工、窝工等损失。

3）及时检查隐蔽工程。隐蔽工程在隐蔽以前，承包人应当通知发包人检查。发包人没有及时检查的，承包人可以顺延工程日期，并有权请求赔偿停工、窝工等损失。

4）及时验收工程。建设工程竣工后，发包人应当根据施工图纸及说明书、国家颁发的施工验收规范和质量检验标准及时进行验收。

5）支付工程价款。发包人应当按照合同约定的时间、地点和方式等，向承包人支付工程价款。

(2) 承包人的主要义务。

1) 不得转包和违法分包工程。承包人不得将其承包的全部建设工程转包给第三人或者将其承包的全部建设工程肢解以后以分包的名义分别转包给第三人。禁止承包人将工程分包给不具备相应资质条件的单位。禁止分包单位将其承包的工程再分包。

2) 自行完成建设工程主体结构施工。建设工程主体结构的施工必须由承包人自行完成。承包人将建设工程主体结构的施工分包给第三人的，该分包合同无效。

3) 接受发包人有关检查。发包人在不妨碍承包人正常作业的情况下，可以随时对作业进度、质量进行检查。隐蔽工程在隐蔽以前，承包人应当通知发包人检查。

4) 交付竣工验收合格的建设工程。建设工程竣工经验收合格后，方可交付使用，未经验收或者验收不合格的，不得交付使用。

5) 建设工程质量不符合约定的无偿修理。因施工人的原因致使建设工程质量不符合约定的，发包人有权请求施工人在合理期限内无偿修理或者返工、改建。经过修理或者返工、改建后，造成逾期交付的，施工人应当承担违约责任。

3. 建设工程合同履行的担保

合同的担保是指基于法律规定或当事人的约定，为督促债务人履行债务，确保债权得以实现所采取的特别保障措施。

合同的担保作为债的特别担保，其方式一般有 5 种，即保证、抵押、质押、留置和定金。担保通常由当事人双方订立担保合同。担保合同是被担保合同的从合同，被担保合同是主合同，主合同无效，从合同也无效。但担保合同另有约定的按照约定。担保活动应当遵循平等、自愿、公平、诚实信用的原则。

(1) 保证。保证是指保证人和债权人约定，当债务人不履行债务时，保证人按照约定履行债务或者承担责任的行为。保证法律关系至少有三方参加，即保证人、被保证人（债务人）和债权人。

1) 保证的方式。保证有两种，即一般保证和连带责任保证，在具体合同中，担保方式由当事人约定，如果当事人没有约定或者约定不明确的，则按照连带责任保证承担保证责任。这是对债权人权利的有效保护。

一般保证是指当事人在保证合同中约定，债务人不能履行债务时，由保证人承担责任的保证。一般保证的保证人在主合同纠纷未经审判或者仲裁，并就债务人财产依法强制执行仍不能履行债务前，对债权人可以拒绝承担担保责任。

连带责任保证是指当事人在保证合同中约定保证人与债务人对债务承担连带责任的保证。连带责任保证的债务人在主合同规定的债务履行期届满没有履行债务的，债权人可以要求债务人履行债务，也可以要求保证人在其保证范围内承担保证责任。

2) 保证人的资格。具有代为清偿债务能力的法人、其他组织或者公民，可以作为保证人。以下组织不能作为保证人：

- 企业法人的分支机构、职能部门。企业法人的分支机构有法人书面授权的，可以在授权范围内提供保证。
- 国家机关。经国务院批准为使用外国政府或者国际经济组织贷款进行转贷的除外。

- 学校、幼儿园、医院等以公益为目的的事业单位、社会团体。

3）保证合同的内容。
- 被保证的主债权种类、数额。
- 债务人履行债务的期限。
- 保证的方式。
- 保证担保的范围。
- 保证的期间。
- 双方认为需要约定的其他事项。

4）保证责任。保证担保的范围包括主债权及利息、违约金、损害赔偿金及实现债权的费用。保证合同另有约定的，按照约定。当事人对保证担保的范围没有约定或者约定不明确的，保证人应当对全部债务承担责任。一般保证的保证人未约定保证期间的，保证期间为主债务履行期届满之日起 6 个月。

5）保证在建设工程中的应用。工程担保作为控制工程合同履行风险的一种重要手段，利用建设市场主体及保证人之间的责任关系，通过增加合同履行的责任主体和加大违约成本的约束和惩罚机制，能够有效地预防、控制建设合同履约风险，它有利于公正地维护各方根本利益，建设工程中的保证人往往是银行，也可能是信用较高的其他担保人。这种保证应当是采用书面形式的。在建设工程中习惯把银行出具的保证称为"保函"，而把其他保证人出具的书面保证称为"保立"。

建设工程项目，一般有以下三种担保制度：

a．投标保证担保。投标保证金是为了防止投标人不审慎考虑和进行投标活动而设定的一种担保形式，是投标人向招标人缴纳的一定数额的金钱。为了约束投标人的投标行为，保护招标人的利益，维护招标投标活动的正常秩序，特设立投标保证金制度，这也是国际上的一种习惯做法。投标保证金的收取和缴纳办法，应在招标文件中说明，并按招标文件的要求进行。

采用投标保证金的，在确定中标人后，招标人应当及时向没有中标的投标人退回其投标保证金，除不可抗拒因素外，中标人拒绝与招标人签订工程合同的，招标人可以将其投标保证金予以没收；除不可抗拒因素外，招标人不与中标人签订工程合同的，招标人应当按照投标保证金的两倍返还中标人。投标保证金的额度，根据工程投资大小由业主在招标文件中确定。在国际上，投标保证金的数额较高，一般占合同价的 5%～20%，我国的投标保证金数额则普遍较低。

b．履约保证担保。履约保证担保就是保证合同的完成，即保证承包商承担合同义务并完成某项工程。对于履约担保，如果是非业主的原因，承包商没有履行合同义务，担保人应承担其担保责任，一是向该承包商提供资金、设备、技术援助，使其能继续履行合同义务；二是直接接管该工程或另觅经业主同意的其他承包商，负责完成合同的剩余部分，业主只按原合同支付工程款；三是按合同的约定，对业主蒙受的损失进行补偿。实施履约保证金的，应当按照《招标投标法》的规定执行，《招标投标法》规定："招标文件要求中标人提供履约保证金的，中标人应当提交。"该法第六十条还规定："中标人不履行与招标人订立的合同的，履约保证金不予退还，给招标人造成的损失超过履约保证金数额的，还应对超过部分予以赔偿。"

c. 承包商付款保证担保。承包商付款保证担保就是承包商与业主签订承包合同的同时，向业主保证与工程项目有关的工人工资、分包商及供应商的费用，将按照合同约定由承包商按时支付，不会给业主带来纠纷。如果因为承包商违约给分包商和材料供应商造成的损失，在没有承包商付款保证担保的情况下，经常由业主协调解决，甚至使业主卷入可能的法律纠纷，在管理上造成很大负担，而在保证担保的形势下，可以使业主避免可能引起的法律纠纷和管理上的负担，同时也保证了工人、分包商和供应商的利益。

（2）抵押。

1）抵押的概念。抵押是指债务人或者第三人向债权人以不转移占有的方式提供一定的财产作为抵押物，用以担保债务履行的担保方式。债务人不履行债务时，债权人有权依照法律规定以抵押物折价或者从变卖抵押物的价款中优先受偿。其中，债务人或者第三人称为抵押人，债权人称为抵押权人，提供担保的财产称为抵押物。

2）抵押物。债务人或者第三人提供担保的财产为抵押物。《民法典》第三百九十七条规定："以建筑物抵押的，该建筑物占用范围内的建设用地使用权一并抵押。以建设用地使用权抵押的，该土地上的建筑物一并抵押。抵押人未依据前款规定一并抵押的，未抵押的财产视为一并抵押。"第三百九十八条规定，"乡镇、村企业的建设用地使用权不得单独抵押。以乡镇、村企业的厂房等建筑物抵押的，其占用范围内的建设用地使用权一并抵押。"

根据《民法典》《城市房地产抵押管理办法》及其他法律法规的规定，在建工程抵押必须具备以下几方面条件：

a. 在建工程抵押贷款的用途为在建工程继续建造所需资金。《民法典》实施后在建工程抵押可以为其他债权种类设定抵押，对在建工程抵押担保的种类没有限定。

b. 在建工程占用范围内的土地，已经交纳全部土地出让金，并取得国有土地使用权证。

c.《城市房地产抵押管理办法》明确规定，在建工程抵押合同应载明国有土地使用权证、建设用地规划许可证和建设工程规划许可证三证的编号，故在建工程抵押必须已经取得国有土地使用权证、建设用地规划许可证和建设工程规划许可证。同时，正在建造的在建工程抵押，还必须取得建设工程施工许可证。

d. 投入工程的自有资金必须达到工程建设总投资的25%以上，并已经确定工程施工进度和工程竣工交付日期。

《民法典》第三百九十九条规定，下列财产不得抵押：

- 土地所有权。
- 宅基地、自留地、自留山等集体所有土地的使用权，但是法律规定可以抵押的除外。
- 学校、幼儿园、医疗机构等为公益目的成立的非营利法人的教育设施、医疗卫生设施和其他公益设施。
- 所有权、使用权不明或者有争议的财产。
- 依法被查封、扣押、监管的财产。
- 法律、行政法规规定不得抵押的其他财产。

以直接发包。《招标投标法》已于 2000 年 1 月 1 日起开始实施并于 2017 年修正。因此，对于符合该法要求招标范围的建筑工程，必须依照《招标投标法》实行招标发包。招标投标活动应该遵循公开、公正、公平的原则，择优选择承包单位。

（3）禁止发承包双方采取不正当竞争手段的原则。工程发包单位及其工作人员在建筑工程发包过程中不得收受贿赂、回扣或者索取其他好处。工程承包单位及其工作人员不得利用向发包单位与其工作人员行贿、提供回扣或者给予其他好处等不正当手段承揽工程。

（4）建筑工程确定合同价款的原则。建筑工程的合同价款应当按照国家有关规定，由发包单位与承包单位在合同中约定。全部或者部分使用国有资金投资或者国家融资的建设工程，应当按照国家发布的计价规则和标准编制招标文件，进行评标定标，确定工程承包合同价款。

2013 年 12 月 11 日住房和城乡建设部发布了《建筑工程施工发包与承包计价管理办法》。根据该办法，工程发承包计价包括编制工程量清单、最高投标限价、招标标底、投标报价，进行工程结算，以及签订和调整合同价款等活动，还对以上工程发承包计价的原则及具体方法作出了详细规定。

3. 建筑工程发包与承包的特征

建筑工程发包、承包同计划经济时期建筑工程生产管理及其他相关发包、承包活动相比，主要有以下特征。

（1）发包、承包主体的合法性。建筑工程发包人对建筑工程发包或分包时，要具有发包资格，符合法律规定的发包条件：发包主体为独立承担民事责任的法人实体或其他经济组织；按照国家有关规定已经履行工程项目审批手续；工程建设资金来源已经落实；发包方有与发包的建设项目相适应的技术、经济管理人员；实行招标的，发包方应当具有编制招标文件和组织开标、评标、定标的能力。不具备后两项条件的必须委托具有相应资格的建设管理咨询单位等代理。承包人必须是依法取得资质证书，具备法人资格的勘察、设计、施工等单位，并且在其资质等级许可的业务范围内承揽工程。

（2）发包、承包活动内容的特定性。建筑工程发包、承包的内容包括建设项目可行性研究的承发包、建筑工程勘察设计的承发包、建筑材料及设备采购的承发包、工程施工的承发包、工程劳务的承发包、工程项目监理的承发包等。但是在实践中，建筑工程承发包的内容较多的是建筑工程勘察设计、施工的承发包。

（3）发包、承包行政监控的严格性。建筑工程质量安全关系到国家利益、社会利益和广大人民群众的生命财产安全。因此对建筑工程发包和承包的管理、监督和控制，必须严格执法，保障建筑工程发包、承包依法进行；实行工程报建制度，招标、投标制度，建筑工程承包合同制度，并采取其他监督管理措施，以确保建筑工程质量，维护良好的建筑市场秩序。

3.1.3 实训操作

【案例分析】

案例一：20×8 年 7 月，荣兴食品加工厂打算兴建一栋厂房，单跨跨度达 32 米，总投资 500 万元。荣兴食品加工厂招标，有 5 家施工企业参与投标。经评标，该市华夏建筑有限公司中标,并与荣兴食品加工厂签订了建筑工程施工合同。但参与投标的另一家建筑公司对此提出疑义,认为华夏建筑有限责任公司为三级企业,不能承包单跨跨度超过24米的房屋建筑工程。该市建筑局接到投诉后,经核实认定华夏建筑有限责任公司不具备承包该建筑工程的资质,责令兴旺食品加工厂予以改正。

请回答:该市建设局的处理方式是否正确?请说明理由。

案例二:20×7年3月,四川泰越房地产开发公司欲修建一住宅小区,委托雅华建筑设计事务所(行业资质乙级)和精工建筑设计事务所(行业资质丙级)共同负责工程设计。20×7年9月,当泰越房地产开发公司将设计图文报到有关部门审查时,有关部门认为该设计为超越资质等级的违法设计,责令泰越房地产开发公司重新委托设计。

请问:
1. 联合共同承包中如何界定企业资质等级?
2. 本案应如何处理?

3.1.4 拓展训练

【真题实测】

多项选择题(每题的备选项中,有1个以上的答案符合题意)

1. 甲公司与没有建筑施工资质的某施工队签订合作施工协议,由甲公司投标乙公司的办公楼建筑工程,施工队承建并向甲公司交纳管理费。中标后,甲公司与乙公司签订建筑施工合同。工程由施工队负责施工。办公楼竣工验收合格交付给乙公司。乙公司尚有部分剩余工程款未支付。下列说法中正确的是( )。
   A. 合作施工协议有效   B. 建筑施工合同属于效力待定
   C. 施工队有权向甲公司主张工程款 D. 甲公司有权拒绝支付剩余工程款

2. 甲公司将建筑工程发包给乙公司,乙公司将其转包给丙公司,丙公司将部分工程包给由121人组成的施工队。施工期间,丙公司拖欠施工队工程款达500万元之多,施工队因此踏上维权之路。丙公司以乙公司拖欠其工程款800万元为由、乙公司以甲公司拖欠其工程款1000万元为由均拒付欠款。施工队将甲公司诉至法院,要求甲公司支付500万元。根据社会主义法治理念,关于本案的处理,下列说法中正确的是( )。
   A. 法院应驳回施工队的诉讼请求,因甲公司与施工队无合同关系。法院不应以破坏合同相对性为代价,片面实现社会效果
   B. 法院应支持施工队的诉讼请求。法院不能简单以坚持合同的相对性为由否定甲公司的责任,从而造成农民工不断申诉,案结事不了
   C. 法院应当追加乙公司和丙公司为本案当事人。法院一并解决乙公司和丙公司的欠款纠纷,以避免机械执法,就案办案
   D. 法院可以追加乙公司和丙公司为本案当事人。法院加强保护施工队权益的力度,有利于推进法律效果和社会效果的有机统一

3. 下列属于转包的情形有( )。
   A. 施工单位将其承包的全部工程转给其他单位或个人施工的

3）抵押权的实现。

a. 企业、个体工商户、农业生产经营者可以将现有的以及将有的生产设备、原材料、半成品、产品抵押，债务人不履行到期债务或者发生当事人约定的实现抵押权的情形，债权人有权就抵押财产确定时的动产优先受偿。

b. 抵押权人在债务履行期限届满前，与抵押人约定债务人不履行到期债务时抵押财产归债权人所有的，只能依法就抵押财产优先受偿。

（3）质押。

1）质押的概念。质押是指债务人或者第三人将其动产或权利移交债权人占有，用以担保债权履行的担保。

质押后，当债务人不能履行债务时，债权人依法有权就该动产或权利优先得到清偿。债务人或者第三人为出质人，债权人为质权人，移交的动产或权利为质物。

2）质押的分类。质押可分为动产质押和权利质押。

动产质押是指债务人或者第三人将其动产移交债权人占有，将该动产作为债权的担保。

权利质押一般是将权利凭证交付质押人的担保。可以质押的权利包括：

- 汇票、支票、本票、债券、存款单、仓单、提单。
- 可以转让的股份、股票。
- 可以转让的注册商标专用权、专利权、著作权等知识产权中的财产权。
- 现有的以及将有的应收账款。
- 法律、行政法规规定可以出质的其他财产权利。

（4）留置。留置是指债权人按照合同约定占有对方（债务人）的财产，当债务人不能按照合同约定期限履行债务时，债权人有权依照法律规定留置该财产并享有处置该财产得到优先受偿的权利。留置权以债权人合法占有对方财产为前提，并且债务人的债务已经到了履行期。

《民法典》第四百五十一条规定："留置权人负有妥善保管留置财产的义务；因保管不善致使留置财产毁损、灭失的，应当承担赔偿责任。"在建设工程合同中，留置权可以用于加工承揽合同和建筑安装承包合同。《民法典》第四百四十九条规定："法律规定或者当事人约定不得留置的动产，不得留置。"按照加工承揽合同，承揽人应当用自己的设备、技术和劳力，为定作人加工、定作、修理、修缮或完成其他工作；定作方应当接受承揽人制作的物品或完成的工作成果，并给付报酬。如果定作方超过领取期限六个月不领取定作物，给付报酬的，承揽方有权将定作物折价或变卖，应得价款或所得价款在扣除报酬、保管费用后，剩余的返还给定作方。当然，有的承揽合同采取留置定作物方式仍不能弥补承揽人损失时，还可以适用违约责任，追索定作人的违约金和赔偿金。

按照建筑安装承包合同，建筑安装单位应按时、按质、按量完成与建设单位约定的建设项目；建设单位应按时提供必要的技术文件资料和其他工作条件，验收已完成的项目并给付报酬。如果建筑安装单位履行了自己的义务后，建设单位不给付报酬达一定期限，建筑安装单位可对建设项目实行留置，行使其留置权。当然，由于建筑安装承包合同具有极强的计划性，建筑安装单位在行使其留置权时，注意不能与国家计划相冲突，否则不能行使。

（5）定金。定金是指合同当事人在合同订立时或合同履行前，为了保证合同的履行而给付另一方一定款项的一种担保方式。《民法典》第五百八十六条规定："当事人可以约定一方向对方给付定金作为债权的担保。定金合同自实际交付定金时成立。定金的数额由当事人约定；但是，不得超过主合同标的额的百分之二十，超过部分不产生定金的效力。实际交付的定金数额多于或者少于约定数额的，视为变更约定的定金数额。"

工程项目建设过程中涉及的勘察合同、设计合同担保，采用主合同内条款约定的形式。当事人在合同中约定交付定金的期限，定金合同从实际交付定金之日起生效。债务人履行债务后，定金应当抵作价款或者收回。给付定金的一方不履行约定的债务的，无权要求返还定金；收受定金的一方不履行约定的债务的，应当双倍返还定金。

定金与预付款都是在合同履行前一方当事人给付对方当事人的一定款项，都具有预先给付的性质，在合同履行后都可以抵作价款。但两者有明显的不同，预付款不是合同的担保形式，不具有定金的法律意义。

4. 建设工程施工合同的违约责任

（1）发包人的违约责任。

1）发包人未按约定提供原材料、设备、资金、技术、场地的违约责任。《民法典》第八百零三条规定："发包人未按照约定的时间和要求提供原材料、设备、场地、资金、技术资料的，承包人可以顺延工程日期，并有权要求赔偿停工、窝工等损失。"《民法典》第八百零五条规定："因发包人变更计划，提供的资料不准确，或者未按照期限提供必需的勘察、设计工作条件而造成勘察、设计的返工、停工或者修改设计，发包人应当按照勘察人、设计人实际消耗的工作量增付费用。"

2）发包人的原因造成工程停建、缓建的责任。《民法典》第八百零四条规定："因发包人的原因致使工程中途停建、缓建的，发包人应当采取措施弥补或者减少损失，赔偿承包人因此造成的停工、窝工、倒运、机械设备调迁、材料和构件积压等损失和实际费用。"

"因为发包人的原因"在实践中一般指下列情况：
- 发包人变更工程量。
- 发包人提供的设计文件等技术资料有错误或者因发包人原因变更设计文件。
- 发包人未能按照约定及时提供建筑材料、设备或者工程进度款。
- 发包人未能及时进行中间工程和隐蔽工程条件的验收并办理有关交工手续。
- 发包人不能按照合同的约定保障建设工作所需的工作条件致使建设工作无法正常进行。

当发生上述情况，致使工程建设无法正常进行时，承包人应及时通知发包人，并要求发包人赔偿损失。发包人应当承担违约责任并采取必要措施弥补或减少损失。

承包人在停建、缓建期间应当采取合理措施减少和避免损失，妥善保护好已完工程和做好已购材料、设备的保护和移交工作，将自有机械和人员撤出施工现场，发包人应当为承包人的撤出提供必要的条件。

3）其他违约责任。其他违约责任包括发包人在对作业进度、质量进行检查时，妨碍承包人正常作业的情况下所应承担的违约责任，如不适当地随意停工检查等。

根据《最高人民法院关于审理建设工程施工合同纠纷案件适用法律问题的解释（一）》第十三条的规定，发包人具有下列情形之一，造成建设工程质量缺陷，应当承担过错责任：

- 提供的设计有缺陷。
- 提供或者指定购买的建筑材料、建筑构配件、设备不符合强制性标准。
- 直接指定分包人分包专业工程。

承包人有过错的，也应当承担相应的过错责任。

（2）承包方的违约责任。

1）建设工程质量不符合约定的违约责任。《最高人民法院关于审理建设工程施工合同纠纷案件适用法律问题的解释（一）》第十二条规定："因承包人的原因造成建设工程质量不符合约定，承包人拒绝修理、返工或者改建，发包人请求减少支付工程价款的，人民法院应予支持。"

2）建设工程合理使用期内造成人身和财产损失的赔偿责任。《民法典》第八百零二条规定："因承包人的原因致使建设工程在合理使用期限内造成人身损害和财产损失的，承包人应当承担赔偿责任。"

承包人承担损害赔偿责任应具备以下三个条件：

a. 因承包人的原因引起的建设工程对他人人身、财产的损害。如果不属于承包人的原因，例如，因用户使用不当等原因造成人身、财产损害的，承包人不承担责任。

b. 人身、财产损害发生在建设工程合理使用期限内。合理使用期限的长短需要根据各类建设工程的不同情况，如建筑物结构、使用功能、所处的自然环境等因素，由有关技术部门作出判断，按照国务院有关主管部门制定的标准进行认定。

c. 造成人身和财产损害。这里的受损害方不仅仅指建设工程合同的对方当事人即发包人，也包括建设工程的最终用户以及因该建设工程而受到损害的其他人。

4.2.3 实训操作

【案例分析】

20×2年11月1日，A房产开发公司将其开发的怡景新苑9号、10号住宅楼工程发包给B建筑公司承建，承建范围为土建、装饰、水电、暖卫；开工日期为20×2年11月20日，竣工日期为20×3年7月1日；合同价款713万元。B建筑公司承包上述工程后，将其转包给王某，双方于20×3年8月20日补签协议一份，约定：B建筑公司同意王某施工承建怡景新苑9号、10号住宅楼工程；工期自20×2年12月26日至20×3年10月30日；王某承担B建筑公司在与建设单位A房产开发公司所签建设工程承包合同中应承担的所有责任和义务，按该建设工程承包合同约定的质量标准、工期、安全生产等进行施工；实行自主经营，独立核算，自负盈亏，一切债权债务由王某承担。

20×3年4月6日，王某以B建筑公司项目部的名义，与原告C混凝土公司签订了预拌混凝土供需合同，由 C 混凝土公司供给混凝土，双方对供货数量、质量、价款及其支付方式等进行了约定。该合同由王某签字并加盖 B 建筑公司项目部的印章。合同签订后，原告 C 混凝土公司按合同约定完成供货义务，经双方结算，共计货款 557812.50 元，王某已付款 40 万元，尚欠 157812.50 元未付。原告 C 混凝土公司诉至法院，要求被告 B 建筑公司及王某支付欠款 157812.50 元及违约金。被告 B 建筑公司抗辩称，其从未与原告签订预拌混凝土供需合同，双方不存在买卖混凝土合同关系，更不知付款之事。该供需合同是原告与王某签订的，王某不是本公司职工，其签订合同所用印章是其私自刻制的，公司对此不知情，应由王某自行承担责任。被告王某未作任何抗辩。该案在审理过程中，经法院调查，王某承认预拌混凝土供需合同中 B 建筑公司项目部的印章是其私刻的。

请问：
1. 我国建设工程发承包原则有哪些？
2. 该案应如何处理？

4.2.4 拓展训练

【真题实测】

单项选择题（每题的备选项中，只有 1 个答案最符合题意）

1. 下列原则中，不属于《民法典》合同编规定的基本原则的是（   ）。
   A. 平等、自愿原则　　　　　　B. 等价有偿原则
   C. 诚实信用原则　　　　　　　D. 不损害社会公益原则

2. 甲、乙、丙、丁四人对《民法典》合同编中的自愿原则各抒己见，请问下列表述中错误的是（   ）。
   A. 甲：自愿就是绝对的合同自由　　B. 乙：自愿是在法定范围内的自由
   C. 丙：自愿不能危害社会公共利益　D. 丁：自愿不得有损社会公共道德

3. 甲、乙、丙、丁四人讨论如何完整、准确地理解《民法典》合同编中的公平原则，下列表述中错误的是（   ）。
   A. 甲：公平包括当事人双方的权利义务要对等
   B. 乙：公平包括合同风险的分配要合理
   C. 丙：公平包括当事人双方法律地位一律平等
   D. 丁：公平包括合同中违约责任的确定要合理

4. 某建筑公司成功中标市房管局的办公大楼工程项目，签订施工合同时，双方风险的分配、违约责任的约定明显不合理，严重损害了乙方的合法权益。该施工合同的签订违反了《民法典》合同编原则中的（   ）。
   A. 平等原则　　　　　　　　　B. 公平原则
   C. 诚实信用原则　　　　　　　D. 自愿原则

5. 某建筑公司低价中标市房管局的办公大楼工程项目，签订施工合同时，房管局坚持要特别约定该合同在履行过程中不允许变更或解除。该施工合同的签订违反了《民法典》合同编原则中的（   ）。

A．平等原则 B．公平原则
C．诚实信用原则 D．自愿原则

6．某工程施工合同签订时，建设单位隐瞒了本工程项目土地使用权的问题。合同履行中，施工单位串通监理方在施工中偷工减料。上述行为违反了《民法典》合同编原则中的（ ）。

A．平等原则 B．公平原则
C．诚实信用原则 D．自愿原则

7．狭义的合同是指（ ）。

A．劳动合同 B．物权合同
C．债权合同 D．身份合同

第5章 建设工程勘察、设计法律制度

本章导读

勘察设计在建设工程中发挥着非常重要的作用,既可以提高工程项目投资效益,又可以增进社会效益和环境效益。本章对建设勘察设计法律体系、勘察设计单位的资质管理、勘察设计阶段的发包与承包、勘察设计质量管理等内容予以介绍,以期读者可以掌握建设工程勘察、设计方面的法律制度。

本章要点

- 勘察设计企业资质分类和分级。
- 勘察设计发包与承包。

5.1 建设工程勘察设计法律体系与市场管理

5.1.1 案例导入

某化工厂在同一厂区建设第二厂房时未做勘察,便将4年前为第一个厂房做的勘察设计成果给设计院作为设计依据,让其设计新厂房。设计院开始并未同意,但在该厂的一再坚持下妥协,同意使用旧勘查成果。厂房使用一年多发现墙体多处开裂,该化工厂起诉设计院,要求施工单位承担工程质量责任。

请问:

1. 设计院有无过错,应不应该承担工程设计质量责任?
2. 某化工厂有无过错,应不应该承担工程质量责任?

【案例评析】

1. 设计院有过错,墙体开裂属于设计问题,设计院应该对工程设计承担质量责任。

《建设工程勘察设计管理条例》第五条规定,建设工程勘察、设计单位必须依法进行建设工程勘察、设计,严格执行工程建设强制性标准,并对建设工程勘察、设计的质量负责。本案例中,设计院按照第一个厂房的勘察资料进行设计,应承担责任。另外,按照《建筑法》第五十四条之规定,"建设单位不得以任何理由,要求建筑设计单位或者建筑施工企业在工程设计或者施工作业中,违反法律、行政法规和建筑工程质量、安全标准,降低工程质量。建筑设计单位和建筑施工企业对建设单位违反前款规定提出的降低工程质量的要求,应当予以拒绝",设计院对该化工厂使用旧勘查成果的要求应该果断拒绝,坚持法律、行政法规规定。但本案中设计院没有坚持正确立场,因此要承担相应的设计责任。

2. 该化工厂有过错。

《建设工程勘察设计管理条例》第四条规定，从事建设工程勘察、设计活动，应当坚持先勘察、后设计、再施工的原则。本案例中，该化工厂未做勘察，并向设计单位提供旧勘查成果，属不实资料，应承担责任。按照《建筑法》第五十四条之规定，"建设单位不得以任何理由，要求建筑设计单位或者建筑施工企业在工程设计或者施工作业中，违反法律、行政法规和建筑工程质量、安全标准，降低工程质量"，该化工厂在同一厂区建设第二厂房时未做勘察，将旧勘察设计成果给设计院作为设计依据，并一再坚持让其根据旧勘查设计成果设计新厂房，导致设计问题。另外，根据《建设工程质量管理条例》第七十四条"建设单位、设计单位、施工单位、工程监理单位违反国家规定，降低工程质量标准，造成重大安全事故，构成犯罪的，对直接责任人员依法追究刑事责任"的规定，该化工厂应对工程质量承担主要责任。

5.1.2 理论引导

建设工程勘察设计是建设工程勘察和建设工程设计的总称。根据《建设工程勘察设计管理条例》第二条的规定，建设工程勘察，是指根据建设工程的要求，查明、分析、评价建设场地的地质地理环境特征和岩土工程条件，编制建设工程勘察文件的活动。建设工程设计，是指根据建设工程的要求，对建设工程所需的技术、经济、资源、环境等条件进行综合分析、论证，编制建设工程设计文件的活动。

1. 建设工程勘察设计法律体系

在工程建设的各个环节中，勘察设计因其特殊地位而成为对工程的质量和效益都至关重要的关键环节。建设工程勘察设计法律体系包括以《建设工程勘察设计管理条例》为核心的一系列法规、部门规章。主要包括以下各项。

（1）《建设工程勘察设计管理条例》。《建设工程勘察设计管理条例》于2000年9月20日国务院第31次常务会议通过，2000年9月25日起施行，2015年6月12日第一次修订，2017年10月7日第二次修订。该条例包括四十六条，分别对资质资格管理、建设工程勘察设计发包与承包、建设工程勘察设计文件的编制与实施、监督管理进行了规定。

《建设工程勘察设计管理条例》规定了勘察设计活动的基本原则。

1）建设工程勘察、设计应当与社会、经济发展水平相适应，做到经济效益、社会效益和环境效益相统一。

2）从事建设工程勘察、设计活动，应当坚持先勘察、后设计、再施工的原则。

3）建设工程勘察、设计单位必须依法进行建设工程勘察、设计，严格执行工程建设强制性标准，并对建设工程勘察、设计的质量负责。

4）国家鼓励在建设工程勘察、设计活动中采用先进技术、先进工艺、先进设备、新型材料和现代管理方法。

（2）《工程建设项目勘察设计招标投标办法》。该办法自2003年8月1日起施行，2013年修订。该办法适用于在中华人民共和国境内进行工程建设项目勘察设计招标投标活动。

（3）《建设工程勘察设计资质管理规定》。该规定自2007年9月1日起施行，2018年12月22日修订。该规定适用于在中华人民共和国境内申请建设工程勘察、设计资质，实施对建设工程勘察、设计企业的资质管理活动。

（4）《建设工程勘察质量管理办法》。该办法自2003年2月1日起施行，2007年、2021年修订。凡在中华人民共和国境内从事建设工程勘察活动的，必须遵守本办法。

2. 建设工程勘察设计市场管理

具有独立法人资格的企业申请工程勘察资质应当具备以下基本条件：具有满足本标准要求的资信能力；具有满足本标准要求的主要技术负责人和主要专业技术人员；具有满足本标准要求的工程业绩；具有满足本标准要求的技术装备。

（1）工程勘察综合资质。

1）资信能力：净资产1000万元以上；同时具有岩土工程专业甲级资质、工程测量专业甲级资质和勘探测试专业甲级资质；近3年上缴工程勘察设计增值税每年300万元以上。

2）主要人员：主要技术负责人应当具有大学本科以上学历、注册土木工程师（岩土）执业资格、10年以上工程勘察经历，且在近5年作为项目负责人主持过工程勘察甲级项目2项以上。

主要专业技术人员数量满足表5-1"工程勘察行业主要专业技术人员配备表"规定的要求。

在"工程勘察行业主要专业技术人员配备表"规定的人员中，注册人员、主导专业非注册人员应当在近5年作为专业技术负责人或者项目负责人主持过工程勘察甲级项目2项以上。

3）近5年独立完成过的工程勘察项目应当满足以下要求：岩土工程勘察、岩土工程设计、岩土工程检测监测甲级项目各5项以上，工程测量甲级项目或者勘探测试甲级项目5项以上，且质量合格。

4）技术装备：满足表5-2"工程勘察主要技术装备配备表"规定的要求。

5）科技水平：拥有与工程勘察行业有关的专利3项以上；或者具有工程勘察行业技术服务信息管理系统；近3年科技活动经费支出每年达到营业收入的2%以上。

（2）工程勘察专业资质。

1）工程勘察专业甲级。

a．资信能力：净资产300万元以上。

b．主要人员：主要技术负责人应当具有大学本科以上学历、注册土木工程师（岩土）执业资格或者高级专业技术职称、10年以上工程勘察经历，且在近5年作为项目负责人主持过所申请专业工程勘察甲级项目2项以上。

主要专业技术人员数量满足表5-1"工程勘察行业主要专业技术人员配备表"规定的要求。

在"工程勘察行业主要专业技术人员配备表"规定的人员中，注册人员应当在近5年作为专业技术负责人或者项目负责人主持过所申请专业工程勘察乙级以上项目2项以上。主导专业非注册人员应当在近5年作为专业技术负责人或者项目负责人主持过所申请专业工程勘察乙级以上项目2项以上，其中，每个主导专业应有1名专业技术人员在近5年作为专业技术负责人或者项目负责人主持过所申请专业工程勘察甲级项目2项以上。

c．近5年独立完成过的工程勘察项目应当满足以下要求。

岩土工程专业资质：岩土工程勘察乙级项目、岩土工程设计乙级项目、岩土工程检测监乙级项目每类各1项以上、合计5项以上，且质量合格。

工程测量专业资质：工程测量乙级项目5项以上，且质量合格。

勘探测试专业资质：勘探测试乙级项目5项以上，且质量合格。

d. 技术装备：满足表5-2"工程勘察主要技术装备配备表"规定的要求。

2）工程勘察专业乙级。

a. 资信能力：净资产100万元以上。

b. 主要人员：申请岩土工程专业乙级资质、工程测量专业乙级资质的，主要技术负责人应当具有大学本科以上学历、注册土木工程师（岩土）执业资格或者中级以上专业技术职称、10年以上工程勘察经历，在近5年作为项目负责人主持过所申请专业工程勘察项目2项以上。

申请勘探测试专业乙级资质的，主要技术负责人应当具有初级以上专业技术职称或者高级工职业资格、5年以上工程管理工作经历。

主要专业技术人员数量满足表5-1"工程勘察行业主要专业技术人员配备表"规定的要求。

表5-1 工程勘察行业主要专业技术人员配备表

工程勘察类型与等级		专业设置	注册专业	非注册专业					总计
			土木工程（岩土）	岩土工程	工程测量	工程钻探	工程物探	测试与室内试验	
综合资质			8（2）	13	8	2	2	3	36
专业资质	岩土工程	甲级	2	6	1	1	1	1	12
		乙级		5	1				6
	工程测量	甲级			7				7
		乙级			5				5
	勘探测试	甲级	1			2	2	2	7
		乙级						1	—

在表5-1"工程勘察行业主要专业技术人员配备表"规定的人员中，主导专业非注册人员应当在近5年作为专业技术负责人或者项目负责人主持过所申请专业工程勘察项目2项以上。

c. 技术装备满足表5-2"工程勘察主要技术装备配备表"规定的要求。

表5-2 工程勘察主要技术装备配备表

设备类型编号	技术装备类型	技术装备名称	工程勘察综合	岩土工程专业甲级	岩土工程专业乙级	工程测量专业甲级	工程测量专业乙级	勘探测试专业甲级	勘探测试专业乙级
A1	室内试验设备	固结仪	30台	15台				30台	15台
		三轴仪	3台					3台	1台
		四联直剪仪	2台	1台				2台	1台
		渗透仪	1台					1台	1台
		无侧限压缩仪	1台					1台	1台

续表

设备类型编号	技术装备类型	技术装备名称	工程勘察综合	岩土工程专业甲级	岩土工程专业乙级	工程测量专业甲级	工程测量专业乙级	勘探测试专业甲级	勘探测试专业乙级
A2	室内试验设备	压力试验机或万能材料试验机	1台	1台				1台	1台
		岩石三轴仪	1台					1台	1台
		岩石点荷载仪	1台					1台	1台
B	工程物探设备	地下管线探测仪	任选6类各1台（套）					任选6类各1台（套）	任选3类各1台（套）
		探地雷达							
		工程检测仪（波速检测仪）							
		桩基动测仪							
		电法仪							
		面波仪							
		地震仪							
		声波测井仪							
		温盐深系统（CTD）							
		波浪观测系统（测方向波）							
C	原位测试设备	旁压试验设备	任选3类各1台（套）	任选2类各1台（套）				任选3类各1台（套）	任选2类各1台（套）
		十字板剪切试验设备							
		静力触探试验设备							
		扁铲侧胀试验设备							
		原位直剪试验设备							
		载荷试验设备							

5.1.3 实训操作

甲工厂与乙勘察设计单位签订了《厂房建设设计合同》，委托乙完成厂房建设初步设计，约定设计期限为付定金后6天，设计费用按国家标准算。另约定，若甲要求增加工作内容，则费用增加10%,合同并未对基础资料的提供进行约定。甲付定金后,只提供了设计任务书,没有其他资料。乙收集相关资料,于第77天交付设计成果,要求甲按约定,增加设计费用。甲以合同没有约定提供资料为由,拒绝增加设计费用,并要求乙就逾期完成合同进行违约赔偿。双方协商不成,乙方起诉甲方。法院判定甲方按国家标准支付设计费用给乙方,乙方违约存在,按合同规定支付甲方违约金。

请问:
1. 甲、乙两方签订的合同是否合法有效?
2. 甲方是否应当给乙方增加设计费用?
3. 乙方是否属于逾期违约,是否应该对甲方进行赔偿?

5.1.4 拓展训练

【真题实测】

单项选择题(每题的备选项中,只有1个最符合题意答案)

1. 下列说法不正确的是( )。
   A. 从事建设工程勘察、设计活动,应当坚持先勘察、后设计、再施工的原则
   B. 建设工程勘察、设计单位必须依法进行建设工程勘察、设计,严格执行工程建设强制性标准,并对建设工程勘察、设计的质量负责
   C. 设计文件中选用的材料、构配件、设备,应当注明其规格、型号、性能、生产厂家和供应商
   D. 建设工程勘察、设计注册执业人员和其他专业技术人员只能受聘于一个建设工程勘察、设计单位

2. 下列说法正确的是( )。
   A. 建设工程勘察、设计单位不得将所承揽的建设工程勘察、设计转包
   B. 建设工程勘察、设计单位可以将所承揽的建设工程勘察、设计转包
   C. 设计资质低的设计单位可以挂靠设计资质高的设计单位
   D. 勘察设计承包方可以自由将部分的勘察、设计再分包给其他具有相应资质等级的建设工程勘察、设计单位

3. 根据《建设工程勘察设计管理条例》的规定,下列说法正确的是( )。
   A. 设计承包人可以将承包的建筑工程设计中的任何一部分分包给具有相应资质的其他设计单位
   B. 设计分包无须征得建设单位同意
   C. 设计分包必须征得建设单位书面同意
   D. 设计单位可以将所承揽的建设工程设计转包

4. 根据《建设工程勘察设计管理条例》的规定,关于设计修改的下列说法正确的是( )。
   A. 建设单位可以修改不影响结构安全的设计文件
   B. 建设单位、施工单位、监理单位对设计文件没有直接修改权
   C. 监理单位有权指令设计单位修改设计

D．建设单位可以直接委托其他具有相应资质的建设工程勘察、设计单位修改勘察设计文件

5．国家实施施工图设计文件（含勘察文件，以下简称施工图）审查制度。审查的内容不包含（　　）。

A．施工图涉及公共利益的内容

B．施工图涉及公众安全的内容

C．施工图涉及工程建设强制性标准的内容

D．施工图涉及室内空间布局、装饰装修的内容

6．国家实施施工图设计文件（含勘察文件，以下简称"施工图"）审查制度，施工图送审由（　　）送交。

A．设计单位　　　　　　　　B．勘察单位
C．建设单位　　　　　　　　D．监理单位

7．下列图纸中，可直接用于施工的是（　　）。

A．图纸上加盖了设计单位资质章、设计人员资格章

B．图纸上加盖了图纸审查单位资质章、审查合格章

C．图纸上既加盖了设计单位章，又加盖了图纸审查单位合格章

D．图纸上没有任何图章，但设计符合国家标准

5.2 建设工程勘察设计发包与承包

5.2.1 案例导入

原告：甲公司

第一被告：丙建筑设计院

第二被告：乙建筑承包公司

基本案情：

甲公司因建办公楼与乙建筑承包公司签订了工程总承包合同。其后，经甲同意，乙分别与丙建筑设计院和丁建筑工程公司签订了工程勘察设计合同和工程施工合同。

勘察设计合同约定：由丙对甲的办公楼及其附属工程提供设计服务，并按勘察设计合同的约定交付有关的设计文件和资料。

施工合同约定：由丁根据丙提供的设计图纸进行施工，工程竣工时依据国家有关验收规定及设计图纸进行质量验收。

合同签订后，丙按时将设计文件和有关资料交付给丁，丁依据设计图纸进行施工。工程竣工后，甲会同有关质量监督部门对工程进行验收，发现工程存在严重质量问题，是由于设计不符合规范所致。原来丙未对现场进行仔细勘察即自行进行设计，导致设计不合理，给甲带来了重大损失。丙以与甲没有合同关系为由拒绝承担责任，乙又以自己不是设计人为由推卸责任，甲遂以丙为被告向法院起诉。法院受理后，追加乙为共同被告，判决乙与丙对工程

建设质量问题承担连带责任。

请问：

1. 分析本案中的法律主体并说明主体之间的相互关系？
2. 对出现的质量问题，以上法律主体将如何承担责任？

【案例评析】

1. 本案中，法律关系的主体是甲乙丙丁。甲是建设单位；乙是施工企业；丙是建筑工程设计单位；丁是施工企业。主体之间的关系是：甲是发包人，乙是总承包人，丙和丁是分包人。

2. 《建筑法》规定："建筑工程总承包单位可以将承包工程中的部分工程发包给具有相应资质条件的分包单位；但是，除总承包合同中约定的分包外，必须经建设单位认可。施工总承包的，建筑工程主体结构的施工必须由总承包单位自行完成。建筑工程总承包单位按照总承包合同的约定对建设单位负责；分包单位按照分包合同的约定对总承包单位负责。总承包单位和分包单位就分包工程对建设单位承担连带责任。禁止总承包单位将工程分包给不具备相应资质条件的单位。禁止分包单位将其承包的工程再分包。"

对工程质量问题，乙作为总承包人应承担责任，而丙和丁也应该依法分别向发包人甲承担责任。总承包人以不是自己勘察设计和建筑安装的理由企图不对发包人承担责任，以及分包人以与发包人没有合同关系为由不向发包人承担责任。《建筑法》第二十八条规定："禁止承包单位将其承包的全部建筑工程转包给他人，禁止承包单位将其承包的全部建筑工程肢解以后以分包的名义分别转包给他人。"本案中乙作为总承包人不自行施工，而将工程全部转包他人，虽经发包人同意，但违反法律禁止性规定，其与丙和丁所签订的两个分包合同均是无效合同。建设行政主管部门应依照《建筑法》和《建设工程质量管理条例》的有关规定，对其进行行政处罚。

5.2.2 理论引导

1. 勘察设计任务发包的方式

勘察设计发包与承包属于《建筑法》《招标投标法》中规定的发承包的一种特殊情形。总体上，勘察设计发包与承包依然要受《建筑法》和《招标投标法》调整，但是由于其自身的特殊性，其发包与承包的规定也与《建筑法》《招标投标法》存在一定不同。其不同点主要表现在如下几方面。

建设工程勘察、设计发包依法实行招标发包或者直接发包。原则上，勘察设计任务的委托应该依据《招标投标法》进行招标发包，但是，《建设工程勘察设计管理条例》第十六条规定，下列建设工程的勘察、设计，经有关主管部门批准，可以直接发包：

- 采用特定的专利或者专有技术的。
- 建筑艺术造型有特殊要求的。
- 国务院规定的其他建设工程的勘察、设计。

《工程建设项目勘察设计招标投标办法》第四条规定，按照国家规定需要履行项目审批、核准手续的依法必须进行招标的项目，有下列情形之一的，经项目审批、核准部门审批、核准，项目的勘察设计可以不进行招标：

（1）涉及国家安全、国家秘密、抢险救灾或者属于利用扶贫资金实行以工代赈、需要使用农民工等特殊情况，不适宜进行招标。

（2）主要工艺、技术采用不可替代的专利或者专有技术，或者其建筑艺术造型有特殊要求。

（3）采购人依法能够自行勘察、设计。

（4）已通过招标方式选定的特许经营项目投资人依法能够自行勘察、设计。

（5）技术复杂或专业性强，能够满足条件的勘察设计单位少于三家，不能形成有效竞争。

（6）已建成项目需要改、扩建或者技术改造，由其他单位进行设计影响项目功能配套性。

（7）国家规定的其他特殊情形。

2. 勘察设计任务招标必须具备的条件

《工程建设项目勘察设计招标投标办法》第九条规定，依法必须进行勘察设计招标的工程建设项目，在招标时应当具备下列条件：

（1）招标人已经依法成立。

（2）按照国家有关规定需要履行项目审批、核准或者备案手续的，已经审批、核准或者备案。

（3）勘察设计有相应资金或者资金来源已经落实。

（4）所必需的勘察设计基础资料已经收集完成。

（5）法律法规规定的其他条件。

3. 勘察设计任务招标的方式

《工程建设项目勘察设计招标投标办法》第十条规定，工程建设项目勘察设计招标分为公开招标和邀请招标。国有资金投资占控股或者主导地位的工程建设项目，以及国务院发展和改革部门确定的国家重点项目和省、自治区、直辖市人民政府确定的地方重点项目，除符合本办法规定条件且依法获得批准外，应当公开招标。

《工程建设项目勘察设计招标投标办法》第十一条规定，依法必须进行勘察设计招标的工程建设项目，在下列情况下可以进行邀请招标：

（1）技术复杂、有特殊要求或者受自然环境限制，只有少量潜在投标人可供选择。

（2）采用公开招标方式的费用占项目合同金额的比例过大。

有前款第二项所列情形，属于按照国家有关规定需要履行项目审批、核准手续的项目，由项目审批、核准部门在审批、核准项目时作出认定；其他项目由招标人申请有关行政监督部门作出认定。

招标人采用邀请招标方式的，应保证有三个以上具备承担招标项目勘察设计的能力，并具有相应资质的特定法人或者其他组织参加投标。

《工程建设项目勘察设计招标投标办法》第七条规定，招标人可以依据工程建设项目的不同特点，实行勘察设计一次性总体招标；也可以在保证项目完整性、连续性的前提下，按照技术要求实行分段或分项招标。招标人不得利用前款规定限制或排斥潜在投标人或者投标人。依法必须进行招标的项目招标人不得利用前款规定规避招标。

4. 勘察设计任务委托的模式

《建设工程勘察设计管理条例》规定，发包方可以将整个建设工程的勘察、设计发包给一个勘察、设计单位，也可以将建设工程的勘察、设计分别发包给几个勘察、设计单位。除建设工程主体部分的勘察、设计外，经发包方书面同意，承包方可以将建设工程其他部分的勘察、设计再分包给其他具有相应资质等级的建设工程勘察、设计单位。

5. 勘察设计任务的承接

（1）对承包方的资质要求。《建设工程勘察设计管理条例》规定，承包方必须在建设工程勘察、设计资质证书规定的资质等级和业务范围内承揽建设工程的勘察、设计业务。这一点与《建筑法》《招标投标法》的规定都是吻合的。

（2）对承包方的投标文件的要求。依据《工程建设项目勘察设计招标投标办法》，投标人应当按照招标文件或者投标邀请书的要求编制投标文件。投标文件中的勘察设计收费报价，应当符合国务院价格主管部门制定的工程勘察设计收费标准。

投标人在投标文件有关技术方案和要求中不得指定与工程建设项目有关的重要设备、材料的生产供应者，或者含有倾向或者排斥特定生产供应者的内容。

（3）对投标保证金的要求。《工程建设项目勘察设计招标投标办法》第二十四条规定，招标文件要求投标人提交投标保证金的，保证金数额一般不超过勘察设计估算费用的百分之二，最多不超过十万元人民币。

6. 确定中标人的依据

由于勘察设计的特殊性，其确定中标人的依据也与施工、材料采购等招标方式不同。《建设工程勘察设计管理条例》规定，建设工程勘察、设计方案评标，应当以投标人的业绩、信誉和勘察、设计人员的能力以及勘察、设计方案的优劣为依据，进行综合评定。

建设工程勘察、设计的招标人应当在评标委员会推荐的候选方案中确定中标方案。但是，建设工程勘察、设计的招标人认为，评标委员会推荐的候选方案不能最大限度地满足招标文件规定的要求的，应当依法重新招标。

《工程建设项目勘察设计招标投标办法》规定，勘察设计评标一般采取综合评估法进行。评标委员会应当按照招标文件确定的评标标准和方法，结合经批准的项目建议书、可行性研究报告或者上阶段设计批复文件，对投标人的业绩、信誉和勘察设计人员的能力以及勘察设计方案的优劣进行综合评定。招标文件中没有规定的标准和方法，不得作为评标的依据。

根据招标文件的规定，允许投标人投备选标的，评标委员会可以对中标人所提交的备选标进行评审，以决定是否采纳备选标。不符合中标条件的投标人的备选标不予考虑。

7. 勘察设计任务的分包与转包

《建设工程勘察设计管理条例》规定，除建设工程主体部分的勘察、设计外，经发包方书面同意，承包方可以将建设工程其他部分的勘察、设计再分包给其他具有相应资质等级的建设工程勘察、设计单位。建设工程勘察、设计单位不得将所承揽的建设工程勘察、设计转包。

5.2.3 实训操作

【案例分析】

某年4月A单位拟建办公室一栋，勘察地址位于已建成的某小区附近，与B单位签订了勘察工程合同。合同规定勘察费15万元。该工程经过勘察设计等阶段于10月20日开始施工。施工承包商为D建筑公司。该工程签订勘察合同几天后，委托方A单位通过其他渠道获得该小区物业提供的小区勘察报告。A单位认为可以借用该勘察报告，即通知B单位不再履行合同。

请问：

1. 委托方A单位应预付的勘察费定金最高为多少？
2. 上述事件中，哪些单位的做法是错误的？为什么？A单位是否有权要求返还定金？
3. 若A单位和B单位双方都按期履行勘察合同，并按B单位提供的勘察报告进行设计和施工。但在进行基础施工阶段，发现其中有部分地段地质情况与勘察报告不符，出现软弱地基，而在报告中并未指出。此时B单位应承担什么责任？

5.2.4 拓展训练

【真题实测】

一、单项选择题（每题的备选项中，只有1个最符合题意答案）

1. 建设工程发包与承包的方式为（　）。
   A．招标投标与直接发包　　　　B．招标与投标
   C．直接发包　　　　　　　　　D．总承包

2. 关于建筑工程发包与承包制度的说法，正确的是（　）。
   A．总承包合同可以采用书面形式或口头形式
   B．发包人可以将一个单位工程的主题分解成若干部分发包
   C．建筑工程只能招标发包，不能直接发包
   D．国家提倡对建筑工程实行总承包

3. 下列关于招标代理的说法中正确的是（　）。
   A．招标人如果想要委托招标代理机构办理招标事宜，需要经过有关行政主管部门批准
   B．招标人不可以自选招标代理机构，必须由行政主管部门指定
   C．如果委托了招标代理机构，则招标代理机构有权办理招标工作的一切事宜
   D．招标代理机构应当在招标人委托的范围内办理招标事宜

4. 甲、乙两家同一专业的工程承包公司，其资质等级分别为一级、二级。两家组成联合体，共同投标一项工程，为此，该联合体资质等级为（　）。
   A．以甲公司的资质为准　　　　B．以乙公司的资质为准
   C．由主管部门重新评定资质　　D．以该工程所要求的资质为准

5. 下列没有违反《建筑法》承揽工程的是（　）。
   A．借用其他施工企业的名义承揽工程
   B．与其他承包单位联合共同承包大型建设工程

C. 经建设单位同意，某施工企业超越企业资质承揽工程
D. 某一级企业与二级企业联合承包了只有一级企业才有资质承包的项目

6. 根据我国现行法律规定，甲、乙两级招标代理机构的注册资金分别不得少于（　　）万元和（　　）万元。
   A. 100，50　　　　B. 100，20　　　　C. 50，20　　　　D. 50，30

7. 开标地点应当为（　　）。
   A. 招投标双方确认的地点　　　　B. 建设行政主管部门指定的场所
   C. 招标文件中预先确定的地点　　D. 投标人共同认可的地点

8. 招标人和中标人应该自中标通知书发出之日起（　　）日内，按照招标文件和中标人的投标文件订立书面合同。
   A. 10　　　　B. 20　　　　C. 25　　　　D. 30

9. 投标有效期从（　　）起计算。
   A. 发布招标公告　　　　B. 提交投标文件截止之日
   C. 提交投标文件　　　　D. 确定中标人

10. 根据《招标投标法》和《工程建设项目施工招标投标办法》的规定，招标程序的最后一步应当为（　　）。
    A. 资格审查　　　B. 评标　　　C. 定标　　　D. 签订合同

二、多项选择题（每题的备选项中，有1个以上的答案符合题意）

1. 某办公楼工程招标发包，有多家符合相应资质的承包企业供建设单位选择。可供建设单位依法采用的发包方案有（　　）。
   A. 将工程发包给一家企业
   B. 将工程的设计、施工发包给一家企业，工程的采购由自己完成
   C. 将工程的采购、施工发包给一家企业，工程的设计发包给另一家企业
   D. 将工程设计发包给一家企业，采购、施工和监理一并发包给另一家企业
   E. 将工程的设计、采购发包给一家企业，工程的施工发包给另一家企业

2. 下列选项中，导致建筑施工企业与他人签订的建设工程施工合同无效的行为有（　　）。
   A. 将其承包的建设工程全部转给其他符合资质条件的施工企业完成
   B. 将其承包的全部建设工程肢解以后以分包的名义分别转给其他单位承包
   C. 将其总承包的工程中的专业工程发包给其他具有相应资质的承包单位完成
   D. 借用有资质的建筑施工企业名义
   E. 将其所承包的工程中的劳务作业发包给其他承包单位完成

3. 建设工程勘察设计招标文件一般应包括的内容有（　　）。
   A. 投标标准和方法　　　　　　B. 项目说明书
   C. 投标文件格式及主要合同条款　D. 勘察设计基础资料

4. 以下说法中，正确的有（　　）。
   A. 禁止发包　　B. 禁止分包　　C. 禁止转包　　D. 禁止再分包
   E. 禁止直接发包

5. 评标的相关规定有（　　）。
   A. 评标标准　　　　　　　　　　B. 独立评审
   C. 标价的确认　　　　　　　　　D. 投标文件的澄清

5.3　建设工程勘察质量管理

5.3.1　案例导入

某化工厂位于城市市区与郊区交界处，随着经济社会的发展，为扩大再生产，厂区领导管理层决定在同一厂区建设第二个大型厂房。按照该市城市总体及局部详细的规划，已经批准该化工厂扩大建设的用地。经厂房建设指挥部察看第一个厂房的勘察成果及第二个厂区的地质状况商讨决定，不做勘察，将四年前为第一个厂房所做的勘察成果提供给设计院作为设计依据，不仅节省了投资，也加快了工程进度，设计院根据指挥部的要求和设计资料、规范等文件进行设计。建设单位将该工程的施工任务委托给李某所带的施工队进行施工，经过紧张施工，在20×9年2月份竣工完成，4月份投入使用。厂房建成后使用一年就发现北墙地基沉陷明显，北墙墙体多处开裂，根据质量保修书的规定，化工厂建设指挥部与李某交涉，李某认为不是自身原因造成的，不予返修。该化工厂指挥部一纸诉状将李某告上法庭，请求判定李某按照施工质量保修的有关规定承担质量责任。李某不服，最终该案件进行了开庭审理。假如你是该案例的审判法官，请就以下问题作出判定。

请问：
1. 本案中的质量责任应当由谁承担？并说明依据。
2. 建设单位的做法存在哪些不妥？并说明理由。

【案例评析】

1. 质量责任应由建设方承担，设计方也应承担部分责任。根据《建筑法》第五十四条规定"建设单位不得以任何理由，要求建筑设计单位或者施工单位在工程设计或者施工作业中，违反法律、行政法规和建筑工程质量、安全标准，降低工程质量"，该化工厂为节省投资，坚持不做勘察，违反了法律规定，对该工程质量应承担主要责任。

设计方也有责任。《建筑法》第五十四条还规定"建筑设计单位和建筑施工企业对建设单位违法规定提出的降低工程质量的要求，应当予以拒绝"。因此，设计单位对于建设单位的不合理要求没有予以拒绝，应该承担次要质量责任。

2. 建设单位应当将工程委托给具有相应资质等级的单位，而不能委托给李某，个人是不具备工程建设承揽业务的资质。

5.3.2　理论引导

1. 质量监督管理机关

国务院住房和城乡建设主管部门对全国的建设工程勘察质量实施统一监督管理。国务院铁路、交通、水利等有关部门按照国务院规定的职责分工，负责对全国的有关专业建设工程勘察质量实施监督管理。

县级以上地方人民政府住房和城乡建设主管部门对本行政区域内的建设工程勘察质量实施监督管理。县级以上地方人民政府有关部门在各自的职责范围内，负责本行政区域内的有关专业建设工程勘察质量的监督管理。

2. 工程勘察的质量责任和义务

（1）建设单位的质量责任和义务。

1）建设单位应当为勘察工作提供必要的现场工作条件，保证合理的勘察工期，提供真实、可靠的原始资料。

2）建设单位应当加强履约管理，及时足额支付勘察费用，不得迫使工程勘察企业以低于成本的价格承揽任务。

3）建设单位应当依法将工程勘察文件送施工图审查机构审查。建设单位应当验收勘察报告，组织勘察技术交底和验槽。

4）建设单位项目负责人应当按照有关规定履行代表建设单位进行勘察质量管理的职责。

（2）勘察单位的质量责任和义务。

1）工程勘察企业必须依法取得工程勘察资质证书，并在资质等级许可的范围内承揽勘察业务。工程勘察企业不得超越其资质等级许可的业务范围或者以其他勘察企业的名义承揽勘察业务，不得允许其他企业或者个人以本企业的名义承揽勘察业务，不得转包或者违法分包所承揽的勘察业务。

2）工程勘察企业应当健全勘察质量管理体系和质量责任制度，建立勘察现场工作质量责任可追溯制度。工程勘察企业将勘探、试验、测试等技术服务工作交由具备相应技术条件的其他单位承担的，工程勘察企业对相关勘探、试验、测试工作成果质量全面负责。

3）工程勘察企业应当拒绝用户提出的违反国家有关规定的不合理要求，有权提出保证工程勘察质量所必需的现场工作条件和合理工期。

4）工程勘察企业应当向设计、施工和监理等单位进行勘察技术交底，参与施工验槽，及时解决工程设计和施工中与勘察工作有关的问题，按规定参加工程竣工验收。工程勘察企业应当参与建设工程质量事故的分析，并针对因勘察原因造成的质量事故，提出相应的技术处理方案。

5）工程勘察项目负责人、审核人、审定人及有关技术人员应当具有相应的技术职称或者注册资格。工程勘察企业法定代表人应当建立健全并落实本单位质量管理制度，授权具备相应资格的人员担任项目负责人。

6）工程勘察企业项目负责人应当签署质量终身责任承诺书，执行勘察纲要和工程建设强制性标准，落实本单位勘察质量管理制度，制定项目质量保证措施，组织开展工程勘察各项工作。工程勘察企业的法定代表人、项目负责人、审核人、审定人等相关人员，应当在勘察文件上签字或者盖章，并对勘察质量负责。工程勘察企业法定代表人对本企业勘察质量全面负责，项目负责人对项目的勘察文件负主要质量责任，项目审核人、审定人对其审核、审定项目的勘察文件负审核、审定的质量责任。

7）工程勘察工作的原始记录应当在勘察过程中及时整理、核对，确保取样、记录的真实和准确，禁止原始记录弄虚作假。钻探、取样、原位测试、室内试验等主要过程的影像资料应当留存备查。司钻员、描述员、土工试验员等作业人员应当在原始记录上签字。工程勘察企业项目负责人应当对原始记录进行验收并签字。鼓励工程勘察企业采用信息化手段，实时采集、记录、存储工程勘察数据。

8）工程勘察企业应当确保仪器、设备的完好。钻探、取样的机具设备、原位测试、室内试验及测量仪器等应当符合有关规范、规程的要求。

9）工程勘察企业应当加强职工技术培训和职业道德教育，提高勘察人员的质量责任意识。司钻员、描述员、土工试验员等人员应当按照有关规定接受安全生产、职业道德、理论知识和操作技能等方面的专业培训。

10）工程勘察企业应当建立工程勘察档案管理制度。工程勘察企业应当在勘察报告提交建设单位后20日内将工程勘察文件和勘探、试验、测试原始记录及成果、质量安全管理记录归档保存。归档资料应当经项目负责人签字确认，保存期限应当不少于工程的设计使用年限。国家鼓励工程勘察企业推进传统载体档案数字化。电子档案与传统载体档案具有同等效力。

3. 工程勘查质量的监督管理

县级以上人民政府住房和城乡建设主管部门或者其他有关部门（以下简称"工程勘察质量监督部门"）应当通过"双随机、一公开"方式开展工程勘察质量监管，检查及处理结果及时向社会公开。

工程勘察质量监督部门可以通过政府购买技术服务方式，聘请具有专业技术能力的单位和人员对工程勘察质量进行检查，所需费用向本级财政申请予以保障。工程勘察质量监督部门应当运用互联网等信息化手段开展工程勘察质量监管，提升监管的精准化、智能化水平。

工程勘察发生重大质量、安全事故时，有关单位应当按照规定向工程勘察质量监督部门报告。任何单位和个人有权向工程勘察质量监督部门检举、投诉工程勘察质量、安全问题。

5.3.3 实训操作

【案例分析】

某工厂新建一生活区，共14幢七层砖混结构住宅（其中10幢为条形建筑，4幢为点式建筑）。在工程建设前，厂方委托一家工程地质勘察单位按要求对建筑地基进行了详细的勘察。工程于20×3年至20×4年相继开工，20×5年至20×6年相继建成完工。一年后在未曾使用之前，相继发现10幢条形建筑中的6幢建筑的部分墙体开裂，裂缝多为斜向裂缝，从一楼到七楼均有出现，且部分有呈外倾之势；3幢点式住宅发生整体倾斜。后来经仔细观察分析，出现问题的9幢建筑均产生严重的地基不均匀沉降，最大沉降差在160毫米以上。事故发生后，有关部门对该工程质量事故进行了鉴定，审查了工程的有关勘察、设计、施工资料，对工程地质又进行了详细的补勘。经查明，在该厂修建生活区的地下有一古河道通过，古河道沟谷内沉积了淤泥层，该淤泥层系新近沉积物，土质特别柔软，属于高压缩性、低承载力土层，且厚度较大，在建筑基底附加压力作用下，产生较大的沉降。凡古河道通过的9栋建筑物均产生了严重的地基不均匀沉降，均需要对地基进行加固处理，生活区内其他建筑物（古河道未通过）均未出现类似情况。该工程地质勘察单位在对工程地质进行详勘时，对所勘察的数据（如淤泥质土的标准贯入度仅为3，而其他地方为7~12）未能引起足够的重视，对地下土层出现了较低承载力的现象未引起重视，轻易地对地基土进行分类判定，将淤泥定为淤泥质粉土，提出其承载力为100千牛，Es为4兆帕。设计单位根据地质勘察报告，设计基础为浅基础，宽度为2800毫米，每延米设计荷载为270千牛，其埋深为−1.4~2米左右。该工程后经地基加固处理后投入正常使用，但造成了较大的经济损失，经法院审理判决，工程地质勘察单位向厂方赔偿经济损失329万元。

请问：法院的判决是否正确？请说明理由。

5.3.4 拓展训练

【新旧法条比对】

请根据住房和城乡建设部《关于修改〈建设工程勘察质量管理办法〉的决定（2021）》，将表5-3完善。

表5-3　《建设工程勘察质量管理办法》（2021版）修订内容

修改的内容		增加的内容	删除的内容
2007版	2021版		
第四条第一款			
第五条第二款			
第七条			
第九条			
第十二条			
第十四条			
第十六条			
第十九条			
第二十三条			
第二十五条			
第二十六条			
第二十七条			

5.4 建设工程勘察设计文件的编制与审批

建设工程勘察、设计是工程建设的主导，建设工程设计方案的优劣，不仅关系建设过程中能否保证质量、节约投资、缩短工期，而且关系建成投产或者交付使用后的经济效益、环境效益和社会效益。据专家统计，一个建设项目节约投资的潜力70%以上来自优化设计。

5.4.1 案例导入

某建筑设计院承担了××花园公寓的工程设计工作。在设计中，基本保持了原审批的初步设计标准，控制了总体规模（600套），其总平面布置、道路、建筑物的层数、层高及总高度以及地下车库、人防设施，均按照原初步设计及市规划局批准的方案设计。但是，由于原初步设计存在一些不足之处，经业主同设计院在设计中作了一些必要的修改和调整。其中包括：

（1）修改了公寓内平面不合理部分。

（2）对电梯间过小的问题进行了调整。

（3）加宽了基础尺寸。

由于进行了上述修改和调整，××花园公寓较批准的规划建筑面积增加了8100平方米。

请问：业主修改设计，不按规定履行报批手续的行为和设计院在××花园公寓的工程设计工作中，对原设计所作的修改和调整内容的行为是否合法？请说明理由。

【案例评析】

工程建设管理中的一项重要原则就是程序的合法化。为适应市场的需求，业主为此增加建筑结构的安全和功能，修改与调整设计方案是正常的。关键的问题是，修改方案是否符合该地区的详细规划，是否符合规划管理审批程序。在初步方案确定以后，对原设计所确定的面积、规模、道路等设计要求进行修改与调整，都需要经过原审批机关批准后，方可修改。《建设工程勘察设计管理条例》第二十八条规定，建设工程勘察、设计文件内容需要作重大修改的，建设单位应当报经原审批机关批准后，方可修改。按规定，建设单位应当报经原审批机关批准后，方可修改。本案中，建设单位未报经原审批机关批准，由设计院直接修改是违法的。设计院直接修改设计的行为，也属于违法行为。

5.4.2 理论引导

1. 建设工程勘察设计文件的编制原则和依据

（1）建设工程勘察设计文件的编制原则。建设工程勘察设计是工程建设的主导环节，对工程建设的质量、投资效益起着决定性的作用。为保证工程勘察设计的质量和水平，根据相关法规规定，建设工程勘察设计必须遵循以下主要原则：

1）贯彻经济规划、社会发展规划、城乡规划和产业政策。经济、社会发展规划及产业政策，是国家某一时期的建设目标和指导方针，工程设计必须贯彻其精神；城市规划、村庄和集镇规划一经批准公布，即成为工程建设必须遵守的规定，工程设计活动也必须符合其要求。

2）综合利用资源，满足环保要求。在工程设计中，要充分考虑矿产、能源、水、农、林、牧、渔等资源的综合利用。要因地制宜，提高土地利用率。同时，要尽量利用荒地、劣地，不占或少占耕地。工业项目中要选用能耗较少的生产工艺和设备；在民用项目中，要采取节约能源的措施，提倡区域集中供热，重视余热利用。城市新建、扩建和改建项目，应配套建设节约用水设施。在工程设计时，还应积极改进工艺，采取行之有效的技术措施，防止粉尘、毒物、废水、废气、废渣、噪声、放射性物质及其他有害因素造成环境污染，要进行综合治理和利用，使设计符合国家环保标准。

3）遵守工程建设技术标准。工程建设中安全、卫生和环境保护等方面的标准都是强制性标准，在工程设计时必须严格遵守。如必须遵守《工程建设标准强制性条文》中各个部分的规定。

4）采用新技术、新工艺、新材料和新设备，以保证建设工程的先进性和可靠性。

5）重视技术与经济效益的结合。采用先进的技术，可提高生产效率，增加产量，降低成本，但往往会增加建设成本和建设工期。要注重技术和经济效益的结合，从总体上全面考虑工程的经济效益、社会效益和环境效益。在具体工程建设时，有时这些新的要求会增加一次性投入成本，但在后期的使用过程中会体现出优势。这种情况需要有关部门有力的扶持和帮助，使我国的建设水平提高，使整个社会效益提高。

6）公共建筑和住宅要注意美观、适用和协调。建筑既要有实用功能，又要能美化城市，给人们提供精神享受。公共建筑和住宅设计应巧于构思，造型新颖，独具特色，并应与周围环境相协调，保护自然环境；同时，还要满足功能适用、结构合理的要求。在公共建筑方面，特别强调要求"以人为本"的设计思想，对残疾人士的照顾是必需的，对弱势群体的照顾也是必需的，对其的关心要体现在具体的设计中。

（2）建设工程勘察设计文件的编制依据。《建设工程勘察设计管理条例》第二十五条规定，编制建设工程勘察设计文件，应当以下列规定为依据：

1）项目批准文件。
2）城乡规划。
3）工程建设强制性标准。
4）国家规定的建设工程勘察、设计深度要求。

铁路、交通、水利等专业建设工程，还应当以专业规划的要求为依据。

2. 建设工程勘察设计文件的编制要求

一般来说，建设工程勘察设计文件编制要求按内容可分为以下几类：

（1）勘察文件：建设工程勘察文件应当真实、准确，满足建设工程规划、选址、岩土治理和施工的需要。

（2）设计文件：方案设计文件应满足编制初步设计文件和控制概算的需要；初步设计文件应满足编制施工招标文件、主要设备材料订货和编制施工图设计文件的需要；施工图设计文件应满足设备材料采购、非标准设备制作和施工的需要，并注明建设工程合理使用年限。

（3）材料、设备的选用文件：注明技术指标。勘察设计文件中选用的材料、构配件、设备，应当注明其规格、型号、性能等技术指标，其质量要求必须符合国家规定的标准。除有特殊要求的建筑材料、专用设备和工艺生产线等外，设计单位不得指定生产厂、供应商。

新技术、新材料的选用。勘察设计文件中规定采用的新技术、新材料，可能影响工程建设质量和安全又没有国家技术标准的，应当由国家认可的检测机构进行试验、论证，出具检测报告，并经国务院有关部门或省、自治区、直辖市人民政府有关部门组织的工程建设技术专家委员会审定后，方可使用。

设计单位还应积极参加项目建议书的编制、建设地址的选择、建设规划及试验研究等设计前期工作。对大型水利枢纽、水电站、大型矿山、大型工厂等重点项目，在项目建议书批准前，设计单位可根据长远规划的要求进行必要的资源调查、工程地质和水文勘察、经济调查和多种方案的技术经济比较等方面的工作，以从中了解和掌握有关情况，收集必要的设计基础资料，为编制设计文件做好准备。

其中，项目建议书是一个非常重要的指导性文本，它的完善性往往影响整个建设项目的构成和水平，编制项目建议书需要进行充足的调查和研究，并对今后的社会需求、技术发展有正确的判断，使项目建议书真正成为设计的正确依据。

3. 建设工程勘察设计文件的基本内容和深度

(1) 总体设计的内容和深度。"总体设计"这个名称是对一个大型联合企业或一个小区（包括矿区、油区、林区或建筑小区等）内若干建设项目中的每一个单项工程而言的，是与这些单项工程的设计相对应而存在的设计。它本身并不代表一个单独的设计阶段。

总体设计的主要任务是对一个小区、一个大型联合企业中的每个单项工程根据生产运行上的内在联系或开发建设上的先后顺序，在相互衔接、配合等方面进行统一的规划、部署和安排，使整个工程在布置上紧凑，流程上顺畅，技术上可靠，生产上方便，经济上合理。

1) 总体设计的内容：建设规模；产品方案；原料来源；工艺流程概况；主要设备配置；主要建筑物、构筑物；公用、辅助设施；"三废"治理、环境保护方案；占地面积估计；总图布置及运输方案；生产组织概况和劳动定员估计；生活区规划设想；施工基地部署、地方材料来源及存放；施工总进度及相互配合要求；总投资估算；主要技术经济指标；效益估计。

2) 总体设计的深度，应能满足的要求：初步设计的开展；主要大型、专用设备的生产安排；大宗、特种材料的预安排；土地征用及拆迁谈判。

(2) 初步设计的内容和深度。对需要进行总体设计的项目而言，初步设计及其内容应在总体设计的原则指导下进行和确定。

1) 一般情况下，工业大中型项目初步设计的主要内容应包括以下几个方面的文字说明和相应的图纸、资料：设计的主要依据；设计的指导思想和主要原则；建设规模；产品方案；原料、燃料、动力的用量、来源和要求；主要生产设备的选型及配置；工艺流程；总图布置、运输方案；主要建筑物、构筑物；公用、辅助设施；主要材料用量及要求；外部协作条件；综合利用、"三废"治理、环境评价及保护措施；抗震及人防设施；生产组织及劳动定员；生活区建设；占地面积、征用数量、场地利用情况；主要技术经济指标分析及评价；建设顺序及年限；设计总概算；主要效益指标、分析及评价等。

2) 小型工业项目，特殊、复杂的高技术项目，其初步设计的内容，根据项目的性质和实际的需要，可以在上述内容的基础上，适当地精简或增加。

3) 民用项目初步设计的内容，主要应根据使用和功能的需要确定。

4) 初步设计的深度，应能满足以下要求：各种设计方案的比选和确定；主要设备、材料的订货、生产或采购；土地征用及拆迁；基本建设投资的筹措或年度投资计划的安排；施工图设计的进行；施工组织设计的编制；施工准备和生产准备等。

(3) 技术设计的内容和深度。技术设计是对重大项目和特殊项目为进一步解决某些具体技术问题，或确定某些技术方案而进行的设计。其是为在初步设计阶段中无法解决而又需要进一步研究的问题的解决所设置的一个设计阶段。其主要任务是解决以下几个方面的问题：

特殊工艺流程方面的试验、研究及确定；新型设备、材料、部件方面的试验、制作及确定；大型建筑物、构筑物（如水坝、桥梁等）或某些关键部位的模型、样品等方面的试验、研究及确定；某些技术复杂，需谨慎对待的问题的研究及确定。

（4）施工图设计的内容和深度。施工图设计的内容主要是根据批准的初步设计的内容和要求，对建设项目所有主、辅生产厂房、附属设施及其主要关键部位的土建和安装绘制出正确、完整和尽可能详尽的图纸，其深度应能满足以下几个方面的需要：设备、材料的采购、运输和安排；各种非标准设备、工具的制作、采购和运输；建筑、安装工程量的计算和材料用量估算；施工图预算的编制；土建、安装工程的进行；施工组织设计的编制。

4. 建设工程勘察设计文件的审批

在我国，建设工程勘察设计文件的审批实行分级管理。分级审批的原则如下：

（1）大中型建设项目的初步设计和总概算按隶属关系，由国务院主管部门或省、自治区、直辖市组织审查，提出审查意见，报国家发改委批准；特大、特殊项目，由国务院批准。

（2）中型建设项目的初步设计和总概算，在国务院主管部门备案，由省、自治区、直辖市审查批准。

（3）小型建设项目初步设计的审批权限，由主管部门或省、自治区、直辖市自行规定。

（4）总体规划设计（或总体设计）的审批权限与初步设计的审批权限相同。

（5）施工图设计要按有关规定进行审查。

5. 建设工程勘察设计文件的修改

设计文件是工程建设的主要依据，经批准后，就具有一定的严肃性，不得任意修改和变更，建设单位、施工单位、监理单位都不得修改建设工程勘察设计文件；确需修改的，应由原勘察设计单位修改。经原勘察设计单位书面同意，建设单位也可以委托其他具有相应资质的建设工程勘察设计单位修改。修改单位对修改的勘察设计文件承担相应责任。

施工单位、监理单位发现建设工程勘察设计文件不符合工程建设强制性标准、合同约定的质量要求的，应当报告建设单位。建设单位有权要求建设工程勘察设计单位对建设工程勘察设计文件进行补充、修改。

建设工程勘察设计文件内容需要作重大修改的，建设单位应当报经原审批机关批准后，方可修改。

建设工程勘察设计文件中规定采用的新技术、新材料，可能影响建设工程质量和安全，又没有国家技术标准的，应当由国家认可的检测机构进行试验、论证，出具检测报告，并经国务院有关部门或者省、自治区、直辖市人民政府有关部门组织的建设工程技术专家委员会审定后，方可使用。

5.4.3 实训操作

【案例分析】

20×1年10月，原告赵某与被告设计公司订立一份聘用合同，进入设计公司从事装饰设计工作。20×2年3月，设计公司与深圳市××投资发展有限公司（以下简称"投资公司"）订立一份合同，约定由设计公司为投资公司装修某住宅小区的一套样板间提供设计和施工。

合同成立后，投资公司向设计公司提供了样板间的建筑结构图，设计公司为履行合同义务，分配赵某设计样板间。20×2年4月，赵某为完成设计公司交给的任务，利用工作时间和设计公司提供的物质技术条件，完成了样板间的室内设计施工图，其中编号为M的有5张图，编号为N的有18张图，每一张图的设计一栏均有原告的署名，审核一栏有设计公司钱某的署名。施工图中具体标明了每个部分应当使用的原材料及其尺寸或者规格，以及部分家具和内饰的位置和材质。施工图完成后，设计公司遂依据施工图进行施工，在施工过程中，为配合施工需要，曾对施工图的设计进行修改，一些修改是在赵某指导下进行，一些修改是在钱某指导下进行；施工图未做设计的家具、灯饰、装饰品和装饰物，由钱某设计、选购和配置。样板间完成后，设计公司针对样板间的不同角度，摄制了许多照片。20×2年，该省举行室内装修设计大赛，钱某和设计公司持样板间拍摄的效果图片参赛，获得优胜奖。奖杯上无获奖者或者设计者的署名，未发给获奖证书或者奖金。20×2年设计公司持上述效果图片参加市家居装饰设计作品展，获得一等奖，获奖证书上载明获奖单位为设计公司，设计师为钱某。20×3年2月后，被告在一系列媒体上通过报道和广告等形式，运用图片和文字方式，宣传样板间的设计者是钱某，而对于原告却只字未提。原告以被告的上述行为构成著作权侵权为由向市中级人民法院提起诉讼。

请问：

1. 赵某是否享有署名权？请说明理由。
2. 设计公司享有什么权利？请说明理由。

5.4.4 拓展训练

【真题实测】

多项选择题（每题的备选项中，至少有1个答案符合题意）

1. 编制建设工程勘察、设计文件，应当以下列（　　）规定为依据。
   A. 建设项目建议书　　　　　　B. 国家规定的建设工程勘察、设计深度要求
   C. 工程建设强制性标准　　　　D. 城市规划
   E. 项目批准文件

2. 编制建设工程勘察文件，应当真实、准确，满足建设工程（　　）的需要。
   A. 规划　　　B. 选址　　　C. 设计　　　D. 岩土治理和施工
   E. 监理

3. 勘察、设计单位有下列（　　）行为之一的，责令限期改正，处10万元以上30万元以下的罚款。
   A. 勘察单位未按照工程建设强制性标准进行勘察的
   B. 设计单位未按照工程建设强制性标准进行设计的
   C. 设计单位未根据勘察成果文件进行工程设计的
   D. 设计单位指定建筑材料、建筑构配件的生产厂、供应商的
   E. 勘察设计单位未及时到建设工地解决问题的

第6章 建设工程监理法律制度

本章导读

建设工程监理制度是我国建设领域的一项重要制度,是建筑工程的建设单位为保证建筑工程质量,控制建筑工程造价和工期,确保建筑生产安全,维护自身相关合法权益的必然要求。本章从监理的内容和权限、监理的类别、建设工程各阶段监理等方面详细阐述了建设工程监理法律制度。希望通过学习本章,读者可以对这方面的专业知识有所掌握。

本章要点

- 掌握工程监理单位资质等级的划分标准。
- 掌握建设工程监理的适用范围。

6.1 建设工程监理制度

6.1.1 案例导入

某工程,实施过程中发生如下事件:

事件1:在某工程的实施过程中,总监理工程师组织编写监理规划时,明确监理工作的部分内容如下:①审核分包单位资格;②核查施工机械和设施的安全许可验收手续;③检查试验室资质;④审核费用索赔;⑤审查施工总进度计划;⑥工程计量和付款签证;⑦审查施工单位提交的工程款支付报审表;⑧参与工程竣工验收。

事件2:在第一次工地会议上,总监理工程师明确签发《工程暂停令》的情形包括:①隐蔽工程验收不合格的;②施工单位拒绝项目监理机构管理的;③施工存在重大质量、安全事故隐患的;④发生质量、安全事故的;⑤调整工程施工进度计划的。

问题:

1. 针对事件1,将所列的监理工作内容按质量控制、造价控制、进度控制和安全生产管理工作分别进行归类。

2. 指出事件2中总监理工程师的不妥之处,依据《建设工程监理规范》,还有哪些情形应签发《工程暂停令》?

【案例解析】

1. 属于质量控制工作的有:①审核分包单位资格;③检查试验室资质;⑧参与工程竣工验收。

属于造价控制工作的有:④审核费用索赔;⑥工程计量和付款签证;⑦审查施工单位提

交的工程款支付报审表。

属于进度控制工作的有：⑤审查施工总进度计划。

属于安全生产管理工作的有：②核查施工机械和设施的安全许可验收手续。

2．事件2中的不妥之处及其理由如下：

不妥之处一：隐蔽工程验收不合格的，总监理工程师签发《工程暂停令》。

理由：隐蔽工程验收不合格的，项目监理机构应及时签发《监理通知单》，要求施工单位整改。

不妥之处二：调整工程施工进度计划的，总监理工程师签发《工程暂停令》。

理由：调整工程进度计划不符合总监理工程师签发《工程暂停令》的情况。

依据《建设工程监理规范》，总监理工程师还应及时签发《工程暂停令》的情况有：

- 建设单位要求暂停施工且工程需要暂停施工的。
- 施工单位未经批准擅自施工或拒绝项目监理机构管理的。
- 施工单位未按审查通过的工程设计文件施工的。
- 施工单位违反工程建设强制性标准的。
- 施工存在重大质量、安全事故隐患或发生质量安全事故的。

6.1.2 理论引导

1．建筑工程监理概念

所谓建设工程监理，是指具有相应资质的监理单位受工程项目建设单位的委托，依据国家有关工程建设的法律、法规，经建设主管部门批准的工程项目建设文件、建设工程委托监理合同及其他建设工程合同，对工程建设实施的专业化监督管理，实行建设工程监理制，目的在于确保工程建设质量、提高投资效益和社会效益。

《建筑法》第三十条规定，国家推行建筑工程监理制度。根据《建筑法》的有关规定，建设单位与其委托的工程监理单位应当订立书面委托合同。工程监理单位应当根据建设单位的委托，客观、公正地执行监理业务。建设单位和工程监理单位之间是一种委托代理关系，适用《民法典》有关代理的法律规定。我国自1988年开始推行建设工程监理制度，经过这些年的探索总结，《建筑法》以法律形式正式确立了工程监理制度。国务院《建设工程质量管理条例》《建设工程安全生产管理条例》则进一步规定了工程监理单位的质量责任、安全责任。

2．实行强制监理的建设工程范围

根据《建设工程监理范围和规模标准规定》《国家重点建设项目管理办法》的相关规定，国务院规定的实施强制监理的建筑（建设）工程（项目）的范围包括如下几类：

（1）国家重点建设工程。国家重点建设工程是指依据《国家重点建设项目管理办法》所确定的对国民经济和社会发展有重大影响的骨干项目，具体包括基础设施、基础产业和支柱产业中的大型项目，高科技并能带动行业技术进步的项目，跨地区并对全国经济发展或者区域经济发展有重大影响的项目，对社会发展有重大影响的项目，其他骨干项目。

（2）大中型公用事业工程。大中型公用事业工程是指项目总投资额在3000万元以上的下列工程项目：供水、供电、供气、供热等市政工程项目，科技、教育、文化等项目，体育、

旅游、商业等项目，卫生、社会福利等项目，其他公用事业项目。

（3）成片开发建设的住宅小区工程。成片开发建设的住宅小区工程，建筑面积在 5 万平方米以上的住宅建设工程必须实行监理。5 万平方米以下的住宅建设工程，可以实行监理，具体范围和规模标准，由省、自治区、直辖市人民政府建设行政主管部门规定。

（4）利用外国政府或者国际组织贷款、援助资金的工程。使用世界银行、亚洲开发银行等国际组织贷款资金的项目；使用国外政府及其机构贷款资金的项目；使用国际组织或者国外政府援助资金的项目。

（5）国家规定必须实行监理的其他工程。

1）项目总投资额在 3000 万元以上关系社会公共利益、公众安全的下列基础设施项目：煤炭、石油、化工、天然气、电力、新能源等项目；铁路、公路、管道、水运、民航以及其他交通运输业等项目；邮政、电信枢纽、通信、信息网络等项目；防洪、灌溉、排涝、发电、引（供）水、滩涂治理、水资源保护、水土保持等水利建设项目；道路、桥梁、地铁和轻轨交通、污水排放及处理、垃圾处理、地下管道、公共停车场等城市基础设施项目；生态环境保护项目；其他基础设施项目。

2）学校、影剧院、体育场馆项目。

3. 工程监理单位的地位与职责范围

工程项目的建设是由工程建设单位（甲方，也称项目业主）、工程承包单位（乙方）和工程监理单位（监理方）三方联合完成的。作为工程监理单位是直接参与项目建设的独立的第三方，它同甲方与乙方的关系是平等的、横向的。监理单位在与建设单位签订建设工程委托监理合同后，应公正、独立、自主地开展监理工作。

我国的建设监理制度规定，监理的工作范围包括两个方面：一是工程类别，其范围确定为各类土木工程、建筑工程、线路管道工程、设备安装工程和装修工程；二是工程建设阶段，其范围确定为工程建设投资决策阶段、勘察设计招投标与勘察设计阶段、施工招投标与施工阶段（其中包括设备采购与制造、工程质量保修）。因此《建设工程监理规范》适用于各类新建、扩建、改建建设工程。但是由于目前我国的监理工作在工程建设投资决策阶段、勘察设计招投标和勘察设计阶段尚未形成系统成熟的经验，有待进一步探索完善，所以《建设工程监理规范》只限于建设工程施工阶段的监理工作，而暂不涉及工程项目的前期可行性研究和勘察设计阶段的监理工作。

工程监理单位派驻建设现场的工程监理机构（通称工程监理部），一般由监理单位法定代表人书面授权的主持监理部工作的总监理工程师（简称总监）、总监理工程师代表（简称总监代表，其由总监书面授权，行使总监授予的部分职责和权力，从事总监指定的工作）、专业监理工程师（指土建、水暖、电气自控、建筑装修与工程预算等专业）、监理员及文秘辅助人员所组成。我国明文规定，建设工程监理实行总监理工程师负责制，由他全面负责建设工程监理的实施工作。

由于建设单位已将工程项目的管理工作全部委托监理部实施，因此监理部就是代表甲方的施工现场唯一的管理者，监理人员则是利用自身的专业技术知识、管理技能和实践经验为甲乙双方提供高智能的监督管理服务的人员。

4. 工程监理的中心任务和实施依据

（1）工程监理的中心任务。建设工程监理的中心任务，归结为"三控二管一协调"。其中"三控"是指工程项目的目标控制（管理），就是控制经过科学规划所确定的建设项目的工程进度、工程质量及工程造价三大目标。这三大目标是相互关联、相互制约的目标系统。三大目标控制是监理方必须贯彻始终的中心工作。

"二管"指建设工程的合同管理和工程信息管理。合同包括施工总包合同与分包合同、各类订货合同、工程建设监理合同、勘察设计合同与勘察设计文件、各种招投标文件等；工程信息由监理工程师对所需的技术信息进行收集、整理、存储、传递、应用等一系列工作。

"一协调"指监理方为实现工程目标，对建设过程中出现的各种矛盾，如各部门之间的关系不和、合同争议、现场各工种进度不一致、各工种相互结合部位不交圈、工程拨款不及时、设计功能变更对建设计划带来影响、设计与施工矛盾、市政工程与本建设工程配合不到位等问题，需在甲方的支持下，通过监理工程师同有关各方进行组织协调工作，使问题逐一得到处理。

总之，建设工程监理具有技术管理、经济管理、合同管理、组织管理、资质审查和协调工作等多项业务职能，因此监理工作的责任很重、难度很大，只有严格履行监理合同，甲方授予监理方三大目标控制的相应权力，并给予信任和支持，以保证监理方公正、独立、自主地发挥监理作用，才能顺利完成工程建设任务。作为监理方必须依法执业，既要维护甲方的权益，也不能损害乙方的合法利益。

（2）工程监理的依据。根据《建筑法》《建设工程质量管理条例》《建设工程安全生产管理条例》的有关规定，工程监理的依据包括以下几个方面。

1）法律、法规。施工单位的建设行为受很多法律、法规的制约，如不可偷工减料等。工程监理在监理过程中首先就要监督检查施工单位是否存在违法行为，因此，法律、法规是工程监理单位的依据之一。

2）有关的技术标准。技术标准分为强制性标准和推荐性标准。强制性标准是各参建单位都必须执行的标准，而推荐性标准则是可以自主决定是否采用的标准。通常情况下，建设单位若要求采用推荐性标准，应当与设计单位或施工单位在合同中予以明确约定。经合同约定采用的推荐性标准，对合同当事人同样具有法律约束力，设计或施工未达到该标准，将构成违约行为。

3）设计文件。施工单位的任务是按图施工，也就是按照施工图设计文件进行施工。如果施工单位没有按照图纸的要求去修建工程，就构成违约，而擅自修改图纸则构成违法。因此，设计文件就是监理单位的依据之一。

4）建设工程承包合同。建设单位和承包单位通过订立建设工程承包合同，明确双方的权利和义务，合同中约定的内容要远远大于设计文件的内容。例如，进度、工程款支付等都不是设计文件所能描述的，而这些内容也是当事人必须履行的义务。工程监理单位有权利也有义务监督检查承包单位是否按照合同约定履行这些义务。因此，建设工程承包合同也是工程监理的一个依据。

5. 工程监理的内容和权限

(1) 工程监理的内容。工程监理在本质上是项目管理，其监理的内容自然与项目管理的内容是一致的。其内容包括进度控制、质量控制、成本控制、安全管理、合同管理、信息管理、沟通协调。

由于监理单位是接受建设单位的委托代表建设单位进行项目管理的，其权限取决于建设单位的授权，因此，其监理的内容也不尽相同。

《建筑法》第三十三条规定，实施建筑工程监理前，建设单位应当将委托的工程监理单位、监理的内容及监理权限，书面通知被监理的建筑施工企业。

(2) 工程监理的权限。《建筑法》第三十二条第二款、第三款分别规定了工程监理人员的监理权限和义务。

1) 工程监理人员认为工程施工不符合工程设计要求、施工技术标准和合同约定的，有权要求建筑施工企业改正。

2) 工程监理人员发现工程设计不符合建筑工程质量标准或者合同约定的质量要求的，应当报告建设单位要求设计单位改正。

《建设工程质量管理条例》第三十七条第二款规定，未经监理工程师签字，建筑材料、建筑构配件和设备不得在工程上使用或者安装，施工单位不得进行下一道工序的施工。未经总监理工程师签字，建设单位不拨付工程款，不进行竣工验收。

6. 禁止工程监理单位实施的违法行为

根据《建筑法》第三十四条、第三十五条的规定，工程监理单位还应当遵守如下强制性法律规定。

(1) 工程监理单位与被监理工程的承包单位以及建筑材料、建筑构配件和设备供应单位不得有隶属关系或者其他利害关系。

工程监理单位与被监理单位之间是监理与被监理的关系。工程监理单位应当根据建设单位的委托，客观、公正地执行监理任务。如果工程监理单位与承包单位或供应单位之间有隶属关系或其他利害关系，将很可能影响工程监理单位的客观性和公正性，并最终损害委托方建设单位的利益。鉴于此，《建筑法》第三十四条第三款作出了相应的禁止性规定。

(2) 工程监理单位不得转让工程监理业务。建设单位之所以将监理工作委托给某个工程监理单位，往往是出于对该单位综合能力的信任，而并不仅仅取决于其监理费报价是否较低。因此，和其他委托代理合同一样，建设工程委托监理合同通常是建立在信赖关系的基础上，具有较强的人身性。工程监理单位接受委托后，应当自行完成工程监理工作，不得转让监理业务。

(3) 工程监理单位不按照委托监理合同的约定履行监理义务，对应当监督检查的项目不检查或者不按照规定检查，给建设单位造成损失的，应当承担相应的赔偿责任。

工程监理单位应当与建设单位签订建设工程委托监理合同，明确双方的权利义务。工程监理单位不按照委托监理合同的约定履行监理义务，首先是对建设单位的违约，因此要承担相应的违约责任；如果给建设单位造成损失，这种违约责任将主要表现为赔偿损失。这与《民法典》的规定也是相吻合的。当然，工程监理单位不按约定或法律规定履行监理义务的行为，除应当对建设单位承担违约责任以外,还有可能依法承担罚款、降低资质等级等行政责任;构成犯罪的,还要承担刑事责任。

(4)工程监理单位与承包单位串通,为承包单位谋取非法利益,给建设单位造成损失的,应当与承包单位承担连带赔偿责任。

如前所述,工程监理单位与建设单位之间是代理与被代理的关系;而相对于建设工程委托监理合同,承包单位是第三人。《民法典》第一百六十四条规定,代理人和相对人恶意串通,损害被代理人合法权益的,代理人和相对人应当承担连带责任。《建筑法》第三十五条第二款规定的内容与《民法典》第一百六十四条规定的内容是一致的。

6.1.3 实训操作

【案例分析】

某实施监理的工程,在招标与施工阶段发生如下事件:

事件1:招标代理机构提出,评标委员会由7人组成,包括建设单位纪委书记、工会主席、当地招标投标管理办公室主任,以及从评标专家库中随机抽取的4位技术、经济专家。

事件2:建设单位要求招标代理机构在招标文件中明确:投标人应在购买招标文件时提交投标保证金;中标人的投标保证金不予退还;中标人还需提交履约保函,保证金额为合同总额的20%。

事件3:施工中因地震导致施工停工1个月;已建工程部分损坏;现场堆放的价值50万元的工程材料(施工单位负责采购)损毁;部分施工机械损坏,修复费用20万元;现场8人受伤,施工单位承担了全部医疗费用24万元(其中建设单位受伤人员医疗费3万元,施工单位受伤人员医疗费21万元);施工单位修复损坏工程支出10万元。施工单位按合同约定向项目监理机构提交了费用补偿和工程延期申请。

事件4:建设单位采购的大型设备在运抵施工现场后,进行了清点移交。施工单位在安装过程中发现该设备一个部件损坏,经鉴定,部件损坏是由于部件本身存在质量缺陷。

请问:

1. 指出事件1中评标委员会人员组成的不正确之处,并说明理由。
2. 指出事件2中建设单位要求的不妥之处,并说明理由。
3. 根据《建设工程施工合同(示范文本)》,分析事件3中建设单位和施工单位应各自承担哪些经济损失?项目监理机构应批准的费用补偿和工程延期各是多少?(不考虑工程保险)
4. 就施工合同主体关系而言,事件4中设备部件损坏的责任应由谁承担,并说明理由。

6.1.4 拓展训练

【真题实测】

一、单项选择题(每题的备选项中,只有1个答案最符合题意)

1. 实施建设工程监理的前提是( )。
    A. 已确定施工总承包单位　　B. 工程符合开工条件
    C. 已办理工程质量监督手续　　D. 已订立监理书面合同

2. 依法必须进行监理招标的项目，自招标文件开始发出之日起至投标人提交投标文件截止之日止，最短不得少于（　　）日。
   A. 15   B. 20   C. 28   D. 30

3. 根据《建设工程质量管理条例》，工程监理单位与建设单位或施工单位串通，弄虚作假、降低工程质量的，责令改正，降低资质等级或吊销资质证书，处（　　）的罚款。
   A. 50万元以上100万元以下   B. 30万元以上50万元以下
   C. 20万元以上50万元以下   D. 10万元以上20万元以下

4. 根据项目法人责任制的规定，项目董事会的职权是（　　）。
   A. 提出项目开工报告   B. 组织编制项目初步设计文件
   C. 对项目工艺流程提出意见   D. 编制项目年度投资计划

5. 项目建议书的主要作用是（　　）。
   A. 进行项目进度安排   B. 论证项目产品方案
   C. 比选项目建设地点   D. 推荐拟建项目

二、多项选择题（每题的备选项中，有1个以上的答案符合题意）

1. 下列情形中，体现建设工程监理独立性的有（　　）。
   A. 有健全的管理制度、科学的管理方法和手段
   B. 积累丰富的技术、经济资料和数据
   C. 严格按照法律法规、工程建设标准实施监理
   D. 按照自己的工作计划和程序，根据自己的判断开展工作
   E. 调解建设单位与施工单位之间的争议

2. 根据《建设工程监理范围和规模标准规定》，总投资额均为2000万元的下列工程项目，属于强制实行监理的是（　　）。
   A. 某地铁和轻轨交通项目   B. 某垃圾处理项目
   C. 某学校项目   D. 某体育场项目
   E. 某新能源项目

3. 根据国务院《关于投资体制改革的决定》，对采用直接投资方式的政府投资工程，政府投资管理部门需要审批（　　）。
   A. 项目建议书   B. 可行性研究报告
   C. 初步设计   D. 工程概算
   E. 开工报告

4. 根据《建设工程安全生产管理条例》，下列人员中，经建设行政主管部门或者其他有关部门考核合格后方可任职的有（　　）。
   A. 施工单位技术负责人   B. 施工单位主要负责人
   C. 施工项目技术负责人   D. 施工项目负责人
   E. 专职安全生产管理人员

5. 根据《招标投标法》，关于开标、评标和中标的说法，正确的有（　　）。
   A. 招标人在开标时负责检查投标文件的密封情况

B. 评标由招标人依法组建的评标委员会负责
C. 评标委员会由招标人的代表和有关技术、经济等方面的专家组成
D. 评标委员会成员名单在中标结果确定前应当保密
E. 招标人和中标人应当自中标通知书发出之日起20日内订立书面合同

6.2 监理单位与监理人员

6.2.1 案例导入

某工程在监理合同履行过程中发生如下事件：

事件1：总监理工程师对部分监理工作安排如下。
（1）监理实施细则由总监理工程师代表负责审批。
（2）隐蔽工程由质量控制专业监理工程师负责验收。
（3）工程费用索赔由造价控制专业监理工程师负责审批。
（4）工程计量原始凭证由监理员负责签署。

事件2：总监理工程师对工程竣工预验收工作安排如下。专业监理工程师组织审查施工单位报送的竣工资料，总监理工程师组织工程竣工预验收。施工单位对存在的问题整改，施工单位整改完毕后，专业监理工程师签署工程竣工报验单，并负责编制工程质量评估报告。工程质量评估报告经总监理工程师审核签字后报送建设单位。

事件3：针对该工程的风险因素，项目监理机构综合考虑风险回避、风险转移、风险损失控制、风险自留四种对策，提出了相应的应对措施，具体见表6-1。

表6-1 风险因素及应对措施

代码	风险因素	应对措施
A	易燃物品仓库紧邻施工项目部办公用房	施工单位重新进行平面布置，确保两者之间保持安全距离
B	工程材料价格上涨	建设单位签订固定总价合同
C	施工单位报审的分包单位无类似工程施工业绩	施工单位更换分包单位
D	施工组织设计中无应急预案	施工单位制定应急预案
E	建设单位负责采购的设备技术性能复杂，配套设备较多	建设单位要求供货方负责安装调试
F	工程地质条件复杂	建设单位设立专项基金

事件4：一批工程材料进场后，施工单位质检员填写《工程材料/构配件/设备报审表》并签字后，仅附材料供应方提供的质量证明资料报送项目监理机构。项目监理机构审查后认为不妥，不予签认。

请问：

1. 逐条指出事件1中总监理工程师对监理工作安排是否妥当，请针对不妥之处写出正确安排。

2. 指出事件2中总监理工程师对工程竣工预验收工作安排的不妥之处，并写出正确安排。

3. 指出表6-1中A～F的风险应对措施分别属于四种对策中的哪一种。

4. 指出事件4中施工单位的不妥之处，并写出正确做法。

【案例评析】

1. 事件1中，总监理工程师对监理工作安排是否妥当及其正确安排具体如下：

（1）监理实施细则由总监理工程师代表负责审批不妥当。

正确安排：审批监理实施细则应由总监理工程师负责。根据《建设工程监理规范》（GB/T 50319—2013）的规定，总监理工程师审批监理实施细则；总监理工程师不得将审批项目监理实施细则委托给总监理工程师代表。

（2）隐蔽工程由质量控制专业监理工程师负责验收的做法妥当。

根据《建设工程监理规范》（GB/T 50319—2013）的规定，专业监理工程师应履行的职责中包括负责本专业分项工程验收及隐蔽工程验收。

（3）工程费用索赔由造价控制专业监理工程师负责审批不妥当。

正确安排：工程费用索赔由总监理工程师负责审批。根据《建设工程监理规范》（GB/T 50319—2013）的规定，总监理工程师指定专业监理工程师收集与索赔有关的资料；总监理工程师进行费用索赔审查，并在初步确定额度后与承包单位和建设单位进行协商。

（4）工程计量原始凭证由监理员负责签署的做法妥当。

根据《建设工程监理规范》（GB/T 50319—2013）的规定，监理员负责复核或从施工现场直接获取工程计量的有关数据并签署原始凭证。

2. （1）不妥之处：专业监理工程师组织审查施工单位报送的竣工资料。

正确安排：总监理工程师组织专业监理工程师依据有关法律、法规、工程建设强制性标准、设计文件及施工合同，对施工单位报送的竣工资料进行审查。

（2）不妥之处：整改完毕后，专业监理工程师签署工程竣工报验单。

正确安排：应由总监理工程师签署工程竣工报验单。总监理工程师对工程质量进行竣工预验收，对存在的问题，应及时要求承包单位整改，整改完毕由总监理工程师签署工程竣工报验单。

（3）不妥之处：专业监理工程师负责编制工程质量评估报告。

正确安排：由总监理工程师提出工程质量评估报告。总监理工程师对工程质量进行竣工预验收，对存在的问题，应及时要求承包单位整改，整改完毕由总监理工程师签署工程竣工报验单，并应在此基础上提出工程质量评估报告。

（4）不妥之处：工程质量评估报告经总监理工程师审核签字后报送建设单位。

正确安排：工程质量评估报告应经总监理工程师和监理单位技术负责人审核签字后报送建设单位。

3. （1）施工单位重新布置易燃物品仓库的位置，使其与施工项目部办公用房之间保持安全距离的目的是，一旦发生爆炸或火灾时减小风险灾害的损失。因此，A选项处理措施属于风险损失控制的范畴。

（2）建设单位考虑材料市场不稳定，价格上涨会影响到合同结算价格的增加，采取固定总价承包的合同，是将材料价格增长的风险转由施工单位承担。因此，B选项处理措施属于风险转移的范畴。

（3）施工单位报审的分包单位无类似工程施工业绩，不具备实施分包工程的资格，要求施工单位更换分包单位的目的是中断分包工程施工的质量、安全风险。因此，C选项处理措施属于风险回避的范畴。

（4）施工组织设计中无应急预案，要求施工单位制定应急预案并不能防止风险事件的发生，只能减小事件发生后的损失。因此，D选项处理措施属于风险损失控制的范畴。

（5）鉴于建设单位负责采购的设备技术性能复杂、配套设备较多，要求供货方负责安装调试的目的是，将整套设备的配套性能满足设计要求，技术参数达标的设备安装风险由供货方承担。因此，E选项措施属于风险转移的范畴。

（6）由于工程地质条件复杂，建设单位设立专项风险基金并不能改变风险发生的客观性，只是风险事件发生后有能力采取有效的应对措施。因此，F项处理措施属于风险自留的范畴。

4.（1）不妥之处：施工单位仅附材料供应方提供的质量证明资料报送项目监理机构。

正确做法：施工单位所提供的资料中还应包含数量清单、质量证明文件和自检报告。

（2）不妥之处：工程材料进场后，施工单位质检员填写《工程材料/构配件/设备报审表》并签字。

正确做法：《工程材料/构配件/设备报审表》应由项目经理签字。

6.2.2 理论引导

1. 监理单位的概念与性质

监理单位一般是指具有法人资格，取得监理资质证书，主要从事工程建设监理工作的监理公司、监理事务所等；也包括具有法人资格的单位下设的专门从事监理工作的二级机构，如设计单位、科研单位、咨询单位中的监理部、监理室等。

我国的监理单位是推行工程建设监理制后才兴起的一种企业，它不是政府的建设监督机构，所以不行使政府对工程建设的监督管理职能。它是在接受建设单位的委托和授权后对工程建设项目建设实施监督职能的机构。我国为了把它们与政府建设监理机构相区别，把它们称之为"社会建设监理单位"。其主要任务是向工程业主提供高智能的技术服务，对工程建设的质量、进度、投资三大目标进行监督管理。

2. 监理单位与建设市场各方的关系

（1）监理单位与建设单位的关系。

1）建设单位与监理单位之间是平等的关系。这种关系主要体现于两方面。首先，监理单位与建设单位都是市场经济中独立的企业法人，只是它们的经营性质不同、业务范围不同，没有主仆之分，更不是雇佣与被雇佣的关系。建设单位委托监理单位对工程建设项目进行监督管理和授予必要的权力，是通过双方的平等协商，以合同的形式事先约定的。监理单位与建设单位都要以主人翁的姿态对工程建设负责，对国家、对社会负责。其次，监理单位和建设单位都是建筑市场中的主体。在建筑市场中，建设单位是买方，监理单位是中介服务方，它们是以工程建设项目为载体而协同工作的。所以双方应按照约定的条款，行使各自的权利和义务，然后取得相应的利益。监理单位按照委托的要求开展工作，对建设单位负责，但并不受建设单位的领导。建设单位对监理单位内部事务也没有任何支配权和管理权。

2）建设单位与监理单位之间是一种授权与被授权的关系。监理单位接受建设单位委托之后，建设单位将授予监理单位一定的权力。不同的建设单位对监理单位授予的权力也是不一样的。建设单位自己掌握的权力一般有：工程建设规模、设计标准和使用功能的决定权；设计、设备供应和施工单位的选定权；设计、设备供应和施工合同的签订权；工程变更的审定权等。建设单位除了保留上述重要决策权外，一般情况下，把其余的权力授予监理单位，其中包括：工程建设重大问题向建设单位的建议权；工程建设组织协调的主持权；工程材料和施工质量的确认权与否决权；施工进度和工期的确认权与否决权；工程款支付与工程结算的确认权与否决权。

监理单位根据建设单位的授权而开展工作，并在工程建设的具体实践中居于重要的地位，但监理单位绝不是建设单位的代理人。监理单位以自己的名义从事监理工作，在对工程建设项目实施监理的过程中，监理人员如有失误，将自己承担相应责任而不能让建设单位对自己的监理行为承担任何民事责任。

3）建设单位与监理单位之间是市场经济下的经济合同关系。工程建设项目建设单位与监理单位之间的委托关系确立后，双方应订立建设工程委托监理合同。合同一旦签订，就意味着双方之间的交易形成。建设单位是买方，监理单位是卖方，即建设单位出钱购买监理单位的智力劳动。另外，既然是合同关系，双方都有自己经济利益的需求，监理单位不会无偿服务，建设单位也不会对监理单位无故施舍。双方的经济利益责任和义务都体现在签订的委托监理合同中。

但是，由于监理单位在建筑市场处于中介服务方的特殊地位，建设工程委托监理合同与其他经济合同还是有所区别的。在建筑市场中，建设单位和施工单位为建筑市场的买方和卖方，买方总是想少花钱而买到好商品，而卖方总想在销售商品中获得较高的利润，所以作为中介方的监理单位，既有责任帮助建设单位购买到合适的建筑产品，又有责任维护施工单位的合法权益，可见，监理单位在建筑市场的交易活动中，起着维系公平交易、等价交换的制衡作用。因此，不能把监理单位单纯地看成是建设单位利益的代表，这就是社会主义市场经济体制下，监理单位与建设单位之间经济关系的特点。

（2）监理单位与承包商的关系。

1）监理单位与承包商之间是平等关系。承包商和监理单位都是建筑市场的主体之一；监理单位和承包商的业务范围不同，具体责任不同，但在性质上都属于出卖产品的"卖方"，相对于建设单位来说，两者的角色是一样的；监理单位和承包商都必须在工程建设的法律、法规、规章、规范、标准的制约下开展工作，两者之间不存在领导与被领导的关系。

2）监理单位与承包商之间是监理与被监理的关系。监理单位与承包商之间没有签订任何经济合同，但是监理单位与建设单位签订有委托监理合同，承包商与建设单位签订有承包合同，所以，监理单位依据建设单位的授权，就有监督管理承包商履行工程建设承包合同的权利和义务。同时，我国建设法规也赋予监理单位监督建设法规及有关技术法规实施的职责，故监理单位有权对承包商在执行这些法规时的行为给予监督管理。在实施监理后，对承包商来说，将不再直接与工程建设项目建设单位打交道，而主要是与监理单位进行业务往来。同样，对建设单位来说，实施工程建设监理就意味着建设单位不再直接与承包商打交道，而要通过监理单位来严格监督承包商全面履行合同规定的行为。

（3）监理单位与政府质量监督站的关系。我国的工程项目建设中，为了保证工程质量，建立了质量管理的三个体系，即设计、施工单位的全面质量管理保证体系、监理单位的质量检查体系及政府部门的质量监督体系。

监理单位的质量检查体系，有一套完整的组织机构、工作制度、工作程序和工作方法，对保证工程质量起到了十分重要的作用。凡用于施工现场的机械设备和原材料都必须经过检验合格并得到监理人员的认可；每一道施工工序、环节都必须按批准的程序和工艺施工，必须进行施工单位的"三检"（初检、复检、终检）并经监理人员检查认证合格，方可进入下一道工序和环节，否则不得计量及支付工程进度款。

政府部门的质量监督体系开始于1984年，政府专职机构对工程质量进行强制性的监督管理。水利部主管全国水利工程质量监督工作，监督机构按总站、中心站、站三级设置。

政府质量监督站与监理单位的关系是监督与被监督的关系。质量监督是政府行为，建设监理是企业行为，两者的性质、职责、权限、方式和内容有原则性的区别，具体见表6-2。

表6-2　质量监督站与监理单位的区别

比较项目	工程质量监督站	监理单位
特点	①代表政府行使政府职能； ②是执法机构； ③工作有强制性； ④有工程质量等级认证权	①受项目法人委托，为项目法人服务； ②是服务性机构； ③工作有强制性的一面，也有非强制性的一面； ④只有参与等级评定的职责，而没有最终认证权
工作范围和深度	对工程质量抽查及等级认证	对质量、进度、费用、计量、支付变更、索赔、延期等全面监理，而且是不间断地跟踪监控，工作内容宽且深
工作依据	遵守国家的方针、政策、法律、法令、技术标准与规范、规程等	除与工程质量监督站相同外，更要以设计文件和监理委托合同、工程承包合同为主要依据
目的	控制工程质量	控制工程质量、建设工期、工程造价

（4）监理单位与工程咨询单位的关系。监理单位的服务对象是项目法人，而工程咨询单位的服务对象可以是项目法人、设计、施工单位及材料供应商等。在同一个工程项目中，不得由同一个工程咨询机构为当事人双方提供工程咨询服务。工程咨询在高智能、服务性和公正性方面，与监理是相同的，但工程咨询一般只有建议权，对项目法人及有关方面均无约束力，即无决定权和执行权。而监理单位，不仅有建议权，还有一定的决定权和执行权，这是工程咨询与社会监理的区别。在同一建设项目工作中，监理单位与工程咨询单位是合作伙伴关系。

3. 监理人员

监理人员指经过监理业务培训，具有同类工程相关专业知识，从事具体监理工作的人员。

监理工程师是岗位职务，并非国家现有专业技术职称的一个类别。监理工程师的这一特点，决定了监理工程师并非终身职务。只有具备资格并经注册上岗，从事监理业务的人员，才能称为监理工程师。

（1）监理人员的职责。

1）认真学习和贯彻有关建设监理的政策、法规以及国家和省、市有关工程建设的法律、法规、政策、标准和规范，在工作中做到以理服人。

2）熟悉所监理项目的合同条款、规范、设计图纸，在专业监理工程师领导下，有效开展现场监理工作，及时报告施工过程中出现的问题。

3）认真学习设计图纸及设计文件，正确理解设计意图，严格按照监理程序、监理依据，在专业监理工程师的指导、授权下进行检查、验收；掌握工程全面进展的信息，及时报告专业监理工程师（或总监理工程师）。

4）检查承包单位投入工程项目的人力、材料、主要设备及其使用、运行状况，并做好检查记录；督促、检查施工单位安全措施的投入。

5）复核或从施工现场直接获取工程计量的有关数据并签署原始凭证。

6）按设计图及有关标准，对承包单位的工艺过程或施工工序进行检查和记录，对加工制作及工序施工质量检查结果进行记录。

7）担任旁站工作，发现问题及时指出并向专业监理工程师报告。

8）记录工程进度、质量检测、施工安全、合同纠纷、施工干扰、监管部门和业主意见、问题处理结果等情况，做好有关的监理记录；协助专业监理工程师进行监理资料的收集、汇总及整理，并交内业人员统一归档。

9）完成专业监理工程师（或总监理工程师）交办的其他任务。

10）现场发现问题就地解决，同时向监理工程师汇报。

（2）监理人员任职条件。

1）大学专科及以上学历，建筑、土木、工民建类相关专业。

2）1年以上工程监理工作经验，有助理工程师资格者优先。

3）精通工程监理、工程管理等相关专业知识，了解建筑法、合同法、招投标法等相关法律法规，了解工程概预算相关知识。

4）有较高的判断决策能力，能及时决断，灵活应变，能处理各种矛盾、纠纷，具备良好的协调能力和控制能力。

5）有很好的语言表达、交际沟通能力。

6）责任心强、能吃苦耐劳，能适应经常出差。

（3）监理人员级别进阶。

1）监理员——大专（包含大专）以上学历+岗位证书（监理员证），其中分土建、市政、安装、安全等专业。

2）专业监理工程师——大专（包含大专）以上学历+初级以上职称+岗位证书。

3）注册监理工程师——大专（包含大专）以上学历（或中级以上职称）+岗位证书，分省注册监理工程师（地方）、国家注册监理工程师。

（4）各级监理人员的职权。

1）总监理工程师的职权范围。

a. 职责。
- 确定项目监理机构人员的分工和岗位职责。
- 主持编写项目监理规划，审批项目监理实施细则，并负责管理项目监理机构的日常工作。
- 审查分包单位的资质，并提出审查意见。
- 检查和监督监理人员的工作，根据工程项目的进展情况可进行人员调配，对不称职的人员应调换其工作。
- 主持监理工作会议，签发项目监理机构的文件和指令。
- 审定承包单位提交的开工报告、施工组织设计、技术方案、进度计划。
- 审查和处理工程变更。
- 主持或参与工程质量事故的调查。
- 调解建设单位与承包单位的合同争议、处理索赔、审批工程延期。
- 组织编写并签发监理月报、监理工作阶段报告、专题报告和项目监理工作总结。
- 审核签认分部工程和单位工程的质量检验评定资料，审查承包单位的竣工申请，组织监理人员对待验收的工程项目进行质量检查，参与工程项目的竣工验收。
- 主持整理工程项目的监理资料。
- 完成领导临时交办的有关事宜。

b. 职权。
- 有权对本监理部不称职的监理人员提出批评，做出处罚意见。
- 有权签发《工程开工/复工报审表》及《工程暂停令》。

2）专业监理工程师的职权范围。

a. 职责。
- 负责编制本专业的监理实施细则。
- 负责本专业监理工作的具体实施。
- 组织、指导、检查和监督本专业监理员的工作，当人员需要调整时，向总监理工程师提出建议。
- 审查承包单位提交的涉及本专业的计划、方案、申请、变更，并向总监理工程师提出报告。
- 负责本专业分项工程验收及隐蔽工程验收。
- 定期向总监理工程师提交本专业监理工作实施情况报告,对重大问题及时向总监理工程师汇报和请示。
- 根据本专业监理工作实施情况做好监理日记。
- 负责本专业监理资料的收集、汇总及整理，参与编写监理月报。
- 核查进场材料、设备、构配件的原始凭证、检测报告等质量证明文件及其质量情况，根据实际情况认为有必要时对进场材料、设备、构配件进行平行检验，合格时予以签认。
- 负责本专业的工程计量工作，审核工程计量的数据和原始凭证。
- 完成领导临时交办的有关事宜。

b．职权。
- 有权对未经监理人员验收或验收不合格的工程材料、构配件、设备拒绝签认。
- 有权对不合格的工序及隐蔽工程拒绝签认。
- 有权对承包单位施工过程中出现的质量缺陷下发《监理工程师通知单》，要求承包单位整改，并检查整改结果。

3）监理员的职权范围。
a．职责。
- 在专业监理工程师的指导下开展现场监理工作。
- 检查承包单位投入工程项目的人力、材料、主要设备及其使用、运行状况，并做好检查记录。
- 复核或从施工现场直接获得工程计量的有关数据并签署原始凭证。
- 按设计图及有关标准，担任旁站工作，发现问题及时指出并向专业监理工程师报告。
- 做好有关的监理记录。
- 完成领导临时交办的有关事宜。

b．职权。
- 在旁站监理工作中，发现问题有权要求承包单位整改。
- 有权检查承包单位投入工程项目的材料质量。

6.2.3 实训操作

【案例分析】

一项实施监理的工程，施工单位按合同约定将打桩工程分包。施工过程中发生以下事件：

事件1：打桩工程开工前，分包单位向专业监理工程师报送了《分包单位资格报审表》及相关资料。专业监理工程师仅审查了营业执照、企业资质等级证书，认为符合条件后即通知施工单位同意分包单位进场施工。

事件2：专业监理工程师在现场巡视时发现，施工单位正在加工的一批钢筋未报验，立即进行了处理。

事件3：主体工程施工过程中，专业监理工程师发现已浇筑的钢筋混凝土工程出现质量问题，经分析，有以下原因：

（1）现场施工人员未经培训。
（2）浇筑顺序不当。
（3）振捣器性能不稳定。
（4）雨天进行钢筋焊接。

（5）施工现场狭窄。

（6）钢筋锈蚀严重。

事件 4：施工单位因违规作业发生一起质量事故，造成直接经济损失 8 万元。该事故发生后，总监理工程师签发《工程暂停令》，事故调查组进行调查后，出具事故调查报告，项目监理机构接到事故调查报告后，按程序对该质量事故进行了处理。

请问：

1. 指出事件 1 中专业监理工程师的做法有哪些不妥，并说明理由。

2. 专业监理工程师应如何处理事件 2？

3. 将项目监理机构针对事件 3 分析的（1）～（6）项原因分别归入影响工程质量的五大要素（人、机械、材料、方法、环境）之中，并绘制因果分析图。

4. 按照事故严重程度划分，事件 4 中的质量事故属于哪一类？写出项目监理机构应该采取的对该事故的处理程序。

6.2.4 拓展训练

【真题实测】

单项选择题（每题的备选项中，只有 1 个最符合题意答案）

1. 根据《建设工程监理规范》，施工单位在工程施工中向项目监理机构提出工程变更申请后，总监理工程师首先应进行的工作是（　　）。

　　A．联系原设计单位修改工程设计文件

　　B．组织专业监理工程师评估工程变更费用

　　C．组织专业监理工程师审查工程变更申请

　　D．协调建设单位、施工单位共同确定工程变更费用

2. 施工单位使用承租的机械设备和施工机具及配件的，在使用前应由（　　）进行共同验收。

　　A．施工总承包单位、分包单位、出租单位和安装单位

　　B．项目监理机构、施工总承包单位、分包单位和出租单位

　　C．建设单位、项目监理机构、施工总承包单位和安装单位

　　D．设计单位、施工总承包单位、出租单位和安装单位

3. 为履行工程监理职责，总监理工程师应根据经审核批准的（　　）对现场监理人员进行交底。

　　A．监理大纲和监理实施细则　　B．监理规划和监理实施细则

　　C．监理大纲和专项施工方案　　D．监理规划和施工组织设计

4. 根据《建设工程监理规范》，旁站是指项目监理机构对（　　）进行的监督活动。

　　A．工程关键部位的施工质量和安全生产

　　B．工程关键部位或关键工序的安全生产

　　C．工程关键工序的施工质量和安全生产

　　D．工程关键部位或关键工序的施工质量

5. 下列文件资料中，需要由建设单位签署批准意见的是（　　）。
   A．单位工程竣工验收报审表　　B．工程开工报审表
   C．施工方案报审表　　　　　　D．施工进度计划报审表
6. 下列文件资料中，需要总监理工程师签字并加盖执业印章的是（　　）。
   A．工程款支付证书　　　　　　B．分部工程报验表
   C．分包单位资格报审表　　　　D．工程材料、构配件、设备报审表
7. 根据《建设工程监理规范》，项目监理机构编制的工程质量评估报告应在（　　）前提交给建设单位。
   A．单位工程验收　　　　　　　B．工程竣工预验收
   C．正式竣工验收　　　　　　　D．分部工程验收
8. 工程风险应对策略中，风险转移可分为（　　）两大类。
   A．契约转移和非契约转移　　　B．保险转移和非保险转移
   C．直接转移和间接转移　　　　D．担保转移和非担保转移

6.3　建设工程各阶段的监理

6.3.1　案例导入

某城市建设项目，建设单位托付监理单位担当施工阶段的监理任务，并通过公开招标选定甲施工单位作为施工总承包单位。工程实施中发生了下列事件：

事件1：桩基工程开始后，专业监理工程师发现，甲施工单位未经建设单位同意将桩基工程分包给乙施工单位，为此，项目监理机构要求暂停桩基施工。征得建设单位同意分包后，甲施工单位将乙施工单位的相关材料报项目监理机构审查，经审查乙施工单位的资质条件符合要求，可进行桩基施工。

事件2：桩基施工过程中，出现断桩事故。经调查分析，此次断桩事故是由于乙施工单位抢进度，擅自变更施工方案引起。对此，原设计单位供应的事故处理方案为：断桩清除，原位重新施工。乙施工单位按处理方案实施。

事件3：为进一步加强施工过程质量限制，总监理工程师代表指派专业监理工程师对原监理实施细则中的质量限制措施进行修改，修改后的监理实施细则经总监理工程师代表审查批准后实施。

事件4：工程进入竣工验收阶段，建设单位发文要求监理单位和甲施工单位各自邀请城建档案管理部门进行工程档案的验收并办理档案移交事宜，同时要求监理单位对施工单位的工程档案质量进行检查。甲施工单位收到建设单位发文后将该文转发给乙施工单位。

事件5：项目监理机构在检查甲施工单位的工程档案时发现，缺少乙施工单位的工程档案，甲施工单位的说明是，按建设单位要求，乙施工单位自行办理工程档案的验收及移交。在检查乙施工单位的工程档案时发现，缺少断桩处理的相关资料，乙施工单位的说明是，断桩清除后原位重新施工，不需列入这部分资料。

请问：

1. 事件1中，项目监理机构对乙施工单位资质审查的程序和内容是什么？
2. 项目监理机构应如何处理事件2中的断桩事故？
3. 事件3中，总监理工程师代表的做法是否正确？说明理由。
4. 指出事件4中建设单位做法的不妥之处，写出正确做法。
5. 分别说明事件5中甲施工单位和乙施工单位的说明有何不妥？对甲施工单位和乙施工单位工程档案中存在的问题，项目监理机构应如何处理？

【案例评析】

1. （1）审查甲施工单位报送的分包单位资格报审表，符合有关规定后，由总监理工程师予以签认。

（2）对乙施工单位资格审核以下内容：①营业执照、企业资质等级证书；②公司业绩；③乙施工单位担当的桩基工程范围；④专职管理人员和特种作业人员的资格证、上岗证。

2. （1）下达《工程暂停令》。

（2）责令甲施工单位报送断桩事故调查报告。

（3）审查甲施工单位报送断桩处理方案、措施。

（4）审查同意后签发《工程复工令》。

（5）对事故的处理和处理结果进行跟踪检查和验收。

（6）向建设单位提交有关事故的书面报告，并应将完整的质量事故处理记录整理归档。

3. （1）指派专业监理工程师修改监理实施细则做法正确。总监理工程师代表可以行使总监理工程师的这一职责。

（2）审批监理实施细则的做法不妥。应由总监理工程师审批。

4. 要求监理单位和甲施工单位各自对工程档案进行验收并移交的做法不妥。应由建设单位组织建设工程档案的（预）验收，并在工程竣工验收后统一向城市档案管理部门办理工程档案移交。

5. （1）甲施工单位应汇总乙施工单位形成的工程档案（或：乙施工单位不能自行办理工程档案的验收与移交）；乙施工单位应将工程质量事故处理记录列入工程档案。

（2）与建设单位沟通后，项目监理机构应向甲施工单位签发《监理工程师通知单》，要求尽快整改。

6.3.2 理论引导

1. 监理规划及监理实施细则

（1）监理规划。监理规划是在工程监理部充分分析和研究工程项目的目标、技术、管理、环境以及参与工程建设各方的情况后制定的指导工程项目监理工作的实施方案。监理规划要明确监理部的工作目标，研究确定具体的监理工作制度、程序、方法、措施等内容，并应具有可操作性。

监理规划应由总监理工程师主持、专业监理工程师参加编制。编制完毕后，交由监理公司技术负责人审核批准，再报送甲方。

监理规划应包括以下主要内容：
- 工程项目概况。
- 监理工作范围。
- 监理工作内容。
- 监理工作目标。
- 监理工作依据。
- 项目监理机构的组织形式。
- 项目监理机构的人员配备计划。
- 项目监理机构的人员岗位职责。
- 监理工作制度。
- 工程质量控制。
- 工程造价控制。
- 工程进度控制。
- 安全生产管理的监理工作。
- 合同与信息管理。
- 组织协调、监理工作设施。

（2）监理实施细则。对中型以上或专业性较强、危险性较大的分部分项工程，项目监理机构应编制监理实施细则。监理实施细则要符合监理规划的要求，并应结合工程项目的专业特点，做到详细具体、具有可操作性。监理实施细则应在工程施工开始前编制完成，并经总监理工程师批准，再报送甲方和乙方。

2. 施工准备阶段的监理工作

施工准备阶段监理工作的主要内容有：

（1）制定监理工作程序。

（2）熟悉勘察设计文件，对图纸中存在的问题提出书面意见和建议，请设计单位答复。

（3）参与设计交底会，了解设计意图和要求。

（4）专业监理工程师审查乙方报送的施工组织设计（施工方案），审查主要分部（分项）工程施工方案，经修改调整后，由总监审定签认并报甲方。

（5）审查确认主包单位的现场质量管理体系、技术管理体系和质量保证体系。

（6）审查签认分包单位报送的分包单位资质资料。

（7）查验签认乙方报送的施工测量放线控制成果，现场查验桩、线的准确性及桩点、桩位保护措施的有效性。

（8）检查乙方进场的主要设备型号、规格及性能，并试验合格。

（9）检查乙方的试验室资质等级、试验范围和条件。

（10）审查乙方报送的工程开工报审表及相关资料，当具备下列开工条件时，由总监签发并报甲方备案：施工许可证已获批准；征地拆迁工作能满足工程进度需要；施工组织设计（方案）已获总监批准；乙方现场管理人员已到位，机具和施工队伍已进场，主要工程材料已落实；进场道路及水、电、通信等已满足开工要求。

（11）工程项目开工前，监理人员应参加甲方主持召开的第一次工地会议。

3. 施工阶段的监理工作

（1）工地例会及专题会议。工地例会（也称监理例会）是由总监在施工全过程中定期主持召开的会议，甲方和乙方的主包、分包管理人员均应参加。此会主要检查上次例会议定事项的落实情况，分析未完事项的原因；检查分析工程进度计划完成情况，提出下一阶段进度目标及落实措施；检查分析工程项目当前质量状况，针对存在的质量问题提出改进措施；检查工程量核定及工程款支付情况；解决需要协调的有关事项。

专题会议是由总监或其授权的总监代表主持召开的会议，各主要参建单位均可向监理部提出各种专题动议，通过此会议研究解决这些专项问题。

上述工地例会与专题会议是开展三大目标控制及组织协调工作的基本手段。

（2）工程进度控制。

1) 审批工程进度计划。监理方应对乙方的施工总进度计划及年/季/月的进度计划进行审批；要根据本工程的条件（工程规模、质量标准、工艺复杂性、施工现场条件、施工队伍水平等），全面分析施工总进度计划和年进度计划的合理性、可行性；应注意分析乙方主要工程材料及设备供应的配套安排情况。

2) 对进度计划的实施监督。在计划实施过程中，监理应对乙方实际进度进行跟踪监督，并对实施情况作出记录；根据检查的结果，对工程进度进行评价和分析，当发现实际进度滞后计划进度较多时，应签发《监理通知单》要求乙方及时采取调整措施，当发现实际进度滞后计划进度严重时，应由总监与甲方商定召开专题协调会议，采取进一步措施。

（3）工程质量控制。

1) 监理部应要求乙方严格按照批准的施工组织设计（方案）、分部分项工程施工方案组织施工。

2) 对于工程项目的重点部位和关键工序，乙方应先报送施工工艺和确保质量的具体措施，经监理审查签认。在施工过程中，监理对这些重点部位、关键工序和关键控制点应进行旁站（即监理人员在现场监督活动）。

3) 对乙方所采用的新材料、新工艺、新技术、新设备，要审查报送的相应施工工艺措施和证明材料，组织专题论证，经审定后签认。

4) 进场的工程材料、构配件和设备，要求乙方先进行检验测试，判断合格后按程序向监理方报审；监理对所报工程材料、构配件和设备型号规格及其质量证明资料进行审核，并对到场的实物按规定比例作抽样复试、抽检和验收；验收不合格的工程材料、构配件和设备，监理不予签认而且书面通知乙方限期将它们撤出现场。

5) 总监应安排监理人员对施工现场经常进行巡视和检查。对隐蔽工程的隐蔽过程、下道工序施工完成后难以检查的重点部位，监理工程师应安排监理员进行旁站。监理工程师应根据乙方报送的隐蔽工程报验申请表和自检结果进行现场检查，符合要求予以签认；对验收不合格的工序（或未经监理验收的工序），必须要求整改合格，再由监理复查认可，然后继续施工。

6）乙方应对其完成的分项工程自检合格后向监理部报送质量验评资料，监理审核所报资料并到施工现场抽检核查，若符合要求应予签认，并确定质量等级。乙方在分部工程和单位工程完成后，应向监理部报送分部工程和单位工程质量验评资料，由总监组织监理人员对所报资料进行审核和现场检查，若符合要求应予签认。

7）对整个施工过程中出现的各种质量缺陷，专业监理工程师应及时下达监理通知，要求乙方作出整改，并检查整改结果。如果存在重大质量隐患，可能造成质量事故或已经造成质量事故，应通过总监及时向乙方下达工程暂停令，要求停工整改。整改后监理复查合格，由总监签署工程复工报审表，准其复工。总监下达上述停工令和签署复工令，事前应向甲方报告。

8）对需要返工处理或加固补强的质量事故，总监应责令乙方报送质量事故调查报告和经设计单位等相关单位认可的处理方案。监理部应对质量事故的处理过程和处理结果进行跟踪检查和验收。总监还应及时向甲方及本监理公司提交有关质量事故的书面报告，并应将完整的质量事故处理记录整理归档。

（4）工程造价控制。

1）监理部应按下列程序进行工程计量和工程款支付的审定工作：乙方统计经专业监理工程师质量验收合格的工程量，填报工程量清单和工程款支付申请表；专业监理工程师进行现场计量，审核工程量清单和工程款支付申请表，并报总监审定；总监签署工程款支付证书，并报甲方。

2）监理部应按下列程序进行竣工结算的审定工作：乙方按施工合同规定填报竣工结算报表；专业监理工程师审核乙方报送的竣工结算报表；总监审定竣工结算报表，与甲方、乙方协商一致后，签发竣工结算文件和最终的工程款支付证书报甲方。

3）监理部应依据施工合同有关条款、施工图，对工程项目造价目标进行风险分析（找出工程造价最易突破部分以及最易发生费用索赔的原因和部位），从而制定出书面防范性对策，经总监审核后向甲方提交有关报告。

4）总监应从造价、项目的功能要求、质量和工期等方面审查工程变更的方案，并且在工程变更实施前与甲方、乙方协商确定工程变更的价款。

5）监理部应按施工合同约定的工程量计算规则和支付条款，进行工程量计量和工程款支付审定。

6）专业监理工程师应及时建立月完成工程量和工作量统计表，对实际完成量与计划完成量进行比较、分析，制定调整措施，并应在监理月报中向甲方报告。

7）监理部应及时按施工合同的有关规定进行竣工结算，并应对竣工结算的价款总额与甲方和乙方协商。

8）未经监理人员质量验收合格的工程量，或不符合施工合同规定的工程量，监理人员应拒绝计量并拒绝该部分的工程款支付申请。

（5）竣工验收。

1）总监应组织专业监理工程师，依据有关法律、法规、工程建设强制性标准、设计文件及施工合同，对乙方报送的竣工资料进行检查，并对工程质量全面地进行竣工预验收。对存在的问题，应及时要求乙方整改。整改完毕由总监签署工程竣工报验单，并应在此基础上提出工程质量评估报告。工程质量评估报告应经总监和监理公司技术负责人审核签字。

2）对需要进行功能试验的工程项目（包括单机试车和无负荷试车），监理应督促乙方及时进行试验，并对重要项目进行现场监督检查。应认真地审查所交的试验报告单，必要时请甲方和设计单位参加。

3）监理部应参加由甲方组织的竣工验收，并提供相关监理资料。对验收中提出的整改问题，监理部要求乙方进行整改。工程质量符合要求后，由总监会同参加验收的各方签署竣工验收报告。施工阶段整个工程项目竣工验收后，在工程质量保修期内（一般为一年），监理单位应留驻必要的监理人员，负责对乙方修复的工程质量逐项进行验收和签认。

（6）施工合同管理的其他工作。施工合同管理的其他工作，主要有如下方面：工程暂停令和复工令的签发；工程变更的管理；费用索赔的处理；工程延期及工程延误的处理；合同争议的调解；合同的解除。

上述管理工作，监理部应遵照《建设工程监理规范》的具体规定，以及国家或地方的有关法规、标准、定额进行操作。

（7）监理工作收尾。建设工程项目通过竣工验收后，监理部结束工作时应写出全面的《监理工作总结》，呈报甲方，同时要按规定做好全部监理资料的整理归档工作。

6.3.3　实训操作

【案例分析】

某监理公司通过公开投标的方式承担了某项一般房屋工程施工阶段的全方位监理工作，现已办理了中标手续，并签订了委托监理合同，任命了总监理工程师，并按照以下监理实施程序开展了工作：

（1）建立项目监理机构。

1）确定了本工程的质量控制目标为监理机构工作的目标。

2）确定监理工作范围和内容；包括设计阶段和施工阶段。

3）进行项目监理机构的组织结构设计。

4）由总监代表组织专业监理工程师编制了建设工程监理规划。

（2）制定各专业监理实施细则。

1）各专业监理工程师仅以监理规划为依据编制了监理实施细则。

2）总监代表批准了各专业的监理实施细则。

3）各监理实施细则仅包括了监理工作的流程、监理工作的方法和措施。

（3）规范地开展监理工作。

（4）参与验收、签署建设工程监理意见。

（5）向建设单位提交建设工程档案资料。

（6）进行监理工作总结。

请问：

1. 请指出在建立项目监理机构的过程中"确定工作目标、工作内容和制定监理规划"三项工作中的不妥之处，并写出正确的做法。

2. 请指出在制定各专业监理实施细则的三项工作中是否存在不妥之处，并写出正确做法。

6.3.4 拓展训练

【真题实测】

一、单项选择题（每题的备选项中，只有1个答案最符合题意）

1. 监理人首次违约时，委托人可向监理人发出（　　）通知，要求其在限定时间内纠正。
   A. 整改　　　　　　　　　　B. 暂停工作
   C. 暂停支付　　　　　　　　D. 解除合同

2. 建设工程采用平行承包模式的主要优点是（　　）。
   A. 建设周期较短　　　　　　B. 工程招标任务量小
   C. 合同数量较少　　　　　　D. 协调工作量小

3. 称为"交钥匙工程"的发包承包模式是（　　）。
   A. 施工总承包　　　　　　　B. 设计、施工、运营承包
   C. 工程总承包　　　　　　　D. 平行承包

4. 不属于建设工程监理工作规范化的体现是（　　）。
   A. 监理工作的时序性　　　　B. 监理职责分工的严密性
   C. 监理目标的确定性　　　　D. 监理工作质量的复杂性

5. 根据《建设工程监理规范》，下列工作中，属于监理员职责的是（　　）。
   A. 编写监理月报　　　　　　B. 复核工程计量有关数据
   C. 编制监理实施细则　　　　D. 验收分项工程

二、多项选择题（每题的备选项中，至少有1个答案符合题意）

1. 根据《建设工程监理规范》，总监理工程师可在《工程开工报审表》中签署同意开工意见的条件有（　　）。
   A. 设计交底和图纸会审已完成　　B. 施工机械具备使用条件
   C. 主要工程材料已落实　　　　　D. 施工测量放线已完成
   E. 施工试验室已准备就绪

2. 项目监理机构协助建设单位进行系统外部协调时，属于系统远外层协调的有（　　）。
   A. 与工程设计单位的协调　　　　B. 与工程所在地政府部门的协调
   C. 与工程质量监督机构的协调　　D. 与施工分包单位的协调
   E. 与邻近工地施工总承包单位的协调

3. 根据《建设工程监理规范》，总监理工程师应及时签发工程暂停令的情形有（　　）。
   A. 施工单位未经批准擅自施工的
   B. 施工单位未按审查通过的施工组织设计施工的

C．施工单位未按审查通过的专项施工方案施工的

D．施工单位未按审查通过的工程设计文件施工的

E．施工存在重大质量事故隐患的

4．为有效控制建设工程项目目标，项目监理机构可采取的组织措施有（　　）。

A．寻求建设工程三大目标之间的最佳匹配

B．改善建设工程目标控制的工作流程

C．确定建设工程三大目标的优先等级

D．加强各单位（部门）之间的沟通协作

E．按不同角度逐级分解建设工程总目标

5．根据《建设工程监理规范》，监理规划可在（　　）后开始编制。

A．签订建设工程监理合同　　　　B．签订建设工程监理合同和施工合同

C．收到工程设计文件　　　　　　D．图纸会审和设计交底会议

E．第一次工地会议

第 7 章　建设工程安全管理法律制度

本章导读

建设工程安全事关人民群众生命安全与健康。我国已建立以"安全第一、预防为主、综合治理"为方针的安全生产责任制度。本章要求熟悉《建设工程安全生产管理条例》的相关内容；明确建设单位、勘察单位、设计单位、施工单位、工程监理单位及其他与建设工程安全生产有关的单位在建设工程各环节所应承担的安全管理责任和义务。

本章要点

- 掌握从事建筑施工活动各类主体的安全生产责任。
- 掌握建筑施工企业安全生产许可制度。

建筑工程安全生产管理是建设行政主管部门、监督管理机构、从事建筑活动的主体及有关单位为保证建筑生产安全，对建筑工程生产过程中的安全工作所进行的计划、组织、指挥、协调、控制和监督等一系列管理活动的总称，其旨在保护从事建筑活动的人员在建筑工程生产过程中的人身安全与财产安全，保证建设单位的建筑工程财产不受损失，保证建筑工程产品生产任务的顺利完成。建筑工程安全生产管理包括：建设行政主管部门对于建筑活动过程中安全生产的全行业性建筑工程安全生产管理；从事建筑活动的主体（包括施工企业、工程勘察企业、工程设计企业和工程监理企业）为保证其从事相关专业建筑活动过程中的生产安全所进行的自我管理。

7.1　建筑施工安全生产许可

7.1.1　案例导入

20×8 年 12 月 4 日，××市××县某水泥公司改造项目施工现场，在浇筑混凝土过程中，发生模板支撑系统坍塌事故，造成 4 人死亡、2 人轻伤，直接经济损失约 192 万元。该公司 2500 吨/天新型干法生产线技术改造项目，辅助原料破碎平台工程为单层现浇框架结构，长 33 米，宽 8.5 米，结构层高 9.6～9.727 米，建筑面积为 280 平方米。事故当日 16 时左右，施工人员正在对该工程平台混凝土现浇板进行浇筑，当浇筑到 2/3 时，发生了①轴-②轴/A 轴-B 轴现浇模板钢管支撑系统整体坍塌。

根据事故调查和责任认定，导致事故发生的直接原因是现浇混凝土模板支撑系统钢管立杆间距，大横杆步距和剪刀撑的设置不符合安全技术规范的要求，不能满足承载力的需要，加载后致使模板支撑系统失稳。间接原因：一是未按工程建设强制性规定编制安全专项施工方案，该工程属于高大模板工程，按规定需要编制安全专项施工方案，并组织专家论证后方可实施，但该工程只是按经验进行施工；二是未严格按施工组织设计实施，平台现浇板模板支撑系统基础未进行填平处理压实，立杆直接置于回填用的片石和块石上，并且立杆间距、步距、剪刀撑严重不符合施工组织设计和脚手架安全生产技术交底的相关要求，不能满足承载力的需要，加载后造成标高9.6~9.727米平台立杆失稳；三是施工工序不合理，在上午浇筑的柱子混凝土强度还不能满足加载要求的情况下进行现浇板的施工，进一步增加了不合格模板支撑系统的荷载，导致事故的发生；四是安全生产培训教育不到位，特种作业人员无证上岗，该工程使用的8名架子工没有一人经过培训取得特种作业资格证书；五是未按照《建设工程安全监理规范》和工程建设强制性标准实施监理，对于模板施工无安全专项施工方案、无专家论证审查意见这一情况，工程总监及监理人员未加制止，更未提出整改要求，施工组织设计也没有经过总监审核签署意见，在该工程模板支撑系统严重不符合规范的情况下，就在项目部自检的验收合格表上签字确认并签发了混凝土浇筑许可证。在浇筑过程中，发现模板支撑系统出现异常摆动的情况，仅通报施工单位负责人，而没有采取强制性措施停止混凝土浇筑，导致事故的发生；六是现场安全管理失控。

请问：导致本次事故的主要原因是什么？应如何防止类似问题出现？

【案例评析】

这是一起由于未按工程建设强制性规定编制安全专项施工方案、施工工序不合理、模板支撑系统搭设不符合安全技术规范要求引起的生产安全责任事故。事故暴露出施工现场安全管理失控、监督管理缺失等问题。应认真吸取事故教训，做好以下几方面工作：

（1）切实加强安全专项方案管理。从调查的情况看，这起事故中没有编制安全专项施工方案，也就无法进行论证。特别是在基础未填平、压实的情况下，施工人员随意支搭，立杆就直接置于回填土用的片石和块石上，并且立杆间距、横杆步距、剪刀撑设置等严重不符合规范和施工组织设计的要求，不能满足承载力的需要。

（2）科学合理安排工期。从施工管理上分析，该工程工期不合理。为赶工期，在基础未回填夯实的情况下就在上面支搭模板支撑系统。由于基础不实，受力不均，造成立杆受力不均。加上工序安排不合理，柱、板连续浇筑，上午浇筑完柱子，下午接着浇筑顶板，因柱子混凝土强度不能满足规范允许的加荷要求，随即进行顶板的施工，进一步增加了不合格的现浇模板钢管支撑体系的荷载。

（3）牢固树立生产经营的法律意识。在这起事故中，非法转包、以包代管，导致施工安全管理失控。从目前市场的情况看，有些工程不但主体结构进行了转包，而且转包给与施工资质不符的单位、私人，挂靠施工，他们没有技术力量来保证施工质量和安全。转包以后，总包单位往往以包代管，根本不派人到现场进行指导管理，由转包单位组织施工，造成安全管理失控。

（4）安全生产培训教育要突出针对性。这起事故中，违反《建筑法》和《建设工程安全生产管理条例》的违法行为突出，违反技术规范和安全规程的行为明显，涉及建设工程的相关法规和制度没有真正能落实到班组，特别是安全生产培训教育缺少针对工程特点的实质内容，不能使施工人员真正认识到安全工作的重要性。因此要加强安全培训教育工作，特别是加强施工人员进场的安全教育和特种作业人员的安全技术培训，提高其安全意识和自我保护能力。

（5）完善工程监理的安全保证体系。要明确每个监理人员的安全职责及管理范围，实行安全监督与施工监督相结合、安全预防与过程监督相结合、安全监理工程师巡视与现场监理人员检查相结合的施工安全监督工作制度。在健全审查核验制度、检查验收制度和督促整改制度的基础上，完善安全例会、定期检查及资料归档等制度，针对薄弱环节及时提出整改意见，并督促检查落实。

7.1.2 理论引导

1. 建筑施工企业安全生产许可法律制度概述

安全生产许可是指国家有关行政主管机关（部门）依法准予从事具有危险性的特殊产品生产的企业进行上述产品生产的行政行为。

建筑施工企业安全生产许可是指政府建设主管机关（部门）准予建筑施工企业进行建筑工程施工（生产）活动的行政行为。建筑施工企业取得安全生产许可的具体表现是依法取得许可机关颁发的安全生产许可证。

目前，根据我国安全生产方面的法律、行政法规、部门规章的相关规定，建筑施工企业取得安全生产许可是其进行建筑工程施工（生产）、取得建筑工程施工许可的前置必备条件。例如，《建筑施工企业安全生产许可证管理规定》明确规定"建筑施工企业未取得安全生产许可证的，不得从事建筑施工活动"，还规定，住房和城乡建设主管部门在审核发放施工许可证时，应当对已经确定的建筑施工企业是否有安全生产许可证进行审查，对没有取得安全生产许可证的，不得颁发施工许可证。因此，可以认为，建筑施工企业安全许可制度已经成为建筑工程施工许可法律制度的组成部分，当然也成为目前我国建设行政许可法律制度的组成部分。

建筑施工企业安全生产许可法律制度是针对从事建筑工程施工（生产）的建筑施工企业制定的安全生产许可法律制度。根据《中华人民共和国安全生产法》《安全生产许可证条例》《建设工程安全生产管理条例》《建筑施工企业安全生产许可证管理规定》的有关规定，建筑施工企业安全生产许可法律制度包括建筑施工企业取得安全生产许可证应具备的安全生产条件、建筑施工企业安全生产许可证的申请与颁发、建筑施工企业安全生产许可证的监督管理、处罚规则等方面的相关制度。

2. 建筑施工企业取得安全生产许可证应具备的安全生产条件

根据《建筑施工企业安全生产许可证管理规定》的规定，建筑施工企业取得安全生产许可证，应当具备以下安全生产条件：

（1）建立、健全安全生产责任制，制定完备的安全生产规章制度和操作规程。

（2）保证本单位安全生产条件所需资金的投入。

（3）设置安全生产管理机构，按照国家有关规定配备专职安全生产管理人员。

（4）主要负责人、项目负责人、专职安全生产管理人员经建设主管部门或者其他有关部门考核合格。

（5）特种作业人员经有关业务主管部门考核合格，取得特种作业操作资格证书。

（6）管理人员和作业人员每年至少进行一次安全生产教育培训并考核合格。

（7）依法参加工伤保险，依法为施工现场从事危险作业的人员办理意外伤害保险，为从业人员交纳保险费。

（8）施工现场的办公、生活区及作业场所和安全防护用具、机械设备、施工机具及配件符合有关安全生产法律、法规、标准和规程的要求。

（9）有职业危害防治措施，并为作业人员配备符合国家标准或者行业标准的安全防护用具和安全防护服装。

（10）有对危险性较大的分部分项工程及施工现场易发生重大事故的部位、环节的预防、监控措施和应急预案。

（11）有生产安全事故应急救援预案、应急救援组织或者应急救援人员，配备必要的应急救援器材、设备。

（12）法律、法规规定的其他条件。

3. 建筑施工企业安全生产许可证的申请和颁发制度

（1）建筑施工企业安全生产许可证的申请制度。根据《建筑施工企业安全生产许可证管理规定》的规定，建筑施工企业申请领取安全生产许可证的程序和相关规定包括：

1）建筑施工企业从事建筑施工活动前，应当依照规定向省级以上建设主管部门申请领取安全生产许可证。

2）中央管理的建筑施工企业（集团公司、总公司）应当向国务院建设主管部门申请领取安全生产许可证。

3）其他建筑施工企业，包括中央管理的建筑施工企业（集团公司、总公司）下属的建筑施工企业，应当向企业注册所在地省、自治区、直辖市人民政府建设主管部门申请领取安全生产许可证。

4）建筑施工企业申请安全生产许可证时，应当向建设主管部门提供下列材料：建筑施工企业安全生产许可证申请表；企业法人营业执照；建筑施工企业取得安全生产许可证应具备的安全生产条件中规定的相关文件、材料。

建筑施工企业申请安全生产许可证，应当对申请材料实质内容的真实性负责，不得隐瞒有关情况或者提供虚假材料。

5）安全生产许可证的有效期为3年。安全生产许可证有效期满需要延期的，企业应当于期满前3个月向原安全生产许可证颁发管理机关申请办理延期手续。

6）企业在安全生产许可证有效期内，严格遵守有关安全生产的法律法规，未发生死亡事故的，安全生产许可证有效期届满时，经原安全生产许可证颁发管理机关同意，不再审查，安全生产许可证有效期延期3年。

7）建筑施工企业变更名称、地址、法定代表人等，应当在变更后10日内，到原安全生产许可证颁发管理机关办理安全生产许可证变更手续。

8）建筑施工企业破产、倒闭、撤销的，应当将安全生产许可证交回原安全生产许可证颁发管理机关予以注销。

9）建筑施工企业遗失安全生产许可证，应当立即向原安全生产许可证颁发管理机关报告，并在公众媒体上声明作废后,方可申请补办。

(2) 建筑施工企业安全生产许可证的颁发制度。根据《建筑施工企业安全生产许可证管理规定》的规定,住房和城乡建设主管部门应当自受理建筑施工企业的申请之日起45日内审查完毕;经审查符合安全生产条件的,颁发安全生产许可证;不符合安全生产条件的,不予颁发安全生产许可证,书面通知企业并说明理由。企业自接到通知之日起应当进行整改,整改合格后方可再次提出申请。

4. 建筑施工企业安全生产许可证的监督管理

根据《建筑施工企业安全生产许可证管理规定》的规定,对建筑施工企业安全生产许可证实施以下监督管理:

(1) 县级以上人民政府住房和城乡建设主管部门应当加强对建筑施工企业安全生产许可证的监督管理。住房和城乡建设主管部门在审核发放施工许可证时,应当对已经确定的建筑施工企业是否有安全生产许可证进行审查,对没有取得安全生产许可证的,不得颁发施工许可证。

(2) 跨省从事建筑施工活动的建筑施工企业有违反规定行为的,由工程所在地的省级人民政府住房和城乡建设主管部门将建筑施工企业在本地区的违法事实、处理结果和处理建议抄告原安全生产许可证颁发管理机关。

(3) 建筑施工企业取得安全生产许可证后,不得降低安全生产条件,并应当加强日常安全生产管理,接受住房和城乡建设主管部门的监督检查。安全生产许可证颁发管理机关发现企业不再具备安全生产条件的,应当暂扣或者吊销安全生产许可证。

(4) 安全生产许可证颁发管理机关或者其上级行政机关发现有下列情形之一的,可以撤销已经颁发的安全生产许可证:安全生产许可证颁发管理机关工作人员滥用职权、玩忽职守颁发安全生产许可证的;超越法定职权颁发安全生产许可证的;违反法定程序颁发安全生产许可证的;对不具备安全生产条件的建筑施工企业颁发安全生产许可证的;依法可以撤销已经颁发的安全生产许可证的其他情形。

依照上述规定撤销安全生产许可证,建筑施工企业的合法权益受到损害的,住房和城乡建设主管部门应当依法给予赔偿。

(5) 安全生产许可证颁发管理机关应当建立、健全安全生产许可证档案管理制度,定期向社会公布企业取得安全生产许可证的情况,每年向同级安全生产监督管理部门通报建筑施工企业安全生产许可证颁发和管理情况。

5. 相关法律责任

《建筑施工企业安全生产许可证管理规定》对违反相关规定的行为规定了相应的法律责任承担方式。

(1) 住房和城乡建设主管部门工作人员有下列行为之一的,给予降级或者撤职的行政处分;构成犯罪的,依法追究刑事责任:

1) 向不符合安全生产条件的建筑施工企业颁发安全生产许可证的。

2) 发现建筑施工企业未依法取得安全生产许可证擅自从事建筑施工活动,不依法处理的。

3) 发现取得安全生产许可证的建筑施工企业不再具备安全生产条件,不依法处理的。

4) 接到对违反本规定行为的举报后,不及时处理的。

5）在安全生产许可证颁发、管理和监督检查工作中，索取或者接受建筑施工企业的财物，或者谋取其他利益的。由于建筑施工企业弄虚作假，造成上述第1）项行为的，对住房和城乡建设主管部门工作人员不予处分。

（2）取得安全生产许可证的建筑施工企业，发生重大事故的，暂扣安全生产许可证并限期整改。

（3）建筑施工企业不再具备安全生产条件的，暂扣安全生产许可证并限期整改；情节严重的，吊销安全生产许可证。

（4）违反本规定，建筑施工企业未取得安全生产许可证擅自从事建筑施工活动的，责令其在建项目停止施工，没收违法所得，并处10万元以上50万元以下的罚款；造成重大安全事故或者其他严重后果，构成犯罪的，依法追究刑事责任。

（5）违反本规定，安全生产许可证有效期满未办理延期手续，继续从事建筑施工活动的，责令其在建项目停止施工，限期补办延期手续，没收违法所得，并处5万元以上10万元以下的罚款；逾期仍不办理延期手续，继续从事建筑施工活动的，依照上述第（4）项的规定处罚。

（6）违反本规定，建筑施工企业转让安全生产许可证的，没收违法所得，处10万元以上50万元以下的罚款，并吊销安全生产许可证；构成犯罪的，依法追究刑事责任；接受转让的，依照上述第（4）项的规定处罚。冒用安全生产许可证或者使用伪造的安全生产许可证的，依照上述第（4）项的规定处罚。

（7）违反本规定，建筑施工企业隐瞒有关情况或者提供虚假材料申请安全生产许可证的，不予受理或者不予颁发安全生产许可证，并给予警告，1年内不得申请安全生产许可证。建筑施工企业以欺骗、贿赂等不正当手段取得安全生产许可证的，撤销安全生产许可证，3年内不得再次申请安全生产许可证；构成犯罪的，依法追究刑事责任。

（8）安全生产许可证的颁发管理机构有权决定对违规企业给予暂扣、吊销安全生产许可证的行政处罚；县级以上地方人民政府住房和城乡建设主管部门有权决定对违规企业给予其他行政处罚。

7.1.3 实训操作

一、以下对建设工程安全生产监督管理体制的表述是否正确？如有错误，请改正。

1. 国务院负责安全生产监督管理的部门，对全国安全生产工作实施综合监督管理；县级以上地方各级人民政府负责安全生产监督管理的部门，对本行政区域内安全生产工作实施综合监督管理。（　　）

2. 按照目前部门职能的划分，国务院负责安全生产监督管理的部门是国家质量监督管理局，地方上是各级安全生产监督管理部门。（　　）

3. 建设工程安全生产监督管理体制，实行国务院建设行政主管部门对全国的建设工程安全生产实施统一的监督管理，国务院铁路、交通、水利等有关部门按照国务院规定的职责分工分别对专业建设工程安全生产实施监督管理的模式。（　　）

4. 地方人民政府建设行政主管部门对本行政区域内的建设工程安全生产实施监督管理，地方人民政府交通、水利等各专业部门在各自的职责范围内对本行政区域内的专业建设工程

安全生产实施监督管理。（　　）

二、材料分析题

某建设工程公司效益不好，公司领导决定进行改革，减负增效。经研究后决定将公司安全部撤销，安全管理人员8人中，4人下岗，4人转岗，原安全部承担的工作转由工会中的两人负责。由于公司领导撤销安全部门，整个公司的安全工作仅仅由两名负责工会工作的人兼任，致使该公司上下对安全生产工作普遍不重视，安全生产管理混乱，经常发生人员伤亡事故。

根据上述回答以下问题：

1. 该公司领导的做法是否合法？
2. 生产经营单位对安全生产的监督管理职责有哪些？

7.1.4 拓展训练

【真题实测】

单项选择题（每题的备选项中，只有1个答案最符合题意）

1. 国家对（　　）生产企业（以下统称企业）实行安全生产许可制度。
   A．矿山企业　　　B．建筑施工企业　　C．危险化学品　　D．烟花爆竹
   E．民用爆炸物品

2. （　　）人民政府建设主管部门负责建筑施工企业安全生产许可证的颁发和管理，并接受国务院建设主管部门的指导和监督。
   A．省级　　　　　B．自治区　　　　　C．直辖市　　　　D．县级
   E．开发区

3. 企业取得安全生产许可证，应当具备下列（　　）安全生产条件。
   A．依法进行安全预评价
   B．建立、健全安全生产责任制，制定完备的安全生产规章制度和操作规程
   C．安全投入符合安全生产要求
   D．设置安全生产管理机构，配备专职安全生产管理人员
   E．依法参加医疗保险，为从业人员缴纳保险费

4. 安全生产许可证颁发管理机关工作人员有下列（　　）行为的，给予降级或者撤职的行政处分；构成犯罪的，依法追究刑事责任。
   A．向不符合《建筑施工企业安全生产许可管理规定》规定的安全生产条件的企业颁发安全生产许可证的
   B．发现企业未依法取得安全生产许可证擅自从事生产活动，不依法处理的
   C．发现取得安全生产许可证的企业不再具备《建筑施工企业安全生产许可管理规定》规定的安全生产条件，不依法处理的
   D．接到对违反《建筑施工企业安全生产许可管理规定》规定行为的举报后，不及时处理的
   E．在安全生产许可证颁发、管理和监督检查工作中，索取或者接受企业的财物，或者谋取其他利益的

5. 安全生产许可证颁发管理机关应当自收到申请人申请之日起（　　）天内审查完毕，经审查符合《建筑施工企业安全生产许可管理规定》规定的安全生产条件的，颁发安全生产许可证。

　　A. 30　　　　　　B. 35　　　　　　C. 40　　　　　　D. 45

6. 安全生产许可证的有效期为（　　）年。

　　A. 2　　　　　　B. 3　　　　　　C. 4　　　　　　D. 5

7. 安全生产许可证有效期满需要延期的，企业应当于期满前（　　）向原安全生产许可证颁发管理机关办理延期手续。

　　A. 3个月　　　　B. 6个月　　　　C. 9个月　　　　D. 一年

8. 未取得安全生产许可证的生产企业擅自进行生产的，责令停止生产，没收违法所得，并处（　　）罚款。

　　A. 1万元以上5万元以下　　　　　　B. 5万元以上10万元以下
　　C. 10万元以上50万元以下　　　　　D. 30万元以上60万元以下

9. 安全生产许可证有效期满未办理延期手续，继续进行生产的，责令停止生产，限期补办延期手续，没收违法所得，并处（　　）罚款。

　　A. 2万元以上5万元以下　　　　　　B. 5万元以上10万元以下
　　C. 10万元以上50万元以下　　　　　D. 30万元以上60万元以下

10. （　　）负责中央管理的非煤矿矿山企业和危险化学品、烟花爆竹生产企业安全生产许可证的颁发和管理。

　　A. 国务院人民政府安全生产监督管理部门
　　B. 省级人民政府安全生产监督管理部门
　　C. 自治区人民政府安全生产监督管理部门
　　D. 直辖市人民政府安全生产监督管理部门

7.2　建筑安全生产责任

7.2.1　案例导入

　　某选矿厂是由林某和范某共同投资的一家私营企业。为了获得建厂的批准，投资者聘请了正规的设计单位严格按照国家有关规定对有关建设工程，尤其是尾矿库的安全设施进行设计，有的设计甚至还高于国家标准，因而很快获得有关部门的批准。但是，投资者为了节约资金，要求施工单位不需完全按照批准的安全设施设计施工。结果，施工单位利用一条山谷构筑尾矿库，其基础坝则用石头砌筑成一道不透水坝，坝顶宽5米，地上部分高4米，埋入地下约2米。后期坝采用冲积法筑坝。施工完毕，投资者通过熟人沟通关系，使选矿厂尾矿库未经严格验收就投入使用。某日，突下大雨，由于尾矿库积水过多，导致尾矿库后期坝中部底层突然垮塌，随之整个后期堆积坝也跟着垮塌，共冲出水和尾砂15820立方米，同时冲垮43间民工简易工棚和57间铜坑矿基建队房屋，致使28人死亡，56人重伤。

【案例评析】

经调查认定,该事故发生的直接原因是施工单位在建设单位的压力下,没有按照批准的安全设施设计施工,致使建成的基础坝不透水,在基础坝与后期堆积坝之间形成一个抗剪能力极低的滑动面,同时由于尾矿库突然蓄水过多,而干滩长度不够,坝体终因承受不住巨大压力而沿基础坝与后期堆积坝之间的滑动面垮塌。在此过程中,验收部门和验收人员对尾矿库的验收严重不负责任也是造成本次事故的重要原因之一。

7.2.2 理论引导

我国自 1998 年开始实施的《中华人民共和国建筑法》中就规定了有关部门和单位的安全生产责任。2003 年国务院通过并自 2004 年开始实施的《建设工程安全生产管理条例》对于各级部门和建设工程有关单位的安全责任有了更为明确的规定。主要规定如下:

(1)建设单位的安全责任。建设单位应当向施工单位提供施工现场及毗邻区域内供水、排水、供电、供气、供热、通信、广播电视等地下管线资料,气象和水文观测资料,相邻建筑物和构筑物、地下工程的有关资料,并保证资料的真实、准确、完整。

建设单位不得对勘察、设计、施工、工程监理等单位提出不符合建设工程安全生产法律、法规和强制性标准规定的要求,不得压缩合同约定的工期。

建设单位在编制工程概算时,应当确定建设工程安全作业环境及安全施工措施所需费用。

建设单位不得明示或者暗示施工单位购买、租赁、使用不符合安全施工要求的安全防护用具、机械设备、施工机具及配件、消防设施和器材。

建设单位在申请领取施工许可证时,应当提供建设工程有关安全施工措施的资料。

依法批准开工报告的建设工程,建设单位应当自开工报告批准之日起 15 日内,将保证安全施工的措施报送建设工程所在地的县级以上地方人民政府建设行政主管部门或者其他有关部门备案。

建设单位应当将拆除工程发包给具有相应资质等级的施工单位。并应在拆除工程施工 15 日前,将下列资料报送建设工程所在地的县级以上地方人民政府建设行政主管部门或者其他有关部门备案:

- 施工单位资质等级证明。
- 拟拆除建筑物、构筑物及可能危及毗邻建筑的说明。
- 拆除施工组织方案。
- 堆放、清除废弃物的措施。

(2)勘察单位的安全责任。勘察单位应当按照法律、法规和工程建设强制性标准进行勘察,提供的勘察文件应当真实、准确,满足建设工程安全生产的需要。

勘察单位在勘察作业时,应当严格执行操作规程,采取措施保证各类管线、设施和周边建筑物、构筑物的安全。

(3)设计单位的安全责任。设计单位应当按照法律、法规和工程建设强制性标准进行设计,防止因设计不合理导致生产安全事故的发生。设计单位和注册建筑师等注册执业人员应当对其设计负责。

设计单位应当考虑施工安全操作和防护的需要，对涉及施工安全的重点部位和环节，在设计文件中注明，并对防范生产安全事故提出指导意见。对于采用新结构、新材料、新工艺的建设工程和特殊结构的建设工程，设计单位应当在设计中提出保障施工作业人员安全和预防生产安全事故的措施建议。

（4）工程监理单位的安全责任。工程监理单位和监理工程师应当按照法律法规和工程建设强制性标准实施监理，并对建设工程安全生产承担监理责任。

工程监理单位应当审查施工组织设计中的安全技术措施或者专项施工方案是否符合工程建设强制性标准。

工程监理单位在实施监理过程中，发现存在安全事故隐患的，应当要求施工单位整改；情况严重的，应当要求施工单位暂时停止施工，并及时报告建设单位。施工单位拒不整改或者不停止施工的，工程监理单位应当及时向有关主管部门报告。

（5）施工单位的安全责任。

1）施工单位从事建设工程的新建、扩建、改建和拆除等活动，应当具备国家规定的注册资本、专业技术人员、技术装备和安全生产等条件，依法取得相应等级的资质证书，并在其资质等级许可的范围内承揽工程。

2）施工单位主要负责人依法对本单位的安全生产工作全面负责。施工单位应当建立健全的安全生产责任制度和安全生产教育培训制度，制定安全生产规章制度和操作规程，保证本单位安全生产条件所需资金的投入，对所承担的建设工程进行定期和专项安全检查，并做好安全检查记录。施工单位对列入建设工程概算的安全作业环境及安全施工措施所需费用，应当用于施工安全防护用具及设施的采购和更新、安全施工措施的落实、安全生产条件的改善，不得挪作他用。

3）施工单位应当设立安全生产管理机构，配备专职安全生产管理人员。

4）施工单位应当在施工组织设计中编制安全技术措施和施工现场临时用电方案，对下列达到一定规模的危险性较大的分部分项工程编制专项施工方案，并附具安全验算结果，经施工单位技术负责人、总监理工程师签字后实施，由专职安全生产管理人员进行现场监督：

- 基坑支护与降水工程。
- 土方开挖工程。
- 模板工程。
- 起重吊装工程。
- 脚手架工程。
- 拆除、爆破工程。
- 国务院建设行政主管部门或者其他有关部门规定的其他危险性较大的工程。

对以上所列工程中涉及深基坑、地下暗挖工程、高大模板工程的专项施工方案，施工单位还应当组织专家进行论证、审查。

5）施工单位应当在施工现场入口处、施工起重机械、临时用电设施、脚手架、出入通道口、楼梯口、电梯井口、孔洞口、桥梁口、隧道口、基坑边沿、爆破物及有害危险气体和液体存放处等危险部位，设置明显的安全警示标志。安全警示标志必须符合国家标准。

施工单位应当根据不同施工阶段和周围环境及季节、气候的变化，在施工现场采取相应的安全施工措施。施工现场暂时停止施工的，施工单位应当做好现场防护，所需费用由责任方承担，或者按照合同约定执行。

6）施工单位应当将施工现场的办公、生活区与作业区分开设置，并保持安全距离，办公、生活区的选址应当符合安全性要求。职工的膳食、饮水、休息场所等应当符合卫生标准。

施工单位不得在尚未竣工的建筑物内设置员工集体宿舍。

施工现场临时搭建的建筑物应当符合安全使用要求。施工现场使用的装配式活动房屋应当具有产品合格证。

7）施工单位对因建设工程施工可能造成损害的毗邻建筑物、构筑物和地下管线等，应当采取专项防护措施。

施工单位应当遵守有关环境保护法律、法规的规定，在施工现场采取措施，防止或者减少粉尘、废气、废水、固体废物、噪声、振动和施工照明对人和环境的危害和污染。在城市市区内的建设工程，施工单位应当对施工现场实行封闭围挡。

8）施工单位应当在施工现场建立消防安全责任制度，确定消防安全责任人，制定用火、用电、使用易燃易爆材料等各项消防安全管理制度和操作规程，设置消防通道、消防水源，配备消防设施和灭火器材，并在施工现场入口处设置明显标志。

9）施工单位应当向作业人员提供安全防护用具和安全防护服装，并书面告知危险岗位的操作规程和违章操作的危害。

10）施工单位采购、租赁的安全防护用具、机械设备、施工机具及配件，应当具有生产（制造）许可证、产品合格证，并在进入施工现场前进行查验。

施工现场的安全防护用具、机械设备、施工机具及配件必须由专人管理，定期进行检查、维修和保养，建立相应的资料档案，并按照国家有关规定及时报废。

11）施工单位在使用施工起重机械和整体提升脚手架、模板等自升式架设设施前，应当组织有关单位进行验收，也可以委托具有相应资质的检验检测机构进行验收；使用承租的机械设备和施工机具及配件的，由施工总承包单位、分包单位、出租单位和安装单位共同进行验收，验收合格的方可使用。

《特种设备安全监察条例》规定的施工起重机械，在验收前应当经有相应资质的检验检测机构监督检验合格。

施工单位应当自施工起重机械和整体提升脚手架、模板等自升式架设设施验收合格之日起30日内，向建设行政主管部门或者其他有关部门登记。登记标志应当置于或者附着于该设备的显著位置。

12）施工单位的主要负责人、项目负责人、专职安全生产管理人员应当经建设行政主管部门或者其他有关部门考核合格后方可任职。

施工单位应当对管理人员和作业人员每年至少进行一次安全生产教育培训，其教育培训情况记入个人工作档案。安全生产教育培训考核不合格的人员，不得上岗。

13）施工单位在采用新技术、新工艺、新设备、新材料时，应当对作业人员进行相应的安全生产教育培训。

14）施工单位应当为施工现场从事危险作业的人员办理意外伤害保险。意外伤害保险费由施工单位支付。实行施工总承包的，由总承包单位支付意外伤害保险费。意外伤害保险期限自建设工程开工之日起至竣工验收合格止。

15）施工单位应当制定本单位生产安全事故应急救援预案，建立应急救援组织或者配备应急救援人员，配备必要的应急救援器材、设备，并定期组织操练。

施工单位应当根据建设工程的特点、范围，对施工现场易发生重大事故的部位、环节进行监控，制定施工现场生产安全事故应急救援预案，工程总承包单位和分包单位按照应急救援预案，各自建立应急救援组织或者配备应急救援人员，配备救援器材、设备，并定期组织操练。

16）施工单位发生生产安全事故，应当按照国家有关伤亡事故报告和调查处理的规定，及时、如实地向负责安全生产监督管理的部门、建设行政主管部门或者其他有关部门报告；特种设备发生事故的，还应当同时向特种设备安全监督管理部门报告。发生生产安全事故后，施工单位应当采取措施防止事故扩大，保护事故现场。需要移动现场物品时，应当做出标记和书面记录，妥善保管有关证物。

（6）施工单位内部的安全职责分工。《建设工程安全生产管理条例》的重点是规定建设工程安全生产的各有关部门和单位之间的责任划分。对于单位的内部安全职责分工，应按照该条例的要求进行职责划分。特别是施工单位在"安全生产、人人有责"的思想指导下，在建立安全生产管理体系的基础上，按照所确定的目标和方针，将各级管理责任人、各职能部门和各岗位员工所应做的工作及应负的责任加以明确规定。要求通过合理分工，明确责任，增强各级人员的责任心，共同协调配合，努力实现既定的目标。

职责分工应包括纵向各级人员，即包括主要负责人、管理者代表、技术负责人、财务负责人、经济负责人、党政工团、项目经理以及员工的责任制和横向各专业部门，即安全、质量、设备、技术、生产、保卫、采购、行政、财务等部门的责任。

1）施工企业的主要负责人的职责是：
- 贯彻执行国家有关安全生产的方针政策和法规、规范。
- 建立、健全本单位的安全生产责任制，承担本单位安全生产的最终责任。
- 组织制定本单位的安全生产规章制度和操作规程。
- 保证本单位安全生产投入的有效实施。
- 督促、检查本单位的安全生产工作，及时消除安全事故隐患。
- 组织制定并实施本单位的生产安全事故应急救援预案。
- 及时、如实报告安全事故。

2）技术负责人的职责是：
- 贯彻执行国家有关安全生产的方针政策、法规和有关规范、标准，并组织落实。
- 组织编制和审批施工组织设计或专项施工组织设计。
- 对新工艺、新技术、新材料的使用，负责审核其实施过程中的安全性，提出预防措施，组织编制相应的操作规程和交底工作。
- 领导安全生产技术改进和研究项目。
- 参与重大安全事故的调查，分析原因，提出纠正措施，并检查措施的落实。

3）财务负责人的职责是：保证安全生产的资金能做到专项专用，并检查资金的使用是否正确。

4）工会的职责是：
- 工会有权对违反安全生产法律、法规，侵犯员工合法权益的行为要求纠正。
- 发现违章指挥、强令冒险作业或者事故隐患时，有权提出解决的建议，单位应当及时研究答复。
- 发现危及员工生命的情况时，有权建议组织员工撤离危险场所，单位必须立即处理。
- 工会有权依法参加事故调查，向有关部门提出处理意见，并要求追究有关人员的责任。

5）安全部门的职责是：
- 贯彻执行安全生产的有关法规、标准和规定，做好安全生产的宣传教育工作。
- 参与施工组织设计和安全技术措施的编制，并组织进行定期和不定期的安全生产检查。对贯彻执行情况进行监督检查，发现问题及时改正。
- 制止违章指挥和违章作业，遇到紧急情况有权暂停生产，并报告有关部门。
- 推广总结先进经验，积极提出预防和纠正措施，使安全生产工作能持续改进。
- 建立健全安全生产档案，定期进行统计分析，探索安全生产的规律。

6）生产部门的职责是：合理组织生产，遵守施工顺序，将安全所需的工序和资源排入计划。

7）技术部门的职责是：按照有关标准和安全生产要求编制施工组织设计，提出相应的措施，进行安全生产技术的改进和研究工作。

8）设备材料采购部门的职责是：保证所供应的设备安全技术性能可靠，具有必要的安全防护装置，按机械使用说明书的要求进行保养和检修，确保安全运行。所供应的材料和安全防护用品能确保质量。

9）财务部门的职责是：按照规定提供实现安全生产措施、安全教育培训、宣传的经费，并监督其合理使用。

10）教育部门的职责是：将安全生产教育列入培训计划，按工作需要组织各级员工的安全生产教育。

11）劳务管理部门的职责是：做好新员工上岗前培训、换岗培训，并考核培训的效果，组织特殊工种的取证工作。

12）卫生部门的职责是：定期对员工进行体格检查，发现有不适合现岗的员工要立即提出。要指导组织监测有毒有害作业场所的有害程度，提出职业病防治和改善卫生条件的措施。

（7）施工企业的项目经理部应根据安全生产管理体系要求，由项目经理主持，把安全生产责任目标分解到岗，落实到人。中华人民共和国国家标准《建设工程项目管理规范》（GB/T 50326—2017）规定，项目经理部的安全生产责任制的内容包括：

1）项目经理应当由取得相应执业资格的人员担任，对建设工程项目的安全施工负责，其安全职责应包括：认真贯彻安全生产方针、政策、法规和各项规章制度，制定和执行安全生产管理办法，严格执行安全考核指标和安全生产奖惩办法，确保安全生产措施费用的有效使用，严格执行安全技术措施审批和施工安全技术措施交底制度；建设工程施工前，施工单位负责项目管理的技术人员应当对有关安全施工的技术要求向施工作业班组、作业人员作出详细说明，并由双方签字确认。施工中定期组织安全生产检查和分析，针对可能产生的安全隐患制定相应的预防措施；当施工过程中发生安全事故时，项目经理必须及时、如实，按安全事故处理的有关规定和程序及时上报和处置，并制定防止同类事故再次发生的措施。

2）施工单位安全员负责对安全生产进行现场监督检查。发现安全事故隐患，应当及时向项目负责人和安全生产管理机构报告；对违章指挥、违章操作的，应当立即制止。

3）作业队长负责向本工种作业人员进行安全技术措施交底，严格执行本工种安全技术操作规程，拒绝违章指挥；组织实施安全技术措施；作业前应对本次作业所使用的机具、设备、防护用具、设施及作业环境进行安全检查，消除安全隐患，检查安全标牌，是否按规定设置，标识方法和内容是否正确完整；组织班组开展安全活动，对作业人员进行安全操作规程培训，提高作业人员的安全意识，召开上岗前安全生产会；每周应进行安全讲评。当发生重大或恶性工伤事故时，应保护现场，立即上报并参与事故调查处理。

4）作业人员应认真学习并严格执行安全技术操作规程，自觉遵守安全施工的强制性标准、规章制度和操作规程，正确使用安全防护用具、机械设备等。作业人员有权对施工现场的作业条件、作业程序和作业方式中存在的安全问题提出批评、检举和控告，有权对不安全作业提出意见；有权拒绝违章指挥和强令冒险作业，在施工中发生危及人身安全的紧急情况时，作业人员有权立即停止作业或者在采取必要的应急措施后撤离危险区域。

作业人员进入新的岗位或者新的施工现场前，应当接受安全生产教育培训。未经教育培训或者教育培训不合格的人员，不得上岗作业。垂直运输机械作业人员、安装拆卸工、爆破作业人员、起重信号工、登高架设人员等特种作业人员，必须按照有关规定经过专门的安全作业培训，并取得特种作业操作资格证书后，方可上岗作业。

作业人员应当努力学习安全技术，提高自我保护意识和自我保护能力。安全员安全职责应包括：落实安全设施的设置；对施工全过程的安全进行监督，纠正违章作业，配合有关部门排除安全隐患，组织安全教育和全员安全活动，监督检查劳保用品质量和正确使用。

（8）其他有关单位的安全责任。为建设工程提供机械设备和配件的单位，应当按照安全施工的要求配备齐全有效的保险、限位等安全设施和装置。所出租的机械设备和施工机具及配件，应当具有生产（制造）许可证、产品合格证。

出租单位应当对出租的机械设备和施工机具及配件的安全性能进行检测，在签订租赁协议时，应当出具检测合格证明。禁止出租检测不合格的机械设备和施工机具及配件。

在施工现场安装、拆卸施工起重机械和整体提升脚手架、模板等自升式架设设施，必须由具有相应资质的单位承担。

安装、拆卸施工起重机械和整体提升脚手架、模板等自升式架设设施，应当编制拆装方案、制定安全施工措施，并由专业技术人员现场监督。

施工起重机械和整体提升脚手架、模板等自升式架设设施安装完毕后，安装单位应当自检，出具自检合格证明，并向施工单位进行安全使用说明，办理验收手续并签字。

7.2.3 实训操作

【案例分析】

某市进行市政道路排水工程改造,排水工程造价约 400 万元,沟槽深度约 7 米,上部宽 7 米,沟底宽 1.45 米。事发当日在浇筑沟槽混凝土垫层作业中,东侧边坡发生坍塌,将 1 名工人掩埋。正在附近作业的其余施工人员立即下到沟槽底部,从南、东、北三个方向围成半月形扒土施救,并用挖掘机将塌落的大块土清出,然后用挖掘机斗抵住东侧沟壁,保护沟槽底部的救援人员。经过约半个小时的救援,被埋人员的双腿已露出。此时,挖掘机司机发现沟槽东侧边坡又开始掉土,立即向沟底的人喊叫,沟底的人听到后,立即向南撤离,但仍有 6 人被塌落的土方掩埋。

请问:哪些人应该对本次事故负安全责任?理由是什么?

7.2.4 拓展训练

安全生产条件是指施工单位能够满足保障生产经营安全的需要,在正常情况下不会导致人员伤亡和财产损失所必需的各种系统、设施和设备以及与施工相适应的管理组织、制度和技术措施等。在对施工单位进行资质条件的审查时,除强调具备法律规定的注册资本、专业技术人员和技术装备外,还必须具备基本的安全生产条件,根据安全管理法规规定填写表 7-1 和表 7-2。

表 7-1 施工单位安全责任表

序号	施工单位主要负责人的安全生产责任	施工单位项目负责人的安全生产责任	总承包单位与分包单位的安全责任
1			
2			
3			
4			
5			

表 7-2 施工单位安全保障措施表

序号	施工单位安全生产经济保障措施	施工现场安全保障措施
1		
2		
3		
4		
5		
6		
7		
8		

7.3 建筑工程安全生产管理制度

7.3.1 案例导入

20×6年，××道路桥梁建筑工程公司承包了一段省道建设工程任务。在建设过程中需要对道路进行拓宽，开山辟路是工程中一项很重要的内容。在道路通过赵家庄村路段，开山爆破时，导致在农田作业的村民赵某受到飞石的伤害，腰被砸伤，赵某为治疗伤情花费医药费8000元，赵某伤后多次找施工公司协商解决，遭到施工单位的拒绝。原因就是，在爆破时施工工人已经告知了施工现场周围的人员，履行了告知义务，赵某不及时躲避而受到伤害，责任应当自负。

请问：施工单位是否应当承担责任？请说明理由。

【案例评析】

本案例中，施工单位没有办理爆破的审批手续，仅按照当地人的习惯进行了口头警告，并不能免除其在施工过程中对周围人和物造成伤害的民事责任，在本案例中赵某没有任何过错。因此，施工单位必须对造成赵某损害所引起的一切责任负责。

7.3.2 理论引导

1. 建筑工程安全生产教育培训制度

建筑工程安全生产教育培训工作是建筑施工企业实现安全生产的一项基础性工作。安全生产教育培训制度是建筑工程安全管理的一项重要内容，是保证建筑工程生产安全的重要手段。通过建筑工程安全生产教育培训，企业各级管理人员能够严格执行安全操作规程，有效掌握岗位的安全操作技能，为确保建筑生产安全创造条件。建筑施工企业对企业各级管理人员和全体员工进行建筑工程安全生产教育培训的主要内容包括：

（1）有关建筑工程安全生产的法律、法规的教育培训。

（2）有关安全科学技术知识的教育培训。

（3）岗位安全操作技能培训。

2. 建筑工程安全生产检查制度

建筑工程安全生产检查制度是上级管理部门或建筑施工企业自身对其安全生产状况进行定期或不定期检查的制度。通过检查发现安全问题和安全隐患，从而采取有效措施，堵住安全漏洞，将建筑工程生产安全事故消灭在发生之前，做到防患于未然。

3. 建筑工程生产安全事故报告制度

根据《安全生产法》和《建筑法》的规定，建筑施工企业发生建筑生产安全事故后，事故现场有关人员应当立即报告本单位负责人。单位负责人接到事故报告后，应当迅速采取有效措施，组织抢救，防止事故扩大，减少人员伤亡和财产损失，并按照国家有关规定立即如实报告当地负有安全生产监督管理职责的部门，不得隐瞒不报、谎报或者拖延不报，不得故意破坏事故现场、毁灭有关证据。有关地方人民政府和负有安全生产监督管理职责的部门的负责人接到重大建筑工程生产安全事故报告后，应当立即赶到事故现场，组织事故抢救。

《建设工程安全生产管理条例》具体规定："施工单位发生生产安全事故，应当按照国家有关伤亡事故报告和调查处理的规定，及时、如实地向负责安全生产监督管理的部门、建设行政主管部门或者其他有关部门报告；特种设备发生事故的，还应当同时向特种设备安全监督管理部门报告。接到报告的部门应当按照国家有关规定，如实上报。实行施工总承包的建设工程，由总承包单位负责上报事故。"

国务院颁布的《生产安全事故报告和调查处理条例》对生产安全事故报告的程序、内容及相关事宜做出了明确具体的规定，有关建筑工程生产安全事故的报告应遵照其具体规定执行。

4. 建筑工程安全法律责任追究制度

建设单位、勘察设计单位（企业）、施工单位（企业）、工程监理单位（企业），由于没有履行相应的建筑工程安全生产管理职责造成人员伤亡和财产损失事故的，视具体情节给予相应处罚；情节严重的建筑企业应降低其资质等级或吊销资质证书；构成犯罪的，依法追究刑事责任。

5. "三同时"制度

（1）建筑工程"三同时"的定义。《建设项目安全设施"三同时"监督管理办法》第四条规定："生产经营单位是建设项目安全设施建设的责任主体。建设项目安全设施必须与主体工程同时设计、同时施工、同时投入生产和使用（以下简称'三同时'）。"因此，建筑工程"三同时"是指生产经营单位在新、改、扩建项目和技术改造项目中的环境保护设施、职业健康与安全设施必须与主体工程同时设计、同时施工、同时投入生产和使用。

（2）"三同时"评审。《建设项目安全设施"三同时"监督管理办法》第五条规定："国家安全生产监督管理总局对全国建设项目安全设施'三同时'实施综合监督管理，并在国务院规定的职责范围内承担有关建设项目安全设施'三同时'的监督管理。县级以上地方各级安全生产监督管理部门对本行政区域内的建设项目安全设施'三同时'实施综合监督管理，并在本级人民政府规定的职责范围内承担本级人民政府及其有关主管部门审批、核准或者备案的建设项目安全设施'三同时'的监督管理。跨两个及两个以上行政区域的建设项目安全设施'三同时'由其共同的上一级人民政府安全生产监督管理部门实施监督管理。"

建设项目设计部门根据建设项目可能产生的环境污染、职业健康危害和安全方面存在的问题，以及采取的具体措施，准备并提供下列资料，报相关主管部门：

1）建设项目名称、工艺流程图、工程选址位置平面图、可能产生环境污染程度、职业健康危害以及安全问题的说明书。

2）建设和技术改造工程任务书或建议书。

3）采取的预防措施及可行性技术论证报告。

安全生产监督管理部门对建设项目的报审资料审核后，组织召开"三同时"评审会，建设项目设计部门、安全生产监督管理部门等部门同时参加。

4）在评审会上由建设项目设计部门向参加评审的各主管部门介绍建设项目可能产生的环境污染情况、职业健康危害和安全问题及采取的具体措施。

5）安全生产监督管理部门、工程部分别就安全、环保、设备等方面作出评审意见。只有全部通过方可进入项目建设。

（3）"三同时"的验收。

1）施工组织部门在竣工后，负责通知安全生产监督管理部门、工程部等部门进行现场检查，对职业健康安全设施和环境保护设施进行验收。

2）验收内容：项目的设施是否与主体工程同时设计、同时施工、同时投入生产和使用，建设项目与之配套的职业健康安全设施、环保设施是否符合国家法规和技术标准，建设项目和运行状况管理是否正常、安全、可靠。

3）参加验收的各部门确认建设项目符合标准和要求后，在"技改项目、新建项目竣工验收会签表"或"工艺变更评审表"上签字。达不到设计要求的建设项目不予验收，并对工程项目发现的隐患和存在的问题提出改进意见和建议。建设项目设计部门针对存在问题改进设计方案，改进施工组织部门立即组织整改，待问题解决后重新进行验收。未经"三同时"验收或验收不合格的建设项目不得投入使用。

6. 群防群治制度

《建筑法》第三十六条规定："建筑工程安全生产管理必须坚持安全第一、预防为主的方针，建立健全安全生产的责任制度和群防群治制度。"

（1）建筑施工企业必须依法加强对建筑安全生产的管理，应当遵守有关环境保护和安全生产的法律、法规的规定，采取控制和处理施工现场的各种粉尘、废气、废水、固体废物以及噪声、振动对环境的污染和危害的措施。在编制施工组织设计时，应当根据建筑工程的特点制定相应的安全技术措施；对专业性较强的工程项目，应当编制专项安全施工组织设计，并采取安全技术措施。严格执行安全生产责任制度，采取有效措施，防止伤亡和其他安全生产事故的发生。

施工现场对毗邻的建筑物、构筑物和特殊作业环境可能造成损害的，建筑施工企业应当采取安全防护措施。建筑施工企业应当在施工现场采取维护安全、防范危险、预防火灾等措施；有条件的，应当对施工现场实行封闭管理。

建筑施工企业的法定代表人对本企业的安全生产负责。

实行施工总承包的，由总承包单位负责。分包单位向总承包单位负责，服从总承包单位对施工现场的安全生产管理。

（2）建设单位应当向建筑施工企业提供与施工现场相关的地下管线资料，建筑施工企业应当采取措施加以保护。有下列情形之一的，建设单位应当按照国家有关规定办理申请批准手续：

1）需要临时占用规划批准范围以外场地的。

2）可能损坏道路、管线、电力、邮电通信等公共设施的。

3）需要临时停水、停电、中断道路交通的。

4）需要进行爆破作业的。

5）法律、法规规定需要办理报批手续的其他情形。

（3）建设行政主管部门负责建筑安全生产的管理，并依法接受劳动行政主管部门对建筑安全生产的指导和监督。

（4）建筑施工企业和作业人员在施工过程中，应当遵守有关安全生产的法律、法规和建筑行业安全规章、规程，不得违章指挥或者违章作业。作业人员有权对影响人身健康的作业程序和作业条件提出改进意见，有权获得安全生产所需的防护用品。作业人员对危及生命安全和人身健康的行为有权提出批评、检举和控告。

7. 危大工程专项安全管理制度

根据住建部发布的《危险性较大的分部分项工程安全管理规定》，危险性较大的分部分项工程（以下简称"危大工程"），是指房屋建筑和市政基础设施工程在施工过程中，容易导致人员群死群伤或者造成重大经济损失的分部分项工程。

危险性较大的分部分项工程安全专项施工方案（以下简称"专项方案"），是指施工单位在编制施工组织（总）设计的基础上，针对危险性较大的分部分项工程单独编制的安全技术措施文件。

（1）危险性较大的分部分项工程范围。

1）基坑支护、降水工程。开挖深度超过3米（含3米）或虽未超过3米但地质条件和周边环境复杂的基坑（槽）支护、降水工程。

2）土方开挖工程。开挖深度超过3米（含3米）的基坑（槽）的土方开挖工程。

3）模板工程及支撑体系。

- 各类工具式模板工程：包括大模板、滑模、爬模、飞模等工程。
- 混凝土模板支撑工程：搭设高度5米及以上；搭设跨度10米及以上；施工总荷载10千牛/平方米及以上；集中线荷载15千牛/米及以上；高度大于支撑水平投影宽度且相对独立无联系构件的混凝土模板支撑工程。
- 承重支撑体系：用于钢结构安装等满堂支撑体系。

4）起重吊装及安装拆卸工程。

- 采用非常规起重设备、方法，且单件起吊重量在10千牛及以上的起重吊装工程。
- 采用起重机械进行安装的工程。
- 起重机械设备自身的安装、拆卸。

5）脚手架工程。

- 搭设高度24米及以上的落地式钢管脚手架工程。
- 附着式整体和分片提升脚手架工程。
- 悬挑式脚手架工程。
- 吊篮脚手架工程。
- 自制卸料平台、移动操作平台工程。
- 新型及异型脚手架工程。

6）拆除、爆破工程。

- 建筑物、构筑物拆除工程。
- 采用爆破拆除的工程。

7）其他。

- 建筑幕墙安装工程。

- 钢结构、网架和索膜结构安装工程。
- 人工挖扩孔桩工程。
- 地下暗挖、顶管及水下作业工程。
- 预应力工程。
- 采用新技术、新工艺、新材料、新设备及尚无相关技术标准的危险性较大的分部分项工程。

（2）超过一定规模的危险性较大的分部分项工程范围。

1) 深基坑工程。
- 开挖深度超过5米（含5米）的基坑（槽）的土方开挖、支护、降水工程。
- 开挖深度虽未超过5米，但地质条件、周围环境和地下管线复杂，或影响毗邻建筑（构筑）物安全的基坑（槽）的土方开挖、支护、降水工程。

2) 模板工程及支撑体系。
- 工具式模板工程：包括滑模、爬模、飞模工程。
- 混凝土模板支撑工程：搭设高度8米及以上；搭设跨度18米及以上；施工总荷载15千牛/平方米及以上；集中线荷载20千牛/米及以上。
- 承重支撑体系：用于钢结构安装等满堂支撑体系，承受单点集中荷载700千克以上。

3) 起重吊装及安装拆卸工程。
- 采用非常规起重设备、方法，且单件起吊重量在100千牛及以上的起重吊装工程。
- 起重量300千牛及以上的起重设备安装工程；高度200米及以上内爬起重设备的拆除工程。

4) 脚手架工程。
- 搭设高度50米及以上落地式钢管脚手架工程。
- 提升高度150米及以上附着式整体和分片提升脚手架工程。
- 架体高度20米及以上悬挑式脚手架工程。

5) 拆除、爆破工程。
- 采用爆破拆除的工程。
- 码头、桥梁、高架、烟囱、水塔或拆除中容易引起有毒有害气（液）体或粉尘扩散、易燃易爆事故发生的特殊建筑物的拆除工程。
- 可能影响行人、交通、电力设施、通信设施或其他建、构筑物安全的拆除工程。
- 文物保护建筑、优秀历史建筑或历史文化风貌区控制范围的拆除工程。

6) 其他。
- 施工高度50米及以上的建筑幕墙安装工程。
- 跨度大于36米的钢结构安装工程；跨度大于60米的网架和索膜结构安装工程。
- 开挖深度超过16米的人工挖孔桩工程。
- 地下暗挖工程、顶管工程、水下作业工程。
- 采用新技术、新工艺、新材料、新设备及尚无相关技术标准的危险性较大的分部分项工程。

7.3.3 实训操作

【案例分析】

在某高层建筑的外墙装饰施工工地，施工单位为赶在雨期来临前完成施工，又从其他工地调配来一批工人，但未经安全培训教育就安排到有关岗位开始作业。2名工人被安排上高处作业吊篮到 6 层处从事外墙装饰作业。他们在作业完成后为图省事，直接从高处作业吊篮的悬吊平台向 6 层窗口爬去，结果失足从 10 多米高处坠落在地，造成 1 死 1 重伤。

请问：

1. 本案中，施工单位有何违法行为？
2. 该违法行为应当承担哪些法律责任？

7.3.4 拓展训练

【真题实测】

单项选择题（每题的备选项中，只有1个答案最符合题意）

1. 甲是某煤业公司采煤机操作人员，工龄超过 20 年。乙、丙是该公司新招录人员，从事井下作业，其中丙毕业于煤炭职业院校。某日，因甲操作不当造成事故致 1 人死亡。调查发现，该煤业公司员工安全生产教育和培训工作不到位，根据《安全生产法》《安全生产培训管理办法》，关于安全生产教育和培训说法正确的是（　　）。

   A．该煤业公司主要负责人应当重新参加安全培训
   B．甲根据工作经历可以不重新参加安全培训
   C．乙在完成规定的安全培训后可以独立上岗作业
   D．丙可以免予参加初次培训及实际操作培训

2. 根据《民用爆炸物品安全管理条例》，关于民用爆炸物品销售、购买安全管理的说法，正确的是（　　）。

   A．企业申请《民用爆炸物品销售许可证》的，省级人民政府行业主管部门应当自受理之日起45日内进行审查
   B．销售、购买民用爆炸物品的，不得使用现金进行交易
   C．企业取得《民用爆炸物品销售许可证》后，应当在 3 日内向所在地县级人民政府公安机关备案
   D．使用单位凭《民用爆炸物品购买许可证》，可以购买民用爆炸物品

3. 安全生产责任保险是保险机构对投保的生产经营单位发生生产安全事故伤亡和有关经济损失等予以赔偿的保险，根据《安全生产法》及相关规定，下列关于安全生产责任保险的说法，正确的是（　　）。

   A．承保机构应当为生产经营单位提供生产安全事故预防技术服务
   B．生产经营单位应当投保安全生产责任保险
   C．安全生产责任保险属于生产经营单位投保的社会保险
   D．安全生产责任保险的被保险人是生产经营单位的从业人员

4. 有关单位应当依法承担消防设计、施工质量的义务与责任。根据《建设工程消防设计审查验收管理暂行规定》，关于消防设计、施工质量的义务与责任的说法，正确的是（　　）。

   A. 消防施工委托监理的，监理单位对消防施工质量承担首要责任
   B. 施工单位应当对建设工程消防设计、施工质量承担首要责任
   C. 监理单位负责申请建设工程消防验收，办理备案并组织接受检查
   D. 设计单位从业人员对建设工程消防设计质量承担相应的个人责任

5. 甲企业重新装修办公大楼，涉及部分建筑主体和承重结构的变动，通过竞争性谈判选择了乙企业为施工单位，丙企业为甲企业办公大楼的原设计方，丁企业与丙企业都具有相应设计资质。根据《建筑法》，变动的设计方案应当由（　　）。

   A. 甲企业委托乙企业提出　　　　B. 乙企业委托丙企业提出
   C. 乙企业委托丁企业提出　　　　D. 甲企业委托丁企业提出

6. 根据《危险化学品重大危险源监督管理暂行规定》，下列重大危险源中，应当委托具有相应资质的安全评价机构确定个人和社会风险值的是（　　）。

   A. 构成三级（含）以上重大危险源，且毒性气体实际存在（在线）量与其在《危险化学品重大危险源辨识》中规定的临界量比值之和大于或等于1的
   B. 构成一级重大危险源，且毒性气体实际存在（在线）量与其在《危险化学品重大危险源辨识》中规定的临界量比值之和大于或等于1的
   C. 构成二级（含）以上重大危险源，且爆炸品实际存在（在线）量与其在《危险化学品重大危险源辨识》中规定的临界量比值之和大于或等于1的
   D. 构成二级（含）以上重大危险源，且液化易燃气体实际存在（在线）量与其在《危险化学品重大危险源辨识》中规定的临界量比值之和大于或等于1的

7. 某县应急管理部门对某机械制造企业进行检查时，发现该企业存在重大事故隐患，依法责令停产停业，但该企业拒不执行，遂决定对其采取停止供电措施。根据《安全生产法》，应急管理部门采取停止供电措施应当提前（　　）小时通知该企业。

   A. 6　　　　B. 24　　　　C. 12　　　　D. 48

8. 某企业发生爆炸事故，县委书记李某、县长朱某接到报告赶到现场了解情况后，朱某认为被困人员获救可能性较大，建议暂不上报，李某同意。因延误救援，造成10人死亡，1人失踪，直接经济损失6000万元。根据《刑法》《关于办理危害生产安全刑事案件适用法律若干问题的解释》，关于李某、朱某刑事责任的说法，正确的是（　　）。

   A. 李某、朱某均涉嫌构成不报安全事故罪
   B. 李某、朱某无事故报告义务，不构成犯罪
   C. 李某、朱某涉嫌构成滥用职权罪
   D. 朱某涉嫌构成瞒报事故罪，李某不构成犯罪

第8章　建设工程质量管理法律制度

本章导读

建设工程的质量事关国民经济的发展和人民生命财产的安全。目前我国已经形成由国家建设行政主管部门及其授权机构为主体的贯穿工程建设全过程的纵向监督管理体系和以勘察单位、设计单位、施工单位、监理单位等为主体贯穿建设工程各环节的横向监督管理体系。本章从建设工程质量管理的适用范围、工程建设标准及与质量管理相关的法律制度等方面详细向读者呈现相关知识点。

本章要点

- 工程建设标准。
- 建设工程质量管理相关制度。

8.1　建设工程质量管理概述

8.1.1　案例导入

某工程项目，建设单位与施工总承包单位按《建设工程施工合同》（示范文本）签订了施工承包合同，并委托某监理公司承担施工阶段的监理任务。施工总承包单位将桩基工程分包给一家专业施工单位。

开工前：

（1）总监理工程师组织监理人员熟悉设计文件时，发现部分图纸设计不当，即通过计算修改了该部分图纸，并直接签发给施工总承包单位。

（2）在工程定位放线期间，总监理工程师又指派测量监理员复核施工总承包单位报送的原始基准点、基准线和测量控制点。

（3）总监理工程师审查了分包单位直接报送的资格报审表等相关资料。

（4）在合同约定开工日期的前5天，施工总承包单位书面提交了延期10天开工的申请，总监理工程师不予批准。

钢筋混凝土施工过程中，监理人员发现：

（1）按合同约定由建设单位负责采购的一批钢筋虽供货方提供了质量合格证，但在使用前的抽检试验中材料检验不合格。

（2）在钢筋绑扎完毕后，施工总承包单位未通知监理人员检查就准备浇筑混凝土。

（3）该部位施工完毕后，混凝土浇筑时留置的混凝土试块试验结果没有达到设计要求的强度。

竣工验收时：总承包单位完成了自查、自评工作，填写了工程竣工报验单，并将全部竣工资料报送项目监理机构，申请竣工验收。总监理工程师认为施工过程中均按要求进行了验收，即签署了竣工报验单，并向建设单位提交了质量评估报告。建设单位收到监理单位提交的质量评估报告后，即将该工程正式投入使用。

请问：

1．对总监理工程师在开工前所处理的几项工作是否妥当进行评价，并说明理由。如果有不妥当之处，写出正确做法。

2．对施工过程中出现的问题，监理人员应分别如何处理？

3．指出在工程竣工验收时总监理工程师在执行验收程序方面的不妥之处，写出正确做法。

4．建设单位收到监理单位提交的质量评估报告，即将该工程正式投入使用的做法是否正确？说明理由。

【案例解析】

1．开工前工作妥当与否的评价：

（1）总监理工程师修改该部分图纸及签发给施工总承包单位不妥。理由：总监理工程师，无权修改图纸，对图纸中存在的问题应通过建设单位向设计单位提出书面意见和建议。

（2）总监理工程师指派测量监理员进行复核不妥。理由：测量复核不属于测量监理员的工作职责，应指派专业监理工程师进行。

（3）总监理工程师审查分包单位直接报送的资格报审表等相关资料不妥。理由：总监理工程师应对施工总承包单位报送的分包单位资质情况进行审查、签认。

（4）总监理工程师不批准总承包单位的延期开工申请是正确的。理由：施工总承包单位应在开工前7日提出延期开工申请。

2．施工过程中出现的问题，监理人员应按以下处理：

（1）指令承包单位停止使用该批钢筋。如该批钢筋可降级使用，应与建设、设计、总承包单位共同确定处理方案；如不能用于工程，则指令退场。

（2）指令施工单位不得进行混凝土的浇筑，应要求施工单位报验，收到施工单位报验单后按验收标准检查验收。

（3）指令停止相关部位继续施工。请具有资质的法定检测单位进行该部分混凝土结构的检测。如能达到设计要求，予以验收，否则要求返修或加固处理。

3．总监理工程师在执行验收程序方面的不妥之处：未组织竣工初验收（初验）。正确做法是：收到承包商竣工申请后，总监理工程师应组织专业监理工程师对竣工资料及各专业工程质量情况全面检查，对检查出的问题，应督促承包单位及时整改，对竣工资料和工程实体验收合格后，签署工程竣工报验单，并向建设单位提交质量评估报告。

4．建设单位收到监理单位提交的质量评估报告，即将该工程正式投入使用不正确。

理由：建设单位在收到工程竣工验收报告后，应组织设计、施工、监理等单位进行工程验收，验收合格后方可使用。

8.1.2 理论引导

1. 建设工程质量的含义

建设工程质量从狭义上讲，是指建设工程符合业主需要而具备的使用功能。这一概念强调的是工程的实体质量，如基础是否坚固，主体结构是否安全以及通风、采光是否合理等。

从广义上讲，工程质量不仅包括工程的实体质量，还包括形成实体质量的工作质量。工作质量是指参与工程的建设者，为了保证工程实体质量所从事工作的水平和完善程度，包括社会工作质量，如社会调查、市场预测、质量回访和保修服务等；生产过程工作质量，如管理工作质量、技术工作质量和后勤工作质量等。工作质量直接决定了实体质量，工程实体质量的好坏是建设工程决策、勘察、设计、施工等单位各方面、各环节工作质量的综合反映。

建筑工程质量是建筑工程最重要的内在属性。建筑工程若发生质量问题，通常难以修复甚至不能修复、弥补，并有可能造成巨大的经济利益损失、人身伤亡、财产损失，对社会公共利益、环境、生态、资源（特别是土地资源）、经济与社会可持续发展等方面具有广泛、难以逆转甚至不可逆转的重大影响。因此，涉及建筑工程质量管理的法律制度成为目前建筑法律制度体系的核心内容之一。

2. 建筑工程质量管理的特点

（1）影响质量的因素多。工程项目的施工是动态的，影响项目质量的因素也是动态的。项目的不同阶段、不同环节、不同过程，影响质量的因素也各不相同。如设计、材料、自然条件、施工工艺、技术措施、管理制度等，均直接影响工程质量。

（2）质量控制的难度大。由于建筑产品生产的单件性和流动性，不能像其他工业产品一样进行标准化施工，施工质量容易产生波动；而且施工场面大、人员多、工序多、关系复杂、作业环境差，都加大了质量管理的难度。

（3）过程控制的要求高。工程项目在施工过程中，由于工序衔接多、中间交接多、隐蔽工程多，施工质量有一定的过程性和隐蔽性。在施工质量控制工作中，必须加强对施工过程的质量检查，及时发现和整改存在的质量问题，避免事后从表面进行检查。因为施工过程结束后的事后检查难以发现在施工过程中产生又被隐蔽了的质量隐患。

（4）终结检查的局限大。建筑工程项目建成后不能依靠终检来判断产品的质量和控制产品的质量，也不可能用拆卸和解体的方法检查内在质量或更换不合格的零件。因此，工程项目的终检存在一定的局限性。

我国目前已经建立了以《建筑法》为核心，并由《建设工程质量管理条例》《房屋建筑和市政基础设施工程质量监督管理规定》《房屋建筑工程质量保修办法》《建设工程质量检测管理办法》《建设工程勘察质量管理办法》等相关法律、法规、部门规章、相关标准与规范、相关规范性文件确定的制度、程序、规则等组成的较为完整的建筑工程质量管理法律制度体系。按照工程建设的各个阶段，我们可将几个工程质量按其形成的各个阶段进一步分解，见表8-1。

表 8-1　工程建设各阶段的质量内涵

工程项目质量形成的各个阶段	工程项目质量在各阶段的内涵	合同环境下满足需要的主要规定
决策阶段	可行性研究	国家的发展规划或业主的需求
设计阶段	1. 功能、使用价值的满足程度 2. 工程设计的安全、可靠性 3. 自然及社会环境的适应性 4. 工程概预算的经济性 5. 设计进度的时间性	工程建设勘察、设计合同及有关法律、法规、强制性标准
施工阶段	1. 功能、使用价值的实现程度 2. 工程的安全、可靠性 3. 自然及社会环境的适应性 4. 工程造价的控制状况 5. 施工进度的时间性	工程建设施工合同及有关法律、法规、强制性标准
保修阶段	保持或恢复原使用功能的能力	工程建设施工合同及有关法律、法规、强制性标准

3. 工程建设各阶段对质量的影响

工程项目各阶段紧密衔接，每一阶段均会对工程质量产生十分重要的影响。

（1）可行性研究对工程质量的影响。可行性研究是决定工程建设成败的首要条件。当前，各类公共工程和国有单位投资的工程是由政府批准立项的，不少项目筹划过程的规范性和科学性较差。有的工程立项滞后，工程开工后再立项；有的工程可行性研究不从客观实际出发，马虎、粗糙，甚至工程是否可行完全取决于领导意志；有的项目资金、原材料、设备不落实，垫资施工，迫使设计单位降低设计标准，施工单位偷工减料……凡此种种，都严重影响了工程质量。

（2）勘察、设计阶段对工程质量的影响。工程勘察、设计阶段是影响工程质量的关键环节。地质勘察工作的内容、深度和可靠程度，将决定工程设计方案能否正确考虑场地的地层构造、岩土的性质、不良地质现象及地下水位等工程地质条件。地质勘察失控会直接产生工程质量隐患，如果依据不合格的地质勘察报告进行设计，就可能产生严重的后果。从我国目前的实际情况来看，工程设计不规范的现象还很严重，如不执行强制性设计标准和安全标准，设计不符合抗震强度要求等。至于有些工程无证设计，盲目套用设计图，或违反设计规范等而引发的工程质量问题，后果就更为严重。国务院于 2000 年 1 月 30 日发布实施的《建设工程质量管理条例》确立了施工图设计文件审查批准制度，目的就是强化设计质量的监督管理。

（3）施工阶段对工程质量的影响。工程的施工阶段是影响工程质量的决定性环节。工程项目只有通过施工阶段才能成为实实在在的东西，施工阶段直接影响工程的最终质量。工程实践中，违反施工顺序、不按设计图施工、施工技术不当以及偷工减料等影响工程质量的事例不胜枚举。《建设工程质量管理条例》正式确立了建设工程质量监督制度，监督施工阶段的质量是工程质量监督机构的工作重点。

（4）竣工验收和交付使用阶段对工程质量的影响。竣工验收和交付使用阶段是影响工程质量的重要环节。在工程竣工验收阶段，建设单位组织设计、施工、监理等有关单位对施工阶段的质量进行最终检验，以考核质量目标是否符合设计阶段的质量要求。这一阶段是工程建设向交付使用转移的必要环节，体现了工程质量水平的最终结果。《建设工程质量管理条例》确立了竣工验收备案制度，这是政府加强工程质量管理，防止不合格工程流向社会的一个重要手段。在交付使用阶段，首先要做好工程的保护工作。如果保护不当，使工程受到破损、污染等损害，那么设计和施工阶段的工作再出色，也只能是前功尽弃。如很多用户不懂工程质量方面的知识，为达到装修效果盲目破坏工程主体结构，往往导致十分严重的质量隐患，直接影响了工程的使用寿命。

4. 建设工程质量管理的适用范围

我国目前已经建立以《民法典》《建筑法》《中华人民共和国产品质量法》《建设工程质量管理条例》《房屋建筑和市政基础设施工程质量监督管理规定》《房屋建筑工程质量保修办法》《最高人民法院关于审理建设工程施工合同纠纷案件适用法律问题的解释》等相关法律法规为主要内容的建筑工程质量管理法律制度体系。建筑工程质量管理法律制度体系主要调整以下两种社会关系：

一是调整国家主管机关与建设单位、勘察单位、设计单位、施工单位、监理单位之间的工程质量监督管理关系。

二是调整建设工程活动中有关主体之间的民事关系，包括建设单位与勘察、设计单位之间的勘察、设计合同关系，建设单位与施工单位的施工合同关系，建设单位与监理单位之间的建设监理委托合同等。

（1）建设工程的范围。《建筑法》第二条规定："本法所称建筑活动，是指各类房屋建筑及其附属设施的建造和与其配套的线路、管道、设备的安装活动。"因此，建筑活动包括：各类房屋的建筑；房屋附属设施的建造，如围墙、烟囱等；与房屋配套的线路（如电气线路、通信线路）的安装，管道（给水排水管道、采暖通风管道）的安装和设备（电梯、空调等）的安装。

《建设工程质量管理条例》第二条规定："本条例所称建设工程，是指土木工程、建筑工程、线路管道和设备安装工程及装修工程。"土木工程指建造在地上或地下、陆上或水中，直接或间接为人类生活、生产、军事、科研服务的各种工程设施，例如房屋、道路、铁路、管道、隧道、桥梁、运河、堤坝、港口、电站、飞机场、海洋平台、给水排水以及防护工程等。建筑工程指房屋建筑工程，即有顶盖、梁柱墙壁、基础以及能够形成内部空间，满足人们生产、生活、公共活动的工程实体，包括厂房、剧院、旅馆、商店、学校、医院和住宅等工程。线路、管道和设备安装工程包括电力、通信线路、石油、燃气、给水、排水、供热等管道系统和各类机械设备、装置的安装活动。装修工程包括对建筑物内外进行美化和增加使用功能的工程建设活动。

（2）工程质量责任主体的范围。

1）建设行政主管部门及铁路、交通、水利等有关部门。行政管理人员渎职、腐败是造成重大恶性工程质量事故的重要原因。为此，国务院办公厅在《关于加强基础设施工程质量管理的通知》中强调建立和落实工程质量领导责任制，并进一步明确了各级、各类领导以及行政管理人员的质量责任。

2）建设单位。建设单位是建设工程的投资人，也称业主。建设单位是工程建设过程的总负责方，拥有确定建设项目的规模、功能、外观、选用材料设备、按照国家法律法规选择承包单位的权力。建设单位可以是法人或自然人，包括房地产开发商。

3）勘察、设计单位。勘察单位是指对地形、地质及水文等要素进行测绘、勘探、测试及综合评定，并提供可行性评价与建设工程所需勘察成果资料的单位。设计单位是指按照现行技术标准对建设工程项目进行综合性设计及技术经济分析，并提供建设工程施工依据的设计文件和设计图的单位。

4）施工单位。施工单位是指经过建设行政主管部门的资质审查，从事建设工程施工承包的单位。按照承包方式不同，可分为总承包单位和专业承包单位。

5）工程监理单位。工程监理单位是指经过建设行政主管部门的资质审查，受建设单位委托，依据法律法规以及有关技术标准、设计文件和承包合同，在建设单位的委托范围内对建设工程进行监督管理的单位。工程监理单位可以是具有法人资格的监理公司、监理事务所，也可以是兼营监理业务的工程技术、科学研究及建设工程咨询的单位。

6）设备材料供应商。设备材料供应商是指提供构成建筑工程实体的设备和材料的企业。设备材料供应商不仅仅指设备材料生产商，还包括设备材料经销商。

建设工程项目，具有投资大、规模大、建设周期长、生产环节多、参与方多、影响质量因素多等特点，不论是哪个主体出了问题，都会导致质量缺陷，甚至重大质量事故的产生。例如，如果建设单位将工程发包给不具备相应资质等级的单位，或指使施工单位使用不合格的建筑材料、构配件和设备，勘察单位提供的水文地质资料不准确，设计单位计算错误或设备选型不准，施工单位不按图施工，工程监理单位不严格进行隐蔽工程检查等，都会造成工程质量缺陷，甚至导致重大质量事故。因此，工程质量管理最基本的原则和方法就是建立健全质量责任制度。

5. 从事建筑活动的主要主体的建筑工程质量义务和责任

（1）建设单位的建筑工程质量义务和责任。《建筑法》规定了建设单位的建筑工程质量基本义务和责任："建设单位不得以任何理由，要求建筑设计单位或者建筑施工企业在工程设计或者施工作业中，违反法律、行政法规和建筑工程质量、安全标准，降低工程质量。建筑设计单位和建筑施工企业对建设单位违反前款规定提出的降低工程质量的要求，应当予以拒绝。"

《建设工程质量管理条例》明确规定了建设单位的建筑工程质量具体义务和责任：

1）建设单位应当将工程发包给具有相应资质等级的单位。建设单位不得将建设工程肢解发包。

2）建设单位应当依法对工程建设项目的勘察、设计、施工、监理以及与工程建设有关的重要设备、材料等的采购进行招标。

3）建设单位必须向有关的勘察、设计、施工、工程监理等单位提供与建设工程有关的原始资料。原始资料必须真实、准确、齐全。

4）建设工程发包单位不得迫使承包方以低于成本的价格竞标，不得任意压缩合理工期。

建设单位不得明示或者暗示设计单位或者施工单位违反工程建设强制性标准，降低建设工程质量。

5) 建设单位应当将施工图设计文件报县级以上人民政府建设行政主管部门或者其他有关部门审查。施工图设计文件审查的具体办法,由国务院建设行政主管部门、国务院其他有关部门制定。施工图设计文件未经审查批准的,不得使用。

6) 实行监理的建设工程,建设单位应当委托具有相应资质等级的工程监理单位进行监理,也可以委托具有工程监理相应资质等级并与被监理工程的施工承包单位没有隶属关系或者其他利害关系的该工程的设计单位进行监理。

7) 建设单位在开工前,应当按照国家有关规定办理工程质量监督手续,工程质量监督手续可以与施工许可证或者开工报告合并办理。

8) 按照合同约定,由建设单位采购建筑材料、建筑构配件和设备的,建设单位应当保证建筑材料、建筑构配件和设备符合设计文件和合同要求。建设单位不得明示或者暗示施工单位使用不合格的建筑材料、建筑构配件和设备。

9) 涉及建筑主体和承重结构变动的装修工程,建设单位应当在施工前委托原设计单位或者具有相应资质等级的设计单位提出设计方案;没有设计方案的,不得施工。房屋建筑使用者在装修过程中,不得擅自变动房屋建筑主体和承重结构。

10) 建设单位收到建设工程竣工报告后,应当组织设计、施工、工程监理等有关单位进行竣工验收。

11) 建设单位应当严格按照国家有关档案管理的规定,及时收集、整理建设项目各环节的文件资料,建立、健全建设项目档案,并在建设工程竣工验收后,及时向建设行政主管部门或者其他有关部门移交建设项目档案。

(2) 建筑工程勘察、设计单位(企业)的建筑工程质量义务和责任。《建筑法》规定了建筑工程勘察、设计单位(企业)的建筑工程质量基本义务和责任:"建筑工程的勘察、设计单位必须对其勘察、设计的质量负责。勘察、设计文件应当符合有关法律、行政法规的规定和建筑工程质量、安全标准、建筑工程勘察、设计技术规范以及合同的约定。设计文件选用的建筑材料、建筑构配件和设备,应当注明其规格、型号、性能等技术指标,其质量要求必须符合国家规定的标准。"

《建设工程质量管理条例》明确规定了建筑工程勘察、设计单位(企业)的建筑工程质量的具体义务和责任:

1) 从事建设工程勘察、设计的单位应当依法取得相应等级的资质证书,并在其资质等级许可的范围内承揽工程。

禁止勘察、设计单位超越其资质等级许可的范围或者以其他勘察、设计单位的名义承揽工程。禁止勘察、设计单位允许其他单位或者个人以本单位的名义承揽工程。

勘察、设计单位不得转包或者违法分包所承揽的工程。

2) 勘察、设计单位必须按照工程建设强制性标准进行勘察、设计,并对其勘察、设计的质量负责。

注册建筑师、注册结构工程师等注册执业人员应在设计文件上签字,对设计文件负责。

3) 勘察单位提供的地质、测量、水文等勘察成果必须真实、准确。

4) 设计单位应当根据勘察成果文件进行建设工程设计。

设计文件应当符合国家规定的设计深度要求，注明工程合理使用年限。

5) 设计单位在设计文件中选用的建筑材料、建筑构配件和设备，应当注明规格、型号、性能等技术指标，其质量要求必须符合国家规定的标准。

除有特殊要求的建筑材料、专用设备、工艺生产线等外，设计单位不得指定生产厂、供应商。

6) 设计单位应当就审查合格的施工图设计文件向施工单位作出详细说明。

7) 设计单位应当参与建设工程质量事故分析，并对因设计造成的质量事故，提出相应的技术处理方案。

(3) 建筑工程施工单位（企业）的建筑工程质量义务和责任。《建筑法》规定了建筑工程施工单位（企业）的建筑工程质量基本义务和责任："建筑施工企业对工程的施工质量负责。建筑施工企业必须按照工程设计图纸和施工技术标准施工，不得偷工减料。工程设计的修改由原设计单位负责，建筑施工企业不得擅自修改工程设计。建筑施工企业必须按照工程设计要求、施工技术标准和合同的约定，对建筑材料、建筑构配件和设备进行检验，不合格的不得使用。"

《建设工程质量管理条例》明确规定了建筑工程施工单位（企业）的建筑工程质量具体义务和责任：

1) 施工单位应当依法取得相应等级的资质证书，并在其资质等级许可的范围内承揽工程。

禁止施工单位超越本单位资质等级许可的业务范围或者以其他施工单位的名义承揽工程。禁止施工单位允许其他单位或者个人以本单位的名义承揽工程。

施工单位不得转包或者违法分包工程。

2) 施工单位对建设工程的施工质量负责。

施工单位应当建立质量责任制，确定工程项目的项目经理、技术负责人和施工管理负责人。

建设工程实行总承包的，总承包单位应当对全部建设工程质量负责。建设工程勘察、设计、施工、设备采购的一项或者多项实行总承包的，总承包单位应当对其承包的建设工程或者采购的设备的质量负责。

3) 总承包单位依法将建设工程分包给其他单位的，分包单位应当按照分包合同的约定对其分包工程的质量向总承包单位负责，总承包单位与分包单位对分包工程的质量承担连带责任。

4) 施工单位必须按照工程设计图纸和施工技术标准施工，不得擅自修改工程设计，不得建偷工减料。

施工单位在施工过程中发现设计文件和图纸有差错的，应当及时提出意见和建议。

5) 施工单位必须按照工程设计要求、施工技术标准和合同约定，对建筑材料、建筑构配件、设备和商品混凝土进行检验，检验应当有书面记录和专人签字；未经检验或者检验不合格的，不得使用。

6) 施工单位必须建立、健全施工质量的检验制度，严格工序管理，做好隐蔽工程的质量检查和记录。隐蔽工程在隐蔽前，施工单位应当通知建设单位和建设工程质量监督机构。

7) 施工人员对涉及结构安全的试块、试件以及有关材料，应当在建设单位或者工程监理单位监督下现场取样，并送具有相应资质等级的质量检测单位进行检测。

8）施工单位对施工中出现质量问题的建设工程或者竣工验收不合格的建设工程，应当负责返修。

9）施工单位应当建立、健全教育培训制度，加强对职工的教育培训；未经教育培训或者考核不合格的人员，不得上岗作业。

(4) 建筑工程监理单位（企业）的建筑工程质量义务和责任。《建设工程质量管理条例》明确规定了建筑工程监理单位（企业）的建筑工程质量具体义务和责任：

1）工程监理单位应当依法取得相应等级的资质证书，并在其资质等级许可的范围内承担工程监理业务。

禁止工程监理单位超越本单位资质等级许可的范围或者以其他工程监理单位的名义承担工程监理业务。禁止工程监理单位允许其他单位或者个人以本单位的名义承担工程监理业务。

工程监理单位不得转让工程监理业务。

2）工程监理单位与被监理工程的施工承包单位以及建筑材料、建筑构配件和设备供应单位有隶属关系或者其他利害关系的，不得承担该项建设工程的监理业务。

3）工程监理单位应当依照法律、法规以及有关技术标准、设计文件和建设工程承包合同，代表建设单位对施工质量实施监理，并对施工质量承担监理责任。

4）工程监理单位应当选派具备相应资格的总监理工程师和监理工程师进驻施工现场。

未经监理工程师签字，建筑材料、建筑构配件和设备不得在工程上使用或者安装，施工单位不得进行下一道工序的施工。未经总监理工程师签字，建设单位不拨付工程款，不进行竣工验收。

5）监理工程师应当按照工程监理规范的要求，采取旁站、巡视和平行检验等形式，对建设工程实施监理。

8.1.3 实训操作

某市某商业广场工程由商业裙楼和4座塔楼组成，人工挖孔桩基础，框架剪力墙结构，地上25~30层，在第4层设置转换层，建筑总高度98米，建筑面积10万平方米，工程造价6870万元。事发当日8时左右，按照项目部安排，泥工班长带领9名泥工开始裙楼东天井加盖现浇钢筋混凝土屋面施工，12时左右，天井屋面从中间开始下沉并迅速导致整体坍塌。造成8人死亡、3人重伤，直接经济损失339.4万元。

请问：

谁应当承担安全管理责任？理由是什么？

8.1.4 拓展训练

【真题实测】

以下对建设工程安全生产监督管理体制的表述是否正确？如有错误，请补正。

1. 国务院负责安全生产监督管理的部门，对全国安全生产工作实施综合监督管理；县级以上地方各级人民政府负责安全生产监督管理的部门，对本行政区域内安全生产工作实施综

合监督管理。（　　）

2. 按照目前部门职能的划分，国务院负责安全生产监督管理的部门是国家质量监督管理局，地方上是各级安全生产监督管理部门。（　　）

3. 建设工程安全生产监督管理体制，实行国务院建设行政主管部门对全国的建设工程安全生产实施统一的监督管理，国务院铁路、交通、水利等有关部门按照国务院规定的职责分工分别对专业建设工程安全生产实施监督管理的模式。（　　）

4. 地方人民政府建设行政主管部门对本行政区域内的建设工程安全生产实施监督管理，地方人民政府交通、水利等各专业部门在各自的职责范围内对本行政区域内的专业建设工程安全生产实施监督管理。（　　）

8.2　工程建设标准

工程建设标准指对基本建设中各类工程的勘察、规划、设计、施工、安装、验收等需要协调统一的事项所制定的标准。工程建设标准是为在工程建设领域内获得最佳秩序，对建设工程的勘察、规划、设计、施工、安装、验收、运营维护及管理等活动和结果需要协调统一的事项所制定的共同的、重复使用的技术依据和准则，对促进技术进步，保证工程的安全、质量、环境和公众利益，实现最佳社会效益、经济效益、环境效益和最佳效率等，具有直接作用和重要意义。

8.2.1　案例导入

20×1年3月16日15时45分，××市交通运输局的执法人员对某高速公路改建工程第三合同标段进行检查，发现施工方某路桥工程有限公司在桥面铺装层混凝土浇筑施工过程中，使用不合格"瘦身钢筋"，即钢筋网片重量不符合要求。经查，该钢筋网片分12个批次进场，规格是D6型（间距10×10厘米），共计360吨。根据规范要求，施工方应按照每批1次/60吨的频率自检，而施工方未自检即投入使用。××市交通运输局委托该市某检测公司随机选取12处抽检，检测结果均显示重量偏差指标不符合规范要求。该违法行为对桥梁路面的耐久性产生影响，直接影响桥面铺装分项工程。3月25日，施工方对桥面凿除返工，不合格的钢筋网片全部退场处理，主动改正违法行为。

请问：应怎样处理施工方的行为？

【案例评析】

××市交通运输主管部门认定，某路桥工程有限公司违反《建设工程质量管理条例》第二十九条"施工单位必须按照工程设计要求、施工技术标准和合同约定，对建筑材料、建筑构配件、设备和商品混凝土进行检验，检验应当有书面记录和专人签字；未经检验或者检验不合格的，不得使用"和第六十四条"违反本条例规定，施工单位在施工中偷工减料的，使用不合格的建筑材料、建筑构配件和设备的，或者有不按照工程设计图纸或者施工技术标准施工的其他行为的，责令改正，处工程合同价款百分之二以上百分之四以下的罚款；造成建设工程质量不符合规定的质量标准的，负责返工、修理，并赔偿因此造成的损失；情节严重的，责令停业整顿，降低资质等级或者吊销资质证书"的规定，即在工程中使用不合格材料，因此对施工方处工程合同价款2%罚款的行政处罚。

8.2.2 理论引导

根据《中华人民共和国标准化法》（以下简称《标准化法》）的规定，农业、工业、服务业以及社会事业等领域需要统一的技术要求。其中针对建设工程的设计、施工方法和安全要求，有关工业生产、工程建设和环境保护的技术术语、符号、代号和制图需要制定统一的标准。

《标准化法》第二条规定："标准包括国家标准、行业标准、地方标准和团体标准、企业标准。国家标准分为强制性标准、推荐性标准，行业标准、地方标准是推荐性标准。强制性标准必须执行。国家鼓励采用推荐性标准。"

1. 工程建设国家标准

工程建设国家标准分为强制性标准和推荐性标准。

（1）工程建设国家标准的范围和类型。《标准化法》第十条规定："对保障人身健康和生命财产安全、国家安全、生态环境安全以及满足经济社会管理基本需要的技术要求，应当制定强制性国家标准。"第十一条规定："对满足基础通用、与强制性国家标准配套、对各有关行业起引领作用等需要的技术要求，可以制定推荐性国家标准。"

2020年1月国家市场监督管理总局发布的《强制性国家标准管理办法》规定，强制性国家标准的技术要求应当全部强制，并且可验证、可操作。

1992年12月原建设部发布的《工程建设国家标准管理办法》规定，对下列事项应当制定国家强制性标准：工程建设勘察、规划、设计、施工（包括安装）及验收等通用的综合标准和重要的通用的质量标准；工程建设通用的有关安全、卫生和环境保护的标准；工程建设重要的通用的术语、符号、代号、量与单位、建筑模数和制图方法标准；工程建设重要的通用的试验、检验和评定方法等标准；工程建设重要的通用的信息技术标准；国家需要控制的其他工程建设通用的标准。

（2）工程建设国家标准的制定。《标准化法》第十条规定："国务院有关行政主管部门依据职责负责强制性国家标准的项目提出、组织起草、征求意见和技术审查。国务院标准化行政主管部门负责强制性国家标准的立项、编号和对外通报。国务院标准化行政主管部门应当对拟制定的强制性国家标准是否符合前款规定进行立项审查，对符合前款规定的予以立项。"

"省、自治区、直辖市人民政府标准化行政主管部门可以向国务院标准化行政主管部门提出强制性国家标准的立项建议，由国务院标准化行政主管部门会同国务院有关行政主管部门决定。社会团体、企业事业组织以及公民可以向国务院标准化行政主管部门提出强制性国家标准的立项建议，国务院标准化行政主管部门认为需要立项的，会同国务院有关行政主管部门决定。"

"强制性国家标准由国务院批准发布或者授权批准发布。"

"法律、行政法规和国务院决定对强制性标准的制定另有规定的，从其规定。"

《标准化法》第十一条规定："推荐性国家标准由国务院标准化行政主管部门制定。"

（3）工程建设国家标准的批准发布和编号。《标准化法》规定，强制性国家标准由国务院批准发布或者授权批准发布。强制性标准文本应当免费向社会公开。国家推动免费向社会公开推荐性标准文本。

《强制性国家标准管理办法》规定，国务院标准化行政主管部门应当自发布之日起 20 日内在全国标准信息公共服务平台上免费公开强制性国家标准文本，强制性国家标准的解释与标准具有同等效力。解释发布后，国务院标准化行政主管部门应当自发布之日起 20 日内在全国标准信息公共服务平台上免费公开解释文本。

《工程建设国家标准管理办法》规定，工程建设国家标准的编号由国家标准代号、发布标准的顺序号和发布标准的年号组成。强制性国家标准的代号为"GB"，推荐性国家标准的代号为"GB/T"。例如：《建筑工程施工质量验收统一标准》的代号为 GB 50300—2013，其中"GB"表示为强制性国家标准，"50300"表示标准发布顺序号，"2013"表示是 2013 年批准发布；《工程建设施工企业质量管理规范》的代号为 GB/T 50430—2017，其中"GB/T"表示为推荐性国家标准，"50430"表示标准发布顺序号，"2017"表示是 2017 年批准发布。

（4）强制性国家标准的复审、修订和废止。《强制性国家标准管理办法》规定，国务院标准化行政主管部门应当通过全国标准信息公共服务平台接收社会各方对强制性国家标准实施情况的意见建议，并及时反馈组织起草部门。组织起草部门应当根据反馈和评估情况，对强制性国家标准进行复审，提出继续有效、修订或者废止的结论，并送国务院标准化行政主管部门。复审周期一般不得超过 5 年。

复审结论为修强制性国家标准的，组织起草部门应当在报送复审结论时提出修订项目。强制性国家标准的修订，按照规定的强制性国家标准制定程序执行；个别技术要求需要调整、补充或者删减，采用修改单方式予以修订的，无须经国务院标准化行政主管部门立项。

复审结论为废止强制性国家标准的，由国务院标准化行政主管部门通过全国标准信息公共服务平台向社会公开征求意见，并以书面形式征求强制性国家标准的实施监督管理部门意见。公开征求意见一般不得少于 30 日。无重大分歧意见或者经协调一致的，由国务院标准化行政主管部门依据国务院授权以公告形式废止强制性国家标准。

2. 工程建设行业标准

《标准化法》第十二条规定："对没有推荐性国家标准、需要在全国某个行业范围内统一的技术要求，可以制定行业标准。行业标准由国务院有关行政主管部门制定，报国务院标准化行政主管部门备案。"

（1）工程建设行业标准的范围。1992 年 12 月住房和城乡建设部发布的《工程建设行业标准管理办法》规定，对没有国家标准而需要在全国某个行业范围内统一的下列技术要求，可以制定行业标准：

- 工程建设勘察、规划、设计、施工（包括安装）及验收等行业专用的质量要求。
- 工程建设行业专用的有关安全、卫生和环境保护的技术要求。
- 工程建设行业专用的术语、符号、代号、量与单位和制图方法。
- 工程建设行业专用的试验、检验和评定等方法。
- 工程建设行业专用的信息技术要求。
- 其他工程建设行业专用的技术要求。

行业标准不得与国家标准相抵触。行业标准的某些规定与国家标准不一致时，必须有充分的科学依据和理由，并经国家标准的审批部门批准。行业标准在相应的国家标准实施后，应当及时修订或废止。

（2）工程建设行业标准的制定、修订程序与复审。工程建设行业标准的制定、修订程序，也可以按准备、征求意见、送审和报批四个阶段进行。工程建设行业标准实施后，根据科学技术的发展和工程建设的实际需要，该标准的批准部门应当适时进行复审，确认其继续有效或予以修订、废止。一般也是5年复审。

3. 工程建设地方标准

《标准化法》第十三条规定："为满足地方自然条件、风俗习惯等特殊技术要求，可以制定地方标准。地方标准由省、自治区、直辖市人民政府标准化行政主管部门制定；设区的市级人民政府标准化行政主管部门根据本行政区域的特殊需要，经所在地省、自治区、直辖市人民政府标准化行政主管部门批准，可以制定本行政区域的地方标准。地方标准由省、自治区、直辖市人民政府标准化行政主管部门报国务院标准化行政主管部门备案，由国务院标准化行政主管部门通报国务院有关行政主管部门。"

4. 工程建设团体标准

《标准化法》第十八条规定："国家鼓励学会、协会、商会、联合会、产业技术联盟等社会团体协调相关市场主体共同制定满足市场和创新需要的团体标准，由本团体成员约定采用或者按照本团体的规定供社会自愿采用。"

《国家标准化发展纲要》规定，健全团体标准化良好行为评价机制。强化行业自律和社会监督，发挥市场对团体标准的优胜劣汰作用。

（1）团体标准的定性和基本要求。国家标准化管理委员会、民政部《团体标准管理规定》规定，团体标准是依法成立的社会团体为满足市场和创新需要，协调相关市场主体共同制定的标准。

《标准化法》规定，制定团体标准，应当遵循开放、透明、公平的原则，保证各参与主体获取相关信息，反映各参与主体的共同需求，并应当组织对标准相关事项进行调查分析、实验、论证。国家支持在重要行业、战略性新兴产业、关键共性技术等领域利用自主创新技术制定团体标准、企业标准。

《团体标准管理规定》进一步规定，禁止利用团体标准实施妨碍商品、服务自由流通等排除、限制市场竞争的行为。团体标准应当符合相关法律法规的要求，不得与国家有关产业政策相抵触。团体标准的技术要求不得低于强制性标准的相关技术要求。国家鼓励社会团体制定高于推荐性标准相关技术要求的团体标准；鼓励制定具有国际领先水平的团体标准。

（2）团体标准制定的程序。制定团体标准的一般程序包括：提案、立项、起草、征求意见、技术审查、批准、编号、发布、复审。

5. 工程建设企业标准

《标准化法》第十九条规定："企业可以根据需要自行制定企业标准，或者与其他企业联合制定企业标准。"

推荐性国家标准、行业标准、地方标准、团体标准、企业标准的技术要求不得低于强制性国家标准的相关技术要求。国家鼓励社会团体、企业制定高于推荐性标准相关技术要求的团体标准、企业标准。

国家实行团体标准、企业标准自我声明公开和监督制度。企业应当公开其执行的强制性标准、推荐性标准、团体标准或者企业标准的编号和名称；企业执行自行制定的企业标准的，还应当公开产品、服务的功能指标和产品的性能指标。国家鼓励团体标准、企业标准通过标准信息公共服务平台向社会公开。

企业应当按照标准组织生产经营活动，其生产的产品、提供的服务应当符合企业公开标准的技术要求。

需要说明的是，标准、规范、规程都是标准的表现方式，习惯上统称为标准。当针对产品、方法、符号、概念等基础标准时，一般采用"标准"，如《公路工程技术标准》《建筑抗震鉴定标准》等；当针对工程勘察、规划、设计、施工等通用的技术事项作出规定时，一般采用"规范"，如《混凝土结构设计规范》《住宅建筑设计规范》《建筑设计防火规范》等；当针对操作、工艺、管理等专用技术要求时，一般采用"规程"，如《建筑机械使用安全技术规程》《钻芯法检测混凝土强度技术规程》等。

《国家标准化发展纲要》规定，有效实施企业标准自我声明公开和监督制度，将企业产品和服务符合标准情况纳入社会信用体系建设。建立标准实施举报、投诉机制，鼓励社会公众对标准实施情况进行监督。

8.2.3 实训操作

【真题实测】

多项选择题（每题的备选项中，至少有1个答案最符合题意）

1. 关于实施工程建设强制性标准的说法，正确的是（　　）。
   A．工程建设强制性标准均为关于工程质量标准的强制性条文
   B．工程建设中采用新技术、新工艺、新材料且没有国家技术标准的，可不受强制性标准的限制
   C．工程建设地方标准中，对直接涉及环境保护和公共利益的条文，经国务院建设行政主管部门确定后，可作为强制性条文
   D．工程建设中采用国际标准或者国外标准且我国未作规定的，可不受强制性标准的限制

2. 关于工程建设国家标准的说，正确的是（　　）。
   A．工程建设强制性国家标准的立项由国务院标准化行政主管部门负责
   B．工程建设推荐性国家标准由国务院建设行政主管部门制定
   C．工程建设强制性标准包括地方标准
   D．工程建设强制性国家标准只能由国务院批准发布

3. 根据《实施工程建设强制性标准监督规定》，下列情形中不属于强制性标准监督检查内容的是（　　）。
   A．工程项目规划、勘察、设计、施工阶段是否符合强制性标准

    B. 工程项目使用的材料、设备是否符合强制性标准
    C. 工程管理人员是否熟悉强制性标准
    D. 工程项目的安全、质量是否符合强制性标准
4. 工程建设标准根据级别可以划分为（　　）。
    A. 局部标准　　B. 国家标准　　C. 行业标准　　D. 地方标准
    E. 企业标准
5. 下列工程建设标准条文中，经国务院行政主管部门确定后，可作为强制性条文的有（　　）。
    A. 直接涉及国家主权的条文　　　　B. 直接涉及人民生命财产安全的条文
    C. 直接涉及人体健康的条文　　　　D. 直接涉及环境保的条文
    E. 直接涉及公共利益的条文
6. 工程建设的强制性标准是指直接涉及工程（　　）方面的工程建设标准强制性条文。
    A. 质量　　　B. 安全　　　C. 环保　　　D. 造价
    E. 卫生

8.2.4 拓展训练

【案例分析】

20×1年，某集团与某建筑公司签订一份建筑工程施工承包合同。合同约定，建筑公司为集团建造一栋8层营业、办公两用楼，承包方式为包工包料，开工时间为20×1年5月10日，竣工时间为20×4年12月30日。经双方和质量部门验收合格后交付使用。

20×4年12月25日工程竣工，但经双方和质量部门检验，大楼部分非关键性地方不符合合同的约定，但不影响大楼的整体使用。此时，建筑公司因另一工程急需马上开工，于是便提出少收部分工程款作为补偿，建筑公司不再返工重建不符合合同规定的地方。随后，建筑公司将施工队伍全部调往他地。商业总公司不同意，要求建筑公司返工重建。

请问：某集团是否有权要求某建筑公司返修？理由是什么？

8.3　工程建设质量管理相关制度

8.3.1 案例导入

某城市建设开发集团在该市南三环建设拆迁居民安置区。甲建筑公司通过投标获得了该工程项目，并与乙公司签订了分包合同。在工程交付使用后，发现A号楼装修工程因偷工减料存在严重质量问题，城市建设开发集团便要求甲建筑公司承担责任。甲建筑公司认为工程A号楼装修工程是由分包商乙公司完成的，应由乙公司承担相关责任，并以乙公司早已结账撤出而失去联系为由，不予配合问题的处理。

请问：甲建筑公司是否应该对A号楼装修工程的质量问题承担责任？为什么？

【案例解析】

应承担责任。《建筑法》第五十五条规定："建筑工程实行总承包的，工程质量由工程总承包单位负责，总承包单位将建筑工程分包给其他单位的，应当对分包工程的质量与分包单位承担连带责任。分包单位应当接受总承包单位的质量管理。"本案例中存在着总包、分包两个合同。在总包合同中，甲建筑公司应该向建设单位即城市建设开发集团负责；在分包合同中，分包商乙公司应该向总承包单位即甲建筑公司负责。同时，甲建筑公司与乙公司还要对分包工程的质量承担连带责任。因此，建设单位有权要求甲建筑公司或乙公司对A号楼装修工程的质量问题承担责任，任何一方都无权拒绝。在乙公司早已失去联系的情况下，建设单位要求甲建筑公司承担质量责任是符合法律规定的。至于甲建筑公司如何再去追偿乙公司的质量责任，则完全由甲建筑公司自行负责。

8.3.2 理论引导

1. 建设工程质量监督管理制度

（1）各级监督主体的职责范围。

1）国务院建设行政主管部门对全国的建设工程质量实施统一监督管理；国务院铁路、交通、水利等有关部门按照国务院规定的职责分工，负责对全国的有关专业建设工程质量及有关建设工程质量的法律、法规和强制性标准执行情况实施监督管理；国务院发展计划部门按照国务院规定的职责，组织稽查特派员，对国家出资的重大建设项目实施监督检查；国务院经济贸易主管部门按照国务院规定的职责，对国家重大技术改造项目实施监督检查。

2）县级以上地方人民政府建设行政主管部门对本行政区域内的建设工程质量实施监督管理。

县级以上地方人民政府交通、水利等有关部门在各自的职责范围内，负责对本行政区域内的专业建设工程质量的监督管理。

从事房屋建筑工程和市政基础设施工程质量监督的机构，必须按照国家有关规定经国务院建设行政主管部门或者省、自治区、直辖市人民政府建设行政主管部门考核；从事专业建设工程质量监督的机构，必须按照国家有关规定经国务院有关部门或者省、自治区、直辖市人民政府有关部门考核。经考核合格后，方可实施质量监督。

县级以上地方人民政府建设行政主管部门和其他有关部门应当加强对有关建设工程质量的法律、法规和强制性标准执行情况的监督检查。

（2）各级监督主体的监督职权。

1）要求被检查的单位提供有关工程质量的文件和资料。

2）进入被检查单位的施工现场进行检查。

3）发现有影响工程质量的问题时，责令改正。

4）建设单位应当自建设工程竣工验收合格之日起15日内，将建设工程竣工验收报告和规划、公安消防、环保等部门出具的认可文件或者准许使用文件报建设行政主管部门或者其他有关部门备案。

5）建设行政主管部门或者其他有关部门发现建设单位在竣工验收过程中有违反国家有关建设工程质量管理规定行为的，责令停止使用，重新组织竣工验收。

6）有关单位和个人对县级以上人民政府建设行政主管部门和其他有关部门进行的监督检查应当支持与配合，不得拒绝或者阻碍建设工程质量监督检查人员依法执行职务。

7）供水、供电、供气、公安消防等部门或者单位不得明示或者暗示建设单位、施工单位购买其指定的生产供应单位的建筑材料、建筑构配件和设备。

(3) 工程质量监督管理的程序。

1）受理建设单位办理质量监督手续。

2）制订工作计划并组织实施。

3）对工程实体质量、工程质量责任主体和质量检测等单位的工程质量行为进行抽查、抽测。

4）监督工程竣工验收，重点对验收的组织形式、程序等是否符合有关规定进行监督。

5）形成工程质量监督报告。

6）建立工程质量监督档案。

(4) 建设工程质量检测机构资质。为加强建设工程质量检测（以下简称质量检测）管理，住房和城乡建设部根据《建设工程质量管理条例》《建设工程质量检测管理办法》，于2023年颁布了《建设工程质量检测机构资质标准》。根据这一文件，建设工程质量检测机构的检测机构资质可以分为两个类别：综合资质（即包括全部专项资质的检测机构资质）和专项资质（即包括建筑材料及构配件、主体结构及装饰装修、钢结构、地基基础、建筑节能、建筑幕墙、市政工程材料、道路工程、桥梁及地下工程等9个检测机构专项资质）。

1）综合资质。

a．资历及信誉。

第一，有独立法人资格的企业、事业单位，或依法设立的合伙企业，且均具有15年以上质量检测经历。

第二，具有建筑材料及构配件（或市政工程材料）、主体结构及装饰装修、建筑节能、钢结构、地基基础5个专项资质和其他2个专项资质。

第三，具备9个专项资质全部必备检测参数。

第四，社会信誉良好，近3年未发生过一般及以上工程质量安全责任事故。

b．主要人员。

第一，技术负责人应具有工程类专业正高级技术职称，质量负责人应具有工程类专业高级及以上技术职称，且均具有8年以上质量检测工作经历。

第二，注册结构工程师不少于4名（其中，一级注册结构工程师不少于2名），注册土木工程师（岩土）不少于2名，且均具有2年以上质量检测工作经历。

第三，技术人员不少于150人，其中具有3年以上质量检测工作经历的工程类专业中级及以上技术职称人员不少于60人、工程类专业高级及以上技术职称人员不少于30人。

c．检测设备及场所。

第一，质量检测设备设施齐全，检测仪器设备功能、量程、精度，配套设备设施满足9

个专项资质全部必备检测参数要求；

第二，有满足工作需要的固定工作场所及质量检测场所。

d．管理水平。

第一，有完善的组织机构和质量管理体系，并满足《检测和校准实验室能力的通用要求》（GB/T 27025—2019）要求。

第二，有完善的信息化管理系统，检测业务受理、检测数据采集、检测信息上传、检测报告出具、检测档案管理等质量检测活动全过程可追溯。

2）专项资质。

a．资历及信誉。

第一，有独立法人资格的企业、事业单位，或依法设立的合伙企业。

第二，主体结构及装饰装修、钢结构、地基基础、建筑幕墙、道路工程、桥梁及地下工程等6项专项资质，应当具有3年以上质量检测经历。

第三，具备所申请专项资质的全部必备检测参数。

第四，社会信誉良好，近3年未发生过一般及以上工程质量安全责任事故。

b．主要人员。

第一，技术负责人应具有工程类专业高级及以上技术职称，质量负责人应具有工程类专业中级及以上技术职称，且均具有5年以上质量检测工作经历。

第二，主要人员数量不少于表8-2主要人员配备表的相关要求。

表8-2 主要人员配备表

序号	专项资质类别	主要人员	
		注册人员	技术人员
1	建筑材料及构配件	无	不少于20人，其中具有3年以上质量检测工作经历的工程类专业中级及以上技术职称人员不少于4人
2	主体结构及装饰装修	不少于1名二级注册结构工程师，且具有2年以上质量检测工作经历	不少于15人，其中具有3年以上质量检测工作经历的工程类专业中级及以上技术职称人员不少于4人、工程类专业高级及以上技术职称人员不少于2人
3	钢结构	不少于1名二级注册结构工程师，且具有2年以上质量检测工作经历	不少于15人，其中具有3年以上质量检测工作经历的工程类专业中级及以上技术职称人员不少于4人、工程类专业高级及以上技术职称人员不少于2人
4	地基基础	不少于1名注册土木工程师（岩土），且具有2年以上质量检测工作经历	不少于15人，其中具有3年以上质量检测工作经历的工程类专业中级及以上技术职称人员不少于4人、工程类专业高级及以上技术职称人员不少于2人
5	建筑节能	无	不少于20人，其中具有3年以上质量检测工作经历的工程类专业中级及以上技术职称人员不少于4人

续表

序号	专项资质类别	主要人员	
		注册人员	技术人员
6	建筑幕墙	无	不少于15人,其中具有3年以上质量检测工作经历的工程类专业中级及以上技术职称人员不少于4人、工程类专业高级及以上技术职称人员不少于2人
7	市政工程材料	无	不少于20人,其中具有3年以上质量检测工作经历的工程类专业中级及以上技术职称人员不少于4人
8	道路工程	无	不少于15人,其中具有3年以上质量检测工作经历的工程类专业中级及以上技术职称人员不少于4人、工程类专业高级及以上技术职称人员不少于2人
9	桥梁及地下工程	不少于1名一级注册结构工程师、1名注册土木工程师(岩土),且具有2年以上质量检测工作经历	不少于15人,其中具有3年以上质量检测工作经历的工程类专业中级及以上技术职称人员不少于4人、工程类专业高级及以上技术职称人员不少于2人

c. 检测设备及场所。

第一,质量检测设备设施基本齐全,检测设备仪器功能、量程、精度,配套设备设施满足所申请专项资质的全部必备检测参数要求。

第二,有满足工作需要的固定工作场所及质量检测场所。

d. 管理水平。

第一,有完善的组织机构和质量管理体系,有健全的技术、档案等管理制度。

第二,有信息化管理系统,质量检测活动全过程可追溯。

3) 业务范围。

综合资质可以承担全部专项资质中已取得检测参数的检测业务。

专项资质可以承担所取得专项资质范围内已取得检测参数的检测业务。

2. 工程质量事故报告制度

工程质量事故是指由于建设、勘察、设计、施工、监理等单位违反工程质量有关法律法规和工程建设标准,使工程产生结构安全、重要使用功能等方面的质量缺陷,造成人身伤亡或者重大经济损失的事故。

(1) 工程质量事故等级划分。根据工程质量事故造成的人员伤亡或者直接经济损失,工程质量事故分为4个等级:

1) 特别重大事故。特别重大事故是指造成30人以上死亡,或者100人以上重伤(包括急性工业中毒,下同),或者1亿元以上直接经济损失的事故。

2) 重大事故。重大事故是指造成10人以上30人以下死亡,或者50人以上100人以下重伤,或者5000万元以上1亿元以下直接经济损失的事故。

3) 较大事故。较大事故是指造成3人以上10人以下死亡,或者10人以上50人以下重伤，或者1000万元以上5000万元以下直接经济损失的事故。

4）一般事故。一般事故是指造成3人以下死亡，或者10人以下重伤，或者1000万元以下直接经济损失的事故。

上述等级划分标准中，所称的"以上"包括本数，"以下"不包括本数。

（2）工程质量事故报告。

1）建设工程发生质量事故，有关单位应当在24小时内向当地建设行政主管部门和其他有关部门报告。对重大质量事故，事故发生地的建设行政主管部门和其他有关部门应当按照事故类别和等级向当地人民政府和上级建设行政主管部门和其他有关部门报告。

2）特别重大质量事故的调查程序按照国务院有关规定办理。

3）任何单位和个人对建设工程的质量事故、质量缺陷都有权检举、控告、投诉。

3. 建筑企业质量体系认证制度

《建筑法》规定："国家对从事建筑活动的单位推行质量体系认证制度。"质量体系是指组织为实施质量管理、保证其产品质量的组织结构、程序、过程和资源所构成的有机整体。质量体系又称质量管理体系，是在产品质量方面指挥和控制组织的管理体系，它是组织的管理体系的一部分，其致力于实现与组织的质量目标有关的结果。

质量体系认证，是指依据国际通用的质量管理和质量保证系列标准，经过国家认可的质量体系认证机构对组织的质量体系进行审核，对于符合规定条件和要求的，通过颁发组织质量体系认证的形式，证明组织的质量保证能力符合相应要求的活动。质量体系认证的对象是组织，通常是企业。企业质量体系认证的目的是使企业向用户提供可靠的质量信誉和质量担保。在合同环境下，质量体系认证是为了满足需求方质量保证的要求；在非合同环境下，质量体系认证是为了增强企业的市场竞争能力，提高质量管理素质，落实质量方针，实现质量目标。

建筑工程是一种特殊的产品，对从事建筑活动的单位推行质量体系认证制度，对保证并提高建筑工程的质量具有重要意义。

4. 建筑工程竣工验收备案制度

建筑工程的竣工验收，是指在建筑工程已按照设计要求完成全部施工任务，准备交付给建设单位投入使用时，由建设单位或者有关主管部门依照国家关于建筑工程竣工验收制度的规定，对该项工程是否合乎设计要求和工程质量标准所进行的检查、考核工作。

《建设工程质量管理条例》确立了建设工程竣工验收备案制度，该项制度是加强政府监督管理，防止不合格工程流向社会的一个重要手段。结合《建设工程质量管理条例》和《房屋建筑和市政基础设施工程竣工验收备案管理办法》（2000年4月4日建设部令第78号发布，2009年10月19日修正）的有关规定，建设单位应当在工程竣工验收合格后的15日到县级以上人民政府建设行政主管部门或其他有关部门备案。

（1）建筑工程竣工验收必须具备以下条件：

1）必须符合规定的建筑工程质量标准。规定的建筑工程质量标准，包括依照法律、行政法规的有关规定制定的保证建筑工程质量和安全的强制性国家标准和行业标准，建设工程施工合同约定的对该项建筑工程特殊的质量要求，以及为体现法律、行政法规规定的质量标准和建设工程施工合同约定的质量要求而在工程设计文件中提出的有关工程质量的具体指标和技术要求。

2）有完整的工程技术经济资料。工程技术经济资料，一般应包括建设工程施工合同、建筑工程用地的批准文件、工程的设计图纸及其他有关设计文件、工程所用主要建筑材料、建筑构配件和设备的出场检验合格证明和进场检验报告、申请竣工验收的报告书及有关工程建设的技术档案等。

3）有经过签署的建筑工程质量保修书。工程竣工交付使用后，建筑施工企业应对其施工的建筑工程质量在一定期限内承担保修责任，以维护使用者的合法权益。为此，建筑施工企业应当按规定提供建筑工程质量保修书，作为其向建筑工程的建设单位和用户承诺承担质量保修责任的书面凭证。

4）具备国家规定的其他竣工条件。国务院建设主管部门和其他行业主管部门，对各类房屋建筑工程和其他专业建筑工程交付竣工验收还必须具备的具体条件作出了明确规定。因此，各类房屋建筑工程和其他专业建筑工程还必须在具备前述条件的前提下同时具备这些具体条件，方可交付竣工验收。

建筑工程必须经竣工验收合格后，方可交付使用；没有经过竣工验收或者经过竣工验收确定为不合格的建筑工程，不得交付使用。

（2）建设单位办理工程竣工验收备案应提交以下材料：

1）工程竣工验收备案表。

2）工程竣工验收报告。竣工验收报告应当包括工程报建日期，施工许可证号，施工图设计文件审查意见，勘察、设计、施工、工程监理等单位分别签署的质量合格文件及验收人员签署的竣工验收原始文件，市政基础设施的有关质量检测和功能性试验资料以及备案机关认为需要提供的有关资料。

3）法律、行政法规规定应当由规划、环保等部门出具的认可文件或者准许使用文件。

4）法律规定应当由公安消防部门出具的对大型的人员密集场所和其他特殊建设工程验收合格的证明文件。

5）施工单位签署的工程质量保修书。

6）法规、规章规定必须提供的其他文件。

住宅工程还应当提交住宅质量保证书和住宅使用说明书。

工程质量监督机构应当在工程竣工验收之日起 5 日内，向备案机关提交工程质量监督报告。备案机关发现建设单位在竣工验收过程中有违反国家有关建设工程质量管理规定行为的，应当在收讫竣工验收备案文件 15 日内，责令停止使用，重新组织竣工验收。

建设单位有下列违法行为的，备案机关应按照有关规定给予行政处罚：

- 在工程竣工验收合格之日起 15 日未办理工程竣工验收备案。
- 在重新组织竣工验收前擅自使用工程。
- 采用虚假证明文件办理竣工验收备案。

5. 建筑工程质量保修制度

建筑工程的质量保修制度，是指对建筑工程在交付使用后的一定期限内发现的工程质量缺陷，由建筑施工企业承担修复责任的制度。建筑工程作为一种特殊的耐用消费品，一旦建成后将长期使用。建筑工程在建设中存在的质量问题，在工程竣工验收时被发现的，必须经修复完好后，才能作为合格工程交付使用；有些质量问题在竣工验收时未被发现，而在一定期限内的使用过程中逐渐暴露出来的，施工企业则应当负责无偿修复，以维护用户的利益。

（1）建筑工程质量保修的范围。

1）地基基础工程和主体结构工程。建筑物的地基基础工程和主体结构质量直接关系建筑物的安危，不允许存在质量隐患，而一旦发现建筑物的地基基础工程和主体结构存在质量问题，也很难通过修复办法解决。《建筑法》规定对地基基础工程和主体结构工程实行保修制度，实际上是要求施工企业必须确保建筑物地基基础工程和主体结构的质量。对使用中发现的建筑物地基基础工程或主体结构工程的质量问题，如果能够通过确保建筑物安全的技术措施予以修复的，建筑施工企业应当负责修复；不能修复造成建筑物无法继续使用的，有关责任者应当依法承担赔偿责任。

2）屋面防水工程。对屋顶、墙壁出现漏水现象的，建筑施工企业应当负责保修。

3）其他土建工程。其他土建工程是指除屋面防水工程以外的其他土建工程，包括地面与楼面工程、门窗工程等。这些工程的质量问题应属建筑工程的质量保修范围，由建筑施工企业负责修复。

4）电气管线、上下水管线的安装工程。电气管线、上下水管线的安装工程包括电气线路、开关、电表、电气照明器具、给水管道、排水管道的安装等。建筑物在正常使用过程中如出现这些管线安装工程的质量问题，建筑施工企业应当承担保修责任。

5）供热、供冷系统工程。包括暖气设备、中央空调设备等的安装工程等，建筑施工企业也应对其质量承担保修责任。

6）其他应当保修的项目范围。凡属国务院规定和建设工程施工合同约定应由建筑施工企业承担保修责任的项目，建筑施工企业都应当负责保修。

（2）建筑工程质量保修期限。考虑到各类建筑工程的不同情况，《建筑法》对建筑工程的保修期限问题未作具体规定，而是授权国务院对建筑工程保修期限的制定原则作了明确规定。国务院颁布的《建设工程质量管理条例》中对建筑（建设）工程的最低保修期限作出了规定。

在正常使用条件下，建设工程的最低保修期限为：

1）基础设施工程、房屋建筑的地基基础工程和主体结构工程，为设计文件规定的该工程的合理使用年限。

2）屋面防水工程、有防水要求的卫生间、房间和外墙面的防渗漏，为5年。

3）供热与供冷系统，为2个采暖期、供冷期。

4）电气管线、给排水管道、设备安装和装修工程，为2年。

5）其他项目的保修期限由发包方与承包方约定。建设工程的保修期，自竣工验收合格之日起计算。

国务院规定的保修期限，属于最低保修期限，建筑施工企业对其施工的建筑工程的质量保修期不能低于这一期限。国家鼓励建筑施工企业提高其施工的建筑工程的质量保修期限。

（3）涉及建筑工程质量保修制度的其他规定。

1）建设工程承包单位在向建设单位提交工程竣工验收报告时，应当向建设单位出具质量保修书。质量保修书中应当明确建设工程的保修范围、保修期限和保修责任等。

2）建设工程在保修范围和保修期限内发生质量问题的，施工单位应当履行保修义务，并对造成的损失承担赔偿责任。

3）建设工程在超过合理使用年限后需要继续使用的，产权所有人应当委托具有相应资质等级的勘察、设计单位鉴定，并根据鉴定结果采取加固、维修等措施，重新界定使用期。

6. 建设工程质量控告、检举、投诉制度

我国《建筑法》与《建设工程质量管理条例》均明确规定，任何单位和个人对建设工程的质量事故、质量缺陷都有权检举、控告、投诉。工程质量检举、控告、投诉制度是为了更好地发挥群众监督和社会舆论监督的作用，是保证建设工程质量的一项有效措施。

（1）工程质量投诉的范围。建设工程质量投诉是指公民、法人或其他组织通过信函、电话、来访等形式反映质量问题的活动。对建设工程质量投诉的处理是建设行政主管部门的一项重要日常工作。

《建设工程质量投诉处理暂行规定》第三条规定，凡是新建、改建、扩建的各类建筑安装、市政、公用、装饰装修等建设工程，在保修期内和建设过程中发生的工程质量问题，均属投诉范围。

根据这一规定，建设行政主管部门应予受理的建设工程质量投诉包括两部分：一是在建工程；二是在保修期内的使用工程。对超过保修期的，在使用过程发生的工程质量问题，不属建设行政主管部门受理的投诉范畴，是民事法规调整的范畴，应通过消协、司法途径解决。建设行政主管部门在此类纠纷中，仅在调解、诉讼阶段为当事人提供必要的检验、认证结论，因而该类纠纷不属投诉范围。在确定建设行政主管部门对建设工程质量投诉受理范围时一个重要的概念就是保修期。依据"法律不溯及既往"的原则，对2000年1月30日之后交付使用的工程，保修期的界定应适应《建设工程质量管理条例》第四十条的规定及建设方与施工方的约定确定保修期限；对2000年1月30日之前交付的工程，应依据《建设工程质量管理办法》第四十一条的规定及建设方与施工方的约定来确定保修期限。

（2）负责工程质量投诉管理工作的部门及其职责。住房和城乡建设部负责全国建设工程质量投诉管理工作。国务院各有关主管部门的工程质量投诉受理工作，由各部门根据具体情况指定专门机构负责。各省、自治区、直辖市建设行政主管部门指定专门机构，负责受理工程质量的投诉。

住建部对工程质量投诉管理工作的主要职责是：

1）制定工程质量投诉处理的有关规定和办法。

2）对各省、自治区、直辖市和国务院有关部门的投诉处理工作进行指导、督促。

3）受理全国范围内有重大影响的工程质量投诉。

各省、自治区、直辖市建设行政主管部门和国务院各有关部门对工程质量投诉管理工作的主要职责是：

1）贯彻国家有关建设工程质量方面的方针、政策和法律、法规、规章，制定本地区、本部门的工程质量投诉处理的有关规定和办法。

2）组织、协调和督促本地区、本部门的工程质量投诉处理工作。

3）受理本地区、本部门范围内的工程质量投诉。

市（地）、县建委（建设局）的工程质量投诉管理机构和职责，由省、自治区、直辖市建设行政主管部门或地方人民政府确定。

（3）投诉处理机构的职责和义务。

1）投诉处理机构要督促工程质量责任方，按照有关规定，认真处理好用户的工程质量投诉，并做好投诉登记工作。

2）对需要几个部门共同处理的投诉，投诉处理机构要主动与有关部门协商，在政府的统一领导和协调下，有关部门各司其职，协同处理。

3）住建部批转各地区、各部门处理的工程质量投诉材料，各地区、各部门的投诉处理机构应在 3 个月内将调查和处理的情况报住建部。省级投诉处理机构受理的工程质量投诉，按照属地解决的原则，交由工程所在地的投诉处理机构处理，并要求报告处理结果。对于严重的工程质量问题可派人协助有关方面调查处理。市、县级投诉处理机构受理的工程质量投诉，原则上应直接派人或与有关部门共同调查处理，不得层层转批。

4）对于投诉的工程质量问题，投诉处理机构要本着实事求是的原则，对合理的要求，要及时妥善处理；暂时解决不了的，要向投诉人作出解释，并责成工程质量责任方限期解决；对不合理的要求，要作出说明，经说明后仍坚持无理要求的，应给予批评教育。对注明联系地址和联系人姓名的投诉，要将处理的情况通知投诉人。

5）在处理工程质量投诉过程中，不得将工程质量投诉中涉及的检举、揭发、控告材料及有关情况，透露或者转送给被检举、揭发、控告的人员和单位。任何组织和个人不得压制、打击报复、迫害投诉人。

6）各级建设行政主管部门要把处理工程质量投诉作为工程质量监督管理工作的重要内容抓好。对在工程质量投诉处理工作中做出成绩的单位和个人，要给予表彰。对在处理投诉工作中不履行职责、敷衍、推诿、拖延的单位及人员，要给予批评教育。

8.3.3 实训操作

【案例分析】

原告：某大学

被告：某建筑公司

20×7 年 4 月，某大学为建设学生公寓，与某建筑公司签订了一份建设工程合同。合同约定：工程采用固定总价和合同形式，主体工程和内外承重砖一律使用国家标准砌块，每层加水泥圈梁；某大学可预付工程款（合同价款的 10%）；工程的全部费用于验收合格后一次付清；交付使用后，如果在 6 个月内发生严重的质量问题，由承包人负责修复等。1 年后，学生公寓如期完工，在某大学和某建筑公司共同进行竣工验收时，某大学发现工程 3~5 层的内承重墙体裂缝较多，要求某建筑公司修复后再验收，某建筑公司认为不影响使用而拒绝修复。因为很多新生亟待入住，某大学接收了宿舍楼。在使用了 8 个月后，公寓楼 5 层的内承重墙倒塌，致使 1 人死亡，3 人受伤，其中1人致残。受害者与某大学要求某建筑公司赔偿损失，并修复倒塌工程。某建筑公司以使用不当且已过保修期为由拒绝赔偿。无奈之下，受害者与某大学诉至法院，请法院主持公道。

请问：某建筑公司是否应当承担责任？理由是什么？

8.3.4 拓展训练

【真题实测】

一、单项选择题（每题的备选项中，只有1个答案最符合题意）

1. 《建设工程质量管理条例》第三十八条规定，监理工程师应当按照工程监理规范的要求，建设工程实施监理，应当采取旁站、巡视和（　　）等形式。
   A. 督促　　　　B. 书面通知　　　C. 检查　　　　D. 平行检验

2. 《建设工程质量管理条例》第四十九条规定，建设单位应当自建设工程竣工验收合格之日起（　　）日内，将建设工程竣工验收报告和规划、公安消防、环保等部门出具的认可文件或者准许使用文件报建设行政主管部门或者其他有关部门备案。
   A. 5　　　　　B. 7　　　　　　C. 15　　　　　D. 14

3. 《建设工程质量管理条例》第四十条规定，在正常使用条件下，屋面防水工程、有防水要求的卫生间、房间和外墙面的防渗漏，最低保修期限为（　　）。
   A. 1年　　　　B. 2年　　　　　C. 5年　　　　　D. 设计年限

4. 《建设工程质量管理条例》第四十条规定，在正常使用条件下，电气管道、给排水管道、设备安装和装修工程，最低保修期限为（　　）。
   A. 1年　　　　B. 2年　　　　　C. 5年　　　　　D. 设计年限

5. 《建设工程质量管理条例》第四十条规定，在正常使用条件下，基础设施工程、房屋建筑的地基基础工程和主体结构工程，最低保修期限为（　　）。
   A. 1年　　　　B. 2年　　　　　C. 5年　　　　　D. 设计年限

二、多项选择题（每题的备选项中，至少有1个答案符合题意）

1. 《中华人民共和国标准化法》按照标准的级别，将标准分为（　　）。
   A. 强制性标准　　B. 推荐性标准　　C. 国际标准　　D. 行业标准
   E. 地方标准

2. 建筑材料使用许可制度是为了保证建设工程使用的建筑材料符合现行的国家标准、设计要求和合同约定，确保建设工程质量而制定的。建筑材料使用许可制度包括建筑材料（　　）。
   A. 生产许可制度　　　　　　B. 产品质量认证制度
   C. 强制性使用制度　　　　　D. 产品推荐制度
   E. 进厂检验制度

3. 根据《建设工程质量管理条例》规定，下列关于建设单位的质量责任和义务的说法不正确的有（　　）。
   A. 可将建设工程肢解发包　　B. 采购合格的建筑材料
   C. 送审施工图的责任　　　　D. 提供的原始材料允许有偏差
   E. 组织主体结构的验收

参 考 文 献

[1] 徐勇戈，宁文泽. 建设法规[M]. 北京：机械工业出版社，2020.
[2] 夏芳，齐红军. 建设法规实务[M]. 北京：人民交通出版社，2008.
[3] 顾永才. 建设法规[M]. 6版. 武汉：华中科技大学出版社，2021.
[4] 全国二级建造师职业资格考试用书编写委员会. 建设工程法规及相关知识[M]. 北京：中国建筑工业出版社，2023.
[5] 马楠. 建设法规与典型案例分析[M]. 北京：机械工业出版社，2011.
[6] 张连生. 建设法规[M]. 南京：东南大学出版社，2021.
[7] 郑润梅. 建设法规概论 [M]. 2版. 北京：中国建材工业出版社，2010.
[8] 杨陈慧. 建设法规实务[M]. 成都：西南交通大学出版社，2016.
[9] 朱宏亮. 建设法规[M]. 3版. 武汉：武汉理工大学出版社，2011.